广告学特色专业系列教材

总主编　吴予敏　李新立

广告文案写作

黄玉波　编著

中南大学出版社
www.csupress.com.cn

总　序

吴予敏

　　中国高等院校的广告学专业迄今走过了 20 多年的历程。这个专业适逢其时，与方兴未艾的中国广告业共同成长。现在就全国广告学本科和专科的分布来看，已经蔚为大观。即便是广告业界需要大量广告人才，即便是广告学专业不断催生，即便是广告学教科书、参考书新作迭出，还是不时可以听到这样的怀疑：到底是不是需要在大学里面办广告学专业？广告人才能不能通过教科书和课堂培养出来？

　　2006 年，日本电通公司（世界上排名第一的单体广告公司）高层代表访问深圳大学的时候，告诉我说，日本大学里面是没有广告学专业的，而电通从来都是将自己看做一所广告大学。他们建起了广告博物馆，编写了广告学教材来培训自己的员工。2008 年，我访问电通公司东京总部，看到他们的员工在过道上彼此会按照同班同学的关系来打招呼。当电通的总务局长片桐正之先生将他们新近编译的中文版广告心理学教材送给我的时候，我对于这个企业有了一种"同道"的感觉。

　　教材，在中国大学的体系里具有无可争辩的神圣性。因为，教材具有知识的传统谱系，有问题的标准答案，有权威的操作规程。专业建设的主要工程就是建设教材体系。而我讲授广告学多年，深知在广告学领域中，教材必得与时俱进替代更换。这个产业领域进展太快，经验和案例的积累十分丰富，而广告学的各个知识领域几乎每隔几年就有一个大幅度的变化。

　　今天我们看到，中国广告和国际广告趋势一样，经历了几个深刻的冲击。第一是传媒科技的进步改变了今天的传媒环境、人们的沟通和传播行为，人们接触信息的渠道工具变了，信息内容和形式变了。特别是当移动终端、互联网和通信卫星结合的时候，大众传媒广告时代的真正挑战来临了。

第二个冲击是今天的消费者有了很大的改变，其年龄层、社会心理、文化品位、娱乐兴趣的差异渗透在有意识或无意识的消费行为当中。消费者洞察成为广告研究的核心命题，成为广告创意首先要面对的挑战。第三个冲击来自今天的广告组织和广告运动。那种单纯的广告公司，或者号称4A的、号称全面代理的广告公司都变得面目模糊起来。广告和公关、广告和媒体、广告和营销，甚至广告和娱乐、广告和环保，广告和体育彼此渗透，互为改造，广告开始成为战略性和策略性传播的代名词。因此，很多广告创意和广告策略变得不像广告，又有一些不是广告的东西变得很像广告了。在这方面，引出了新的经验、新的案例和新的问题，有些是法规和管理的难题。比如近年来广告行业当中风头最劲的分众传媒所引发的关于"公共空间与公共权益"的争议就是这样。

　　深圳大学的广告学专业，是国内高校中开办得比较早的本科专业。在课程建设和培养模式上做过不少探索，取得了一些经验。早期大量的广告学教学材料，除了吸收唐忠朴先生主持编译的部分资料以外，大多就近取自港台出版物。后来有一些教师陆续出版过《现代广告营销》、《广告学》、《广告创意学》、《广告案例》、《广告效果测定》等教材。最近这几年，广告专业的教学改革有了更加深入的推进。专业方向分为策略和设计两个主要分支，必修课程形成通识教育和专业教育协调搭配、分层递进的结构，实践教学平台大力投入，形成了课程实践、社会实践、专业实践、创新实践、毕业设计等五位一体的实践教学体系，教学方式开始打通市场、传媒、创意表现三个维度，准许学生大幅度跨系跨专业选修，在学生中积极鼓励创建各类工作室，与日本电通等跨国广告公司开展比较深入的交流与合作，与深圳市工商局合作，开创国内大城市数字化全方位广告监测中心，如是等等。这几年，广告专业的师资队伍也发生了很大的变化，一批学有所长的新人成为广告专业的教学骨干力量。他们一边进入广告业界前沿，吸收新的经验，一边将新的知识、新的视角带入广告教学和研究之中。在此基础上，深圳大学传播学院广告系制订了"广告学特色专业系列教材"编写计划。在中南大学出版社的大力支持下，这套教材得以完成出版。我们期望，新的教材能够整合新的教学经验和新的知识发展，对于当今广告专业人才培养起到推动作用，同时，也作为我们自己发展和成长的一串足迹，接受我们的学生和读者的检验。

目　录

第一章

广告文案概述

教学目标

1. 了解广告文案的源流。

2. 明确广告文案写作的概念。

3. 理解广告文案写作的原则、广告文案的功能及其作用。

4. 明确广告文案人员的岗位职责和素养。

5. 了解整合营销背景下的广告文案创作趋势等。

广告文案写作的历史源远流长，在广告史上留下了众多的不朽的经典。许多脍炙人口的文案，如"喝了娃哈哈，吃饭就是香"、"人头马一开，好事自然来"，已经成为社会文化的有机组成部分。广告文案写作是个古老而又现代的职业，虽然目前广告公司内部文案写作具有明确的分工，但是在广告初期，文案与创意、策划人员往往是是整合在一起的。在广告史上，一些最伟大的广告文案人员，同时也是最伟大的广告策划、创意大师，如克劳德·霍普金斯（Claude Hopkins），罗瑟·瑞夫斯（Rosser Reeves），大卫·奥格威（David Ogilve），李奥·贝纳（Leo Burnett），比尔·伯恩巴克（Bill Bernbach），等等。他们创作的许多经典文案至今依旧生命力强大。时至今日，优秀的广告文案创作人员作为广告公司核心竞争力的代表，更是"千军易得，一将难求"……

第一节　广告文案的概念与源流

一、广告文案的概念

"广告文案"一词来自于英文 advertising copy，中文"文案"在《辞海》中有两种解释，其一是"公文案卷"，另一解释是"旧时衙署中草拟文牍、掌管档案的幕僚"。这与现今以"文案"来指代广告作品中的文案和文案撰稿人的情况似乎大抵相同。我们通常所说到的"广告文案"，一般有两种含义，一是指各种广告中的语言文字部分；另一种是指广告行业专门从事创作广告文案的职业人员，即广告文案撰稿人或文案撰稿（copy writer，CW）。

广告文案伴随着广告的诞生而诞生，但广告文案概念的提出和界定，与广告文案产生的时间并不同步。美国广告史家称 1880 年为美国广告专业撰稿人出现的年份，约翰·E·鲍尔斯（John E. Powers）是美国第一位专门广告文案撰稿人。

在现代中国，对广告的研究始于 1919 年的徐宝璜。他的《新闻学》专设一章"新闻纸之广告"，后来的著名报人戈公振在其《中国报学史》中也专设"广告"一节，1931 年，苏上达著《广告学概论》。三作者均未提及广告文案概念及其概念界定的问题。1979 年，中国广告业复苏，有关广告的论著相继出现：1981 年，唐忠朴、贾斌在《实用广告学》中提出了"广告稿"的概念："为了达到预期的目的，我们在创作一篇广告稿（包括文字稿与图画稿）时，必须弄清它应遵循的几个原则。"此时的"广告稿"，就是现在我们通常所称的广告作品。

1985 年，傅汉章、邝铁军在《广告学》一书中开始作出明确的划分："广义的广告文，也称广告稿、广告拷贝（advertising copy）或广告表现，它的内容包括广告作品的全部，如广告文字、绘画、照片及其布局等。例如，报刊广告，广告文不限于文字，也包括色彩、绘画、图片、装饰等。狭义的广告文仅指广告作品中的语文部分。本书所讲的广告文，是采用狭义的广告文概念，即广告文是用以展示广告宗旨的语言文字，不包括绘画、照片等。"

1991 年，中国友谊出版公司出版的《现代广告学名著丛书》，译者统一采用了"广告文案"概念，尔后的许多广告译著和港台著作，内中也大体用了"广告文案"的名称和概念。由此可以看出，我国广告业恢复后，开始一般使用"广告文"、"广告稿"、"广告文稿"等词。广告文案概念，不是中国内地广告人所提出，而是凭借译本和港台著作得到的约定俗成。

近年来，随着广告业在我国的蓬勃发展，广告研究日渐深入，对广告文案的概念界定也日益多元。其中有代表性的观点有：

"广告文案是广告作品中用以表达广告主题和创意的语言文字。"（陈培爱，《如何成为杰出的广告文案撰稿人》）

"广告文案是广告作品的文字部分。"（丁柏铨，《广告文案教程》）

"广告文案是广告策略与广告创意的文字表达。"（李世丁、周运锦，《广告文案写作》）

"广告文案是已经定稿的广告作品的全部的语言文字部分。"（胡晓芸，《广告文案写作》）

"广告文案是每一广告作品中为传达广告信息而使用的全部语言符（包括有声语言和文字）所构成的整体。它与非语言符号共同构成有效传达信息的广告作品。"（高志宏、徐智明，《广告文案写作》）

由上述可以看出，对广告文案的理论界定是众说纷纭，但有其基本的共识。本书综合各家定义，认为：广告文案是广告作品中为传达广告信息而使用的全部的语言文字部分。之所以这样定义，是因为它将有助于我们加深对广告文案的理解。

首先，广告文案是手段，而不是目的。它的核心本质是一种有效传递广告信息的手段，是在既定的广告策略和广告创意指导下的，对广告信息的创造性的传达方式。

其次，广告文案包括广告作品中的语言和文字两种表现形式。其中语言是有声的，诉诸听觉，电视和广播广告文案(也称为脚本)，主要是运用有声的语言；而文字是有形的，诉诸视觉。报刊和其他印刷媒体发布的广告文案，主要是运用有形的文字来传递广告信息。

再次，它与广告业界内部对于广告文案人员的工作职责相称，符合同行对于该职位的认定，既约定俗成，也合乎规律。

二、广告文案的源流

广告是商品经济的产物，源远流长。自从有了商品生产和交换，广告也随之出现。世界上最早的广告是通过声音进行的，我们称它为口头广告，又称叫卖广告，这是最原始、最简单的广告形式。早在奴隶社会初期的古希腊，人们就通过叫卖来贩卖奴隶、牲畜等，公开宣传并吆喝出有节奏的广告。古罗马大街上充满了商贩的叫卖声。古代商业高度发达的迦太基——广大地中海地区的贸易区，就曾以全城无数的叫卖声而闻名于世。

现存世界公认的最古老的文字广告，是距今1000年前，一个埃及奴隶主哈普悬赏寻找一个逃奴的传单广告，文字是手抄的，这件从埃及古城发掘出来的珍奇文物，现在收藏在英国伦敦博物馆内。全文如下：

有一名叫希姆的奴隶，从底比斯善良市民——他的善良主人，织布匠哈普(那里)逃走了，请看见者把他送回来。希姆是泰族人，身高五英尺两英寸，红脸膛，茶色眼睛。如能告知希姆住处者，赠送金币半枚；如将其送回布匠哈普店里者，送给金币一枚。

素负盛名的最佳布匠哈普

这则广告写在一张长20厘米、宽25厘米的芦苇类植物加工品上，虽然年代如此久远，却传递了十分清晰、完整的广告信息——逃走的奴隶以及他的主人的情况，同时还作出了明确而具体的承诺——什么情况下送半枚金币，什么情况下送一枚金币。

我国是世界上最早出现广告的国家之一。早在西周时期，便出现了音响广告。《诗经》的《周颂·有瞽》一章里已有"箫管备举"的诗句，据汉代郑玄注说："箫，编小竹管，如今卖饧者吹也。"唐代孔颖达也疏解说："其时卖饧之人，吹箫以自表也。"可见西周时，卖糖食的小贩就已经懂得以吹箫管之声招徕生意。

在我国古代继音响广告之后而出现的则是"悬帜"广告。《韩非子·外储说》说到"宋人有沽酒者，升概甚平，遇客甚谨，为酒甚美，悬帜甚高著"。这是我国酒家和酒旗最早的记录。酒店开设在固定场所，为了招徕顾客，悬挂一面酒旗，这也就是吸引主顾的广告形式。这种形式后来沿用不断，如唐代张籍有"高高酒旗悬江口"，杜牧有"水村山郭酒旗风"等诗句。《水浒传》里也有这样的描绘："武松在路上行了几日……望见前面有一个酒店，挑着一面招旗在门前，上头写着五个字道：'三碗不过冈。'"短短五个字，形象生动地传递出酒的魅力。

印刷术的发明开创了广告的新纪元。我国毕昇最先发明了活字印刷术。从此，广告文案有了更好的表现形式以及更大的创意设计空间。

最早的工商业印刷广告是北宋时期（960—1127）济南刘家针铺的广告铜版（图1-1），现存于上海博物馆。这是至今发现的世界最早的印刷广告物。这块铜版广告刻版四寸见方，上面雕刻着"济南刘家功夫针铺"，中间是白兔儿抱铁杵捣药的图案，左右各有四字，即"认门前白""兔儿为记"，下面说明自己商品的质地和销售办法："收买上等钢条，造功夫细针，不误宅院使用；客转为贩，别有加饶。请记白兔。"

图1-1 济南刘家针铺广告铜版

从广告设计的角度出发，这则广告画面布局合理，构图严谨，借神话传说为商标图案。从文案的角度来看，这则广告图文并茂，文字简练，包含构成商品广告设计的最基本要素，即含有商标、标题、引导、正文，可以说是相当完整的古代平面广告作品，从中也可以看到现代广告的轮廓。

印刷术传到西方后，使西方广告进入了新的阶段。美国独立前，于1704年4月24日创办的第一家报纸《波士顿新闻通讯》（Boston News Letter）就刊登了一则向广告商推荐的报纸为宣传媒介的广告。被认为是美国广告业之父的本杰明·富兰克林于1729年创办的《宾夕法尼亚日报》，把广告栏放在创刊号第一版社论的前头。首次刊登的是一则推销肥皂的广告。在整个殖民地时代美国的报纸中，《宾夕法尼亚日报》的发行量和广告量都居首位。在这家报纸上我们经常可以看到有推销船舶、羽毛制品、书籍、茶等商品的广告。富兰克林既是一个广告作家，又是广告经理和推销员，他所选写的一篇最著名的广告作品要算为宾夕法尼亚壁炉厂所作的推销广告了。这种壁炉后来定名为"富兰克林炉"。广告文案是这样写的：

　　带有小通风孔的壁炉能使冷空气从每个孔源钻进室内，所以坐在这通风孔前是非常不舒服并且是危险的——尤其是妇女，因为在家里静坐的时间比较长，经常因为上述原因致使头部受风寒，鼻流清涕，口眼歪斜，终至延及下颌、牙床，这便是北国好多人满口好牙过早损坏的一个原因。

　　从上述的广告里可以看到：富兰克林和当代巧妙的广告作家一样，强调使用产品的收益，而不是单纯介绍产品。

　　随着资本主义大生产的出现，商品生产的高度发展，交换规模庞大，市场扩展到世界范围，市场竞争异常激烈，加上科学技术的昌盛，广告可以利用各种先进媒体与技术手段传递经济信息、促进销售，已成为发达国家工商企业的重要推销手段。

　　国际上最早的专业文案撰稿人是美国人约翰·鲍尔斯，他从事撰写广告文案工作三十几年，留下许多脍炙人口的文案案例。而中国第一批专业广告撰稿人何时出现，有赖于广告史家考证，但到 20 世纪 30 年代初，中国已有成熟的广告公司，《申报》经理、中国近代广告的先驱张竹平办的"联合广告顾问社"（后改名联合广告公司）就是其一。大约其时就有专业的广告撰稿人。

　　这个时期的广告业发展是从 20 世纪初开始，到 30 年代达到鼎盛。许多中国民族工商业企业都设立了广告部。20 世纪 20 年代中国新闻业的发展客观上推动了广告业的兴起。许多报纸都辟有广告栏，大多数报社都设有广告部，一度推动了广告业的迅速发展。当时曾经出现过一些很有名的广告。例如：上海一家出租车公司电话为 20189，电话号码没有什么特色，便利用上海人的方言，在广告宣传上改为"两拳一杯酒"。

图 1-2　上海鹤鸣鞋帽店皮鞋广告

图 1 - 2 是一家鞋帽店的广告。在当时的报纸广告中，这样风格的广告不多，大部分的广告都是满是字，满是介绍。这家鞋帽店的广告使用一幅图画让人很容易辨认出。这幅广告用一种比较幽默的手法说明了商品的质量。画面中一皮鞋像人一样在照镜子，而那只皮鞋的正面显示在我们面前好像是发亮的样子。广告标语是：天下第一厚皮。在皮具中，有一个比较硬性衡量质量的标准就是皮革的厚度。在这则广告里，鹤鸣鞋帽店为了宣传其皮鞋用料讲究，质地坚挺，巧妙地变贬意为褒意，使广告风趣幽默，引人注意，有新鲜感，收到了很好的效果，一时竟广为流行，常被用来开玩笑作打趣之语。①

案例 1：上海英美烟草公司的翠鸟牌"烤"字背心广告

1902 年的一天，上海几乎所有的人力车夫都穿上了绣有"烤"字背心，使人莫名其妙，议论纷纷。事后知道，这是英美烟草公司的翠鸟牌香烟的广告，"烤"字指的是烟叶是烤制的，味道醇正。②

案例 2：20 世纪二三十年代的永安堂大药房的"虎标"广告画

永安堂大药房创立者为我国近代著名的实业家、爱国华侨胡文虎先生。永安堂大药房以"虎标"万金油等优质药品而闻名于世，在 20 世纪二三十年代已风行东南亚以及我国南方地区，这与永安堂大药房的强势广告宣传分不开。

最值得称道的是 20 世纪 30 年代初，永安堂大药房发行的"美女伴猛虎"广告画。这幅广告画画面上的女护士手托一盘永安堂药品，恬静善良，红色文字为"请用虎标良药，保护救国英雄"。左页另配文字："英雄去救国，侬来救英雄，芳心无限热，尽在良药中。"③

图文并茂、雅俗共赏的永安堂大药房广告画，以色彩艳丽、内容时尚的画面，以及实用风趣的文案，向大众宣传了它的系列药品，堪称当时经典的广告文案。

三、电子媒介时代的广告文案

进入 20 世纪以后，科学技术的发展，使得广告进入一个新的电子媒介时

---

① 林升栋、潘艳著：《〈申报〉上的品牌故事：鹤鸣广告案例研究》，转引自 http://www.cnad. com/html/Article/2006/0705/20060705145745671. shtml。

② 参见杨海军著：《中外广告史》，武汉大学出版社 2006 年版，第 144 页。

③ 参见杨海军著：《中外广告史》，武汉大学出版社 2006 年版，第 179 页。

代。广播、电视、电影、卫星通信、电子计算机、互联网等媒介技术的不断演进，使得广告文案的写作和表现呈现出更加多元和丰富的格局，广告文案的影响力也越来越大。

1922 年 8 月 28 日，纽约一个房地产商花 100 美元向纽约的 WEAF 广播电台购买了 10 分钟的广告时间，这是迄今知道的世界上最早的付费广播广告。该广告的文案主要是以"问候"顾客为主题，于第二天下午 4 点 55 分播出。这则广播广告播出后，效果显著，当天就有顾客买了两套房子。

广播广告文案应该要体现口语化、生动形象、朗朗上口等特点，并在适当的时候加以重复，以强化听众的信息接受。如下则台湾地区 PUMA（彪马）运动鞋广播广告文案：

（男声）

我是个庸庸碌碌的上班族。不过在平淡的生活中，我倒有一件法宝——PUMA。

星期一，我喜欢走仁爱林荫道来公司，藉以平和我的"星期一忧郁症"。

星期二，故意挑公司后的小巷道，多绕些路，只为了听听附近住家起床号的声音。

星期三，我会从小学旁经过，看看年轻的生命活力，顺便感怀一下我自己消逝的天真童年。

星期四，我索性来一段慢跑。

（口白渐弱）

广告语：快乐的走路族——PUMA——彪马运动鞋。

该文案采用简洁、明快、生动形象的口语，勾勒出 PUMA（彪马）运动鞋的轻松、快乐的生活特征，让人一听难忘。

电视媒体是继广播之后技术更为先进、复杂的电子媒体。其声音与画面合一的特点为广告文案的展示提供了更加广阔的空间。随着电视媒体的影响力迅速扩大和市场营销观念的飞速变革，从 20 世纪 60 年代起，电视广告成为主要广告媒体，其表现形式和内容日益丰富和多元，电视广告文案写作也成为广告文案创作人员必须掌握的基本技能。如下面这则中国台湾地区黑松企业黑松天霖水的电视广告文案：

挑逗的水(画面为香水)

游戏的水(画面为游泳池中的水)

补充的水(画面为输液的药水)

冒险的水(画面为托起小船的海水)

享乐的水(画面为酒)

成长的水(画面为奶瓶中的乳汁)

发现一瓶好水——黑松天霖水。

21世纪以来,随着网络数字技术的进一步发展,网络媒体作为一种新型的媒体,以其不可比拟的优势,显著地改变着现代信息传播方式和营销方式。网络广告也越来越受到众多商家的垂青。网络广告的形式也从最初简单的文字广告发展到Banner广告、E-mail广告、流媒体广告等多种表现形式,使得广告文案又有了新的飞跃式发展。

第二节 广告文案写作的概念和原则

一、广告义案写作的概念

广告文案写作是广告文案创作的过程。但是,广告文案写作远不只是用流畅的句子把广告产品描述出来这么简单。从广告运动的整个过程来看,广告文案写作属于广告表现的环节,是广告策略和广告创意之后的执行环节。从广告文案的概念来理解,广告文案写作具有以下几层含义:

(1)广告文案写作是关于广告作品中的语言文字的写作。广告文案撰稿人的业务内容是广告作品中的语言文字的写作而不包括作品中其他的构成部分,也不包括广告整体运作中的所有文本的形成。

(2)广告文案写作范围包括广告作品中的所有的(除了产品包装本身存在的文字)语言文字部分。因此,广告文案的所有构成部分,包括广告标题、广告正文、广告口号、广告附文以及广告准口号。

(3)广告文案写作是文案撰稿人在广告目标的规范和要求下,进行的对广告作品主题的提炼、材料的选择、结构的安排、语言的搭配和表现的过程。

(4)广告文案写作是写作特性和广告特性的有机结合,以达到广告目标为最终目的。

综上所述,本书认为:广告文案写作是广告作品中全部的语言文字部分的写作；是写作者在广告运作目标的制约和支配下，通过对广告作品的主题的提炼、材料的选择和结构的安排，传达广告信息，以达成广告意图的过程。

二、广告文案写作的原则

广告文案写作作为一种规定性的应用写作，不同于普通的文学创作或者新闻写作。为了使广告文案写作取得好的销售效果和社会文化效果，应该遵守以下几个原则：

（一）真实性

真实性是广告文案的生命力所在。广告要传递真实的信息，而不是虚假的信息，这一点十分重要。如果广告文案创作一开始就建立在不真实的基础之上，无论其文字多么华美动人或其宣传效果在短期内多么有效，但从长远来看，决不会是成功的广告，只会断送广告产品品牌的生命力。

著名的广告大师奥格威认为："广告必须真实……切忌夸大和不实之词"；"绝对不要制作不愿意让自己的太太和儿子看的广告。"而李奥·贝纳旗帜鲜明地提出："当你们已经不再是所谓有良知的公司时，当你们开始把你们的诚实打折扣时——而诚实才是我们这一行的生命，是一点不能妥协的——到那个时候，我会坚持从门上把我的名字拿掉。"

广告文案以代表企业、产品、服务宣传其特点、功能，说服和劝诱消费者产生对应性消费为己任。因此，真实性是它的生命所在，力量所在。如果违背了真实性原则，其广告文案会因为失真而丧失可信度。丧失了可信度的广告文案将毫无生命力，毫无价值。目前受众对广告的怀疑、不信任心态的存在和弥漫，就是许多虚假广告造成的恶果。广告活动如果失去了受众的信任，广告本身也就成了毫无意义的行为了。

无论国内，还是国外，在广告文案的真实性要求上都是一致的。《中华人民共和国广告法》明确规定："广告应当真实、合法，符合社会主义精神文明建设的要求"，"广告不得含有虚假内容，不得欺骗和误导消费者"。美国联邦最高法院规定："作为广告，它不仅每段叙述文字都应当是真实的，而且作为一个整体，广告也不应该给人误解。广告不得模糊或掩盖事实真相。广告不得巧妙地设法使读者对词藻的真实含义和对一项保证的实际内容发生忽视和误解。广告不得施展圈套或伎俩，而应通过对所保证真实性质的直接公开来博取人们的购买行为。"

保证广告的真实性，维护广告的信誉是广告从业者应该承担的社会责任与法律责任，也是广告事业健康发展的前提条件。广告文案的真实性主要表现在以下几方面：

（1）广告信息应是客现存在的事实。

广告所传播的内容应以事实为依据，决不能混淆是非，捏造事实。因为广告的真实性与客观性是一致的，广告宣传的信息只能是客观存在的事实的反映。广告创作者在广告创作时应该做到对某新产品的宣传有几项功能就说几项功能、有什么样的功能就说有什么样的功能，决不能夸大甚至捏造不存在的功能，例如，宣传某种新药能"包治百病"；某些明星利用社会公众人物的身份，为某些产品作广告时的夸大或不实宣传对社会的危害也是相当大的。

（2）广告信息应与广告宣传的观点相一致。

广告创作要求广告的内容与广告宣传的观点相一致，这是实事求是原则的具体体现。世界上的因果关系是很复杂的，某种原因可能导致多种结果，某种结果也可能是多种原因产生的，或者仅是那种原因而非这种原因产生的，广告创作时一定要经过充分论证，只有产生了某种产品的确存在某种功效之后才能对外发布信息。当前社会上频繁出现的"儿童增高灵"、"益智灵"以及各种"减肥药"的广告宣传都存在不真实问题，因为儿童正处于生长发育期，而且活泼爱运动，这些都是儿童可能增高的原因。至于减肥问题是个世界难题，而且由于人们的生活水平在提高，肥胖问题引起普遍关注，各种减肥药应运而生也是很自然的事情，但至今尚没有一种令消费者满意的特效药，而且现今市场上出现的许多减肥药存在多种副作用，给消费者造成了身心损害，因此美国政府明令禁止在大众传媒播出减肥药广告。

（3）广告应有明晰的陈述。

广告创作者在广告词与广告画面的撰写与创作时所表现的抽象思维与形象思维都应该表现正确的立场、鲜明的观点，并有较强的逻辑性，措辞与画面都要明晰，让人一看（或一听）就懂，绝不能含糊其辞和制作空洞的含义，不明确的画面，甚至将"驴头"与"马嘴"硬拼在一起，以免引起广告接受者的费解和误解。因广告陈述不明晰而误导消费者的广告在我国广告市场上普遍存在。在广告文案中经常出现的诸如"一千万元有奖销售"等文字，使人无法判断是一个中奖者能得一千万元奖金还是一千万个中奖者共同获得一千万元奖金；"全市最低价"也未说明是在某菜市内所有的商场销售该商品的价格以及是同时间相比的价格还是不同时间相比的价格，等等，具有歧义的空间，从而引起不少商家与消费者之间的纠纷。

（二）独创性

独创性是广告文案的灵魂。广告文案创作要体现新、奇、特，要创意新，表现奇，方法特，使公众有新鲜感。这就要求广告文案具有独创性，而绝不是模仿之作。

独创性又称原创力，是与众不同的首创，是广告人在广告运作过程中赋予广告运动和广告作品以独特的吸引力和生命力的与众不同的力量。广告人将原本存在的要素重新加以排列组合，用一种新颖而与众不同的方式来传达，发现人们习以为常的事物中的新含义。

广告如果没有关联性，就失去了目的；如果不是原创，吸引不了注意力；如果不能造成震撼力，印象不会持久。由于现代社会同类产品越来越多，同质化倾向愈演愈烈，信息社会的信息发布铺天盖地，一般的表现方式很难引起目标受众注意等状况的存在，广告人都将原创性作为一个重要的原则来遵循。

独创性的首创、与众不同和突破常规、出人意料并不仅仅是从纯粹的形式角度来提出的。原创的意义并不仅仅在于形式上的"想人所未想，发人所未发"，而是包括了两方面的内容：

（1）表现手法上的独创。

即形式上的独创。为了使广告文案能更吸引人，产生新奇感，在众多的广告文案中脱颖而出；为了使文案形式成为品牌的一种独特的标记，在众多的品牌中富于个性；为了使感性消费的受众因为喜爱文案中所体现的某种品牌情趣而发生购买行为，广告文案写作需要在形式上体现原创。这个原创，可以是创造新的表现形式；可以是发掘前人创造的有意味的形式，而后运用现代的形式、现代的理解去重新组合成一种新的形式、赋予新的含义。

（2）信息内容的独创。

广告文案寻找到独特的信息内容进行表现，寻找到能让产品在同类中跳出来吸引人的新信息，这就是信息的独创。信息的独创，不仅表现在能表现别的产品无法替代的消费利益点、产品生产背景以及产品的附加价值，也表现在能诉求别人没有诉求的产品特点。信息的独创，更表现在能发现同一产品和服务中的不同的特点和借助心理作用形成或创造出的不同价值。

在企业的资本后盾和规模不能达到第一时，艾飞斯（Avis）面对行业内老大赫斯公司，避免了正面的竞争，选择独特的角度，对广告信息进行了独特表现。这个独特的信息，使人们从服务的角度理解了艾飞斯的苦心。人们虽然能折服于赫斯的规模和实力，但人们更愿意在被服务中被视做上宾。独特的信息传达，是原创的有效表现。

独创性原则不仅仅要求形式上的独创，它同时也要求所传达的信息的独创；不仅仅要求是首创，更要求是在传递广告信息基础上的首创；形式和信息共同造就的原创，发掘形式中的内在力量的原创才是真正的独创。

（三）实效性

实效性原则是指广告文案要为一定的广告目的服务，做到实用、有效、而不是华而不实，片面追求文案的华丽。广告不能称为纯艺术的作品，而是借艺术表现实现的商业信息的载体。广告文案创作的动机和目的是为促使人们购买广告商品或改变某种观念或建立某种形象，而最终都是为了实现广告商品的销售增长。因而，实效性原则乃是广告文案创作的根本性原则。

广告文案实效性总是和广告活动的整体目的直接相关的，如果某个广告活动的目的在于促销，那么便以能否促进销售以及在多大程度上促进了销售作为评价该文案是否有效的标准；如果某项广告活动目的在于塑造品牌形象，那么便以品牌认知度和指名购买率的有无提高作为文案是否有效的标准；而公益广告的实效性在于能否促使公众对某项公益观念的认识，是否产生良好的社会效应。

（四）整体性

广告文案是广告的语言文字部分，并不是广告的全部内容，因而一定要考虑到与广告其他部分的协调与融合，使之成为一个整体，相映成辉。广告文案与插图、色彩、结构关系密切。不同的媒体在各元素的组合上比例不同，但都应能更好地发挥出该媒体的优势，准确、有力地传达广告信息；否则，广告文案与其他广告信息产生自相矛盾，将会损害广告的效果，甚至于破坏广告产品的品牌形象和市场定位。

另一方面，互动新媒体涌现不断，互动电视、网络广告、手机媒体、自助音乐已经不只是"听说"和"预测"了，它们实实在在地走进了我们的生活，并且以各自不同的方式对我们的思维和行动产生影响。以文字为传播介质的广告文案在这样的发展时代往往显得力不从心。如今的广告文案，不仅仅是简单的一项个人的"写作"行为，消费者也不会喜欢文案人员玩创意的噱头和纯粹的文字游戏。在今天，要做一个好的广告文案创意人员，文案人员得关注目标消费者的任何可以触达的传播方式，不会放弃目标受众可以被传播的任何一个地方——他晚上会看电视，那么会有电视广告；临睡前他会听一会儿广播，那么广播广告吧；早餐前他会看报纸，那么我们来点报纸广告；他上班前坐公车，当然不能放过公车广告了；一路上无聊了他会往外面看，那么当然不能放弃他宝贵的眼球了，我们来点路牌广告……总之，不同的媒体，在不同的时间，用不同的形式，强化广告传播效果。而广告文案创意和表现的整体性会给目标消费者在不同的媒体接触中，带来事半功倍的传播功效。

第三节 广告文案的功能

广告文案在广告传播过程中起到不可或缺的重要作用。它不仅是广告作品中不可或缺的元素，而且还是广告作品信息表达的核心。此外，广告文案还有超越于广告作品本身的相对独立的文化符号功能，对社会文化的构建和塑造有着不可小视的影响力。具体来说，广告文案的功能主要体现在以下几个方面：

一、广告文案是广告信息传递最直接的途径

广告文案是广告作品构成的不可或缺的重要元素，也是广告信息传递最直接的途径。广告可以通过各种媒介发布出去，虽然各种媒介形式大不相同，但是我们对广告信息的接受，不外乎是通过视觉所看到的画面、图形、影像、造型和广告作品中的文字，或者通过听觉所听到的音乐、音响、歌曲和广告作品中的语言等形式完成的。在其中的信息接受过程中，我们可能对于所看见的画面、图形、影像、造型等方面不理解，或者有多种理解，也可能存在对于所接收到的音响、音乐不熟悉、不理解等情况，但我们对于广告作品中的文字和听到的语言是明白无误的，因为它们要么是"白纸黑字"，要么是"言之凿凿"。文字和语言，这两种作为广告文案最主要的表现形式，相对于其他元素而言，对于广告信息的传递是最直接、最完整、最准确的。

"广告的效果50%～75%来自于广告文案。"这是美国权威调查机构经过测试得出的结论，这就是说广告文案是广告信息传播效果的最关键的因素。在这个信息爆炸的时代，要想使自己的广告不断顺应市场经济的浪潮，并能标新立异、独占鳌头，其中至关重要的就是在敢于实践的基础上，认真研究总结广告文案的突出特点和写作的方式方法，充分挖掘其深层的含义，达到"一语惊人"的传播效果。

二、广告文案是整个广告创作的关键环节

在广告创作过程中，有两个关键的环节：一个是广告的创意，一个是广告文案的撰写。我们说，广告文案的撰写是在整体广告创意的指导之下，并

服务于广告创意的表现。

广告文案的写作在整个广告制作过程起着举足轻重的作用。厦门大学广告学教授陈培爱指出："广告宣传形式多种多样，有动态的，如电影、电视、人物表演、曲艺节目等，这些属于立体广告。还有静态的，如书刊、杂志、印刷品、广告栏等，这些属于平面广告。不论是哪一种广告，几乎都和语言文字有不解之缘。在目前运用最为广泛的报纸、杂志、广播、电视等四大媒介上，文字、声音和图画成了广告的主要表现因素。在报刊、杂志上，文图相配；在收音机里，声情并茂；电视广告则是集三者于一身，达到完美的统一。在这些表现因素中，广告可以没有图画，有时也可以没有声音，但是不能没有文字。无论是采用哪一种媒介传播广告信息，一离开了文字就寸步难行。声音绝大多数情况下是文字的另一种表现形式，画面也是为了配合文字或声音的。"

美国广告界知名人士 H·史戴平斯也指出："文稿是广告的核心。"精彩的语言文字，使广告内容明确、清晰、醒目、动人。由此可见，文稿在广告表现中扮演重要的角色。

美国著名广告人大卫·奥格威在 1982 年起草的一封信中写道："如果在我公司进行一次写作考试，那么最高分一定属于十四位董事。在奥美公司，通常是写作越好，提升也越快，因为写作能力强的人思路也敏捷。思路混乱的人起草的文章、信件和发表的言论，往往缺乏逻辑条理性。优秀文章不是自然的恩赐，而是要通过努力学习才获取的。"[①]

三、广告文案具有相对独立的文化功能和作用

法国著名广告评论家罗贝尔·格兰有一句至理名言："我们呼吸着的空气，是由氮气、氧气和广告组成的。"一针见血地指出了现在广告对我们的生活无孔不入的现象。铺天盖地的广告已经渗透到人与社会的方方面面。广告借助现代化媒体和大众化传播方式，加之不厌其烦的重复和强调，其影响之大，不容忽视。广告在向社会传递有关商品、服务、企业等经济、科技、文化方面的信息时，也在施加具有文化意义、审美价值和生活观念方面的影响。

广告本属于经济的范畴，主要作用于社会的经济，并不直接担负太多的社会责任。但是，它却以特殊的方式参与社会文化的建设与塑造，从消费直至审美，不管它是有意还是无意的，直接还是间接的，明显的还是隐

---

① 转引自陈培爱著：《广告写作艺术》，中国对外经济贸易出版社 1990 年版，第 2 页。

蔽的。正是由于广告具有商业与文化的双重性质，优秀的广告往往契合了社会发展的文化需求和价值理念，在传播的过程中产生积极的文化效应和巨大的社会影响。在 20 世纪 90 年代中国处于企业改制的风口时期，联想下岗女工公益广告"从头再来"篇，占据流行音乐榜 8 周不下。2008 年奥运会全球赞助商 VISA 与招商银行推出"和"广告，正如广告策划人所言，"和"广告也是对"和谐社会"的响应和倡导，"和"是一个亲和性、寻求共性的理念，表达的是大家守护相望、人人相助的价值倡导。广告对这些价值观念的倡导，不仅影响了消费者对商品的选择，而且作为一种社会观念，深深存积于我们心中。

　　同时我们也看到，一些广告为了迎合部分人的低级趣味，赤裸裸地宣扬享乐至上、物质第一的观念，部分文案如"一旦拥有，别无所求"、"高贵品质，高雅享受"、"王者风范，至尊地位"，充满了对超越现实的富裕生活的刻意描述，对极具诱惑力的超前消费的尽情渲染。有的广告宣传伪科学和封建迷信；有的广告滥用谐音，乱改成语俗语，破坏语言规范。如有的广告将"依依不舍"改为"衣衣布舍"，"默默无闻"改为"默默无蚊"等，诸如此类，不胜枚举，对广大青少年造成不良的社会影响。也许，广告传播者只是为了简单的商业目的，或者说只是为了赢利而迎合某些消费者的欲望和嗜好，然而这已经超出了单纯的商业信息的传播，具有某种观念和文化形态的意义。因此，广告所造成的社会文化问题，已经引起了越来越多人的关注和重视。

案例："妻子"有得租，"二奶"更可包

　　深圳华强路上曾出现一个巨幅的"包二奶"广告，就引起很大的争议（图 1-3）。该广告原本是一个"广告牌发包"的广告，就竖立在繁华地段，底色为红色，左半部是一白色的性感女子剪影，下端有一行"等着你来包"字样，尤其显眼的是"等"字就压在女剪影的臀部上，而"包"字特地运用黄色进行处理，被路人指为"包二奶"广告遭到投诉。许多深圳市民看了广告

图 1-3　一则广告位招商广告

以后，认为太过明目张胆，影响深圳的形象。

（案例来源：2002年11月19日《南方都市报》，作者陈文定）

第四节　广告文案人员的岗位职责和素质

一、文案人员的岗位职责

优秀文案人才可以算是广告企业的核心竞争力了，也是广告公司关键的岗位。在广告公司内部，广告文案的职责通常是：

(1)向创作组长负责。

(2)面向配合的部门：客户部，媒介部，设计部。

(3)积极主动地执行工作单所下达的任务，即：在广告及公关策略的指引下，从创意概念发想开始，到完成整个文案创意，包括：电视广告文案完稿、电视广告故事版完稿(与插图师配合)、平面广告文案及创意完稿(与平面组合作)、产品说明书、单张文案、公关策划方案、广告杂志等。

(4)对所负责的品牌，根据指令承担文案的撰写工作。

(5)对公司的客户资料以及公司对客户的创意文案、设计、策略等资料做好保密工作。

(6)保管好客户部提供的客户原始资料，做好客户文案的资料归档。

(7)交客户的平面设计文案资料均在三签后负责核对正确，如被客户发现有失误，负责承担部分责任。

二、文案人员的专业素质

文案的使命是形成动机与欲望，建立信任感，给消费者在众多品牌中找一个一定要选择某一品牌的理由。从某种意义上讲，好的广告文案应该像一柄"凶器"，能刺破消费者的钱袋。而好的文案撰稿人就是隐藏在文案后面的"凶手"。因此，广告文案拒绝平庸，更忌讳抄袭。而文案写作也不是纯粹的文字工作；文案撰稿人更不是纯粹的文字工作者——这个"凶手"不仅需要有严谨的思维、开阔的知识面、娴熟的写作技巧以及能驾驭各种文体和多种语言风格的能力，还需要丰富的创造力和创造精神。

可以这样说，广告文案的优劣完全取决于文案撰稿人的专业素质的好坏。一个文案"凶手"应该具备以下条件①：

其一，要有良好的知识结构。广告是多学科交叉的一门社会学科。专业的广告人士不仅应有深厚的广告学知识，对市场营销、消费行为、消费心理、整合传播以及社会等方面的知识都应有所研究。这些知识来源于仔细的观察和对营销独特的理解。

其二，他对产品、市场与消费者之间的关系有独到的理解。广告人虽然永远不如企业了解产品本身，但却一定要让商家不如我们了解广告。好的广告文案撰稿人必须通过自己独到的领悟能力了解产品的深层价值、市场前景以及诉求对象，以期用有效的手段将产品的最优面展现给受众，满足诉求对象的消费心理。

其三，广告文案撰稿人还必须熟悉广告表现手段，善于驾驭文字。文案虽然只是广告的一部分，但一个不了解文案与广告的协调性、不了解不同的广告媒介在广告表现力上的差别、不知道在不同的媒介需用何种文体、不知道为适应不同产品不同消费者而使用不同风格的文案人员，是很难创作出富有表现力的文案的，那么广告就会失去灵性，广告可挖掘的潜力就会丧失殆尽。

最重要的是，这个文案"凶手"必须具备广告人的创造力与创造精神，因为这决定着广告文案的原创性和颠覆力。

我们所说的创造力，完全不是指某种晦涩的、奥秘的艺术形式，只是商人能够使用的最实用的东西。当一个文案撰稿人的广告文案敢于突破，敢于做新的尝试，他才创作出有一定原创性、与所要表现的主题能紧密联系并达其核心、能够把所要告诉诉求对象的信息浓缩成精华的广告作品。这样的文案撰稿人才可称为具有创造力。

很多时候，人们把创造力和创造精神表述为创意人随时随地都处于一种创意思考的精神状态，为此灵光乍现。任何一个人都有可能有灵光乍现的经历，但是绝大多数人灵感中的多数从未达成任何成就。因为在灵感与优秀的广告文案之间存在着很大的距离，这种距离必须依靠庞大的工作去缩短，这需要经过艰苦的训练以及孜孜不倦的思考，才能完成。灵感也可以说是创作欲望、创作经验、创作技巧、思维准备和情景诱惑的综合产物。只有具有很强的创作精神的创意人才有可能把握住灵感，创作出富有魅力的作品。所以说，优秀的文案手都非常勤奋，而不是仅靠天才就可以滥竽

---

① 此处参考高志宏、徐智明著：《广告文案写作》，中国物价出版社2002年版，第49～50页。

充数的。

延伸阅读：日本电通广告公司广告大师吉田秀雄的鬼才十则

1. 工作必须主动去寻找，不应该被指派之后才去做，要有主动性。

2. 工作应该抢先积极去做，不应该消极被动，那不是广告人应该做的。

3. 积极从事大的工作，小的工作只会使你的眼睛更加狭小。

4. 目标应该放在困难的工作上，完成困难的工作才能有所进步。

5. 一旦开始工作，千万别放弃，要有不达目的决不罢休的工作态度。

6. 争取主动，因为主动与被动之间有着很大的差别，经过长久的考验，会有迥然不同的结果。

7. 要有计划，只有立下长期计划才会有忍耐性，才会花工夫去做，才能产生朝正确方向前进的希望与毅力。

8. 信任自己吧！如果不能信任自己，工作的时候必定不会有魄力，就难以坚持不懈，也不会稳重。

9. 应该时时刻刻动脑，全面地观察和思考，注意四面八方，不容许有一丝空隙，这就是服务。

10. 不要怕挫折，挫折才是进步之因，是推动力的源泉，否则将会变得懦弱无能。

附录：

"现代广告之父"：广告文案大师奥格威

被称为"现代广告之父"的奥格威1911年出生于英国，毕业于牛津大学。他曾在法国当过见习厨师、推销员、农夫，后参加他哥哥在英国开办的广告公司，任业务经理。其间曾去美国学习广告术一年。第二次世界大战期间，在英国情报机关任职。1947年，奥格威与安德森·休伊特创办了奥美广告公司，创作出大量成功的广告。

创意目的

奥格威极力主张从销售的效果来看广告，他声称自己的座右铭是：

"我们的目的是销售，否则便不是做广告。"

奥格威认为，他的推销员出身和对销售的重视是他"比大多数创意人员占优势之处"。如果他的公司新雇员不能接受什么是好广告的这个严格的定义，"就请他们回到老地方去干他们的老本行，度他们的那种愚蠢无知的日子"。

真是够横的！他以演讲为例论证他的"实效"哲学：古希腊的雄辩家埃斯基涅斯演讲之后，听众说："他讲得多好呀！"而古希腊的另一位雄辩家德谟斯梯尼演讲完后，听众说："走，我们打腓力（即腓力二世）去！"后者唤起行动，比前者哗众取宠高明得多。

创意原则

奥格威 1963 年出版的《一个广告人的自白》是一本对世界广告界颇有影响的著作。书中总结了他从事广告业多年的经验，成为当时最为畅销的广告著述。他还出版了《奥格威谈广告》一书。奥格威十分强调广告人应遵循基本法则或原则，并将他自己的基本法则称之为"神灯"，喻其能满足一切欲求之物。

"我对什么事务能构成好的文案的构想，几乎全部从调查研究得来而非个人的主见。"在漫长的广告生涯中，他努力和最新的市场调查保持同步。他的言行，折射出一种执著实证的科学精神。这是他的创意哲学最鲜明的特征之一。

创意精神

奥格威宣称：

"我是唯一为自己的客户流了血的文案撰稿人。"

他为"林素清洁剂"所作的一则广告，内容是向家庭妇女传授清除污渍的方法。广告照片上表现了几种不同的污渍——口红的、咖啡的和血渍。为使血渍表现得逼真，他竟然用了自己的鲜血！

血，意味着真诚。真诚，是奥格威创意哲学的灵魂，是他的"神灯"最耀眼的光芒。

为广告流血，为一个文案写 19 个草稿、37 个标题，"我所做的就是把我的东西写出来，然后就编改，编改，再编改，一直编改到合理地通过。"——这既是对客户的真诚，更是对广告事业的真诚，一种令人肃然起敬的敬业精神。

（案例来源：《站在巨人的肩上：广告大师创意哲学精髓版之神灯》，转引自 http://www.iccun.com/management – consulting – training – 16111 – 1.html）

术　语

广告文案　文案撰稿人

思考题

1. 什么是广告、广告文案？
2. 你能简要说一下广告文案写作的源流吗？
3. 广告文案写作的原则是什么？
4. 文案撰稿人需要具备怎样的素质？
5. 文案人员的岗位职责有哪些？
6. 你认为怎样才算是好的广告文案？

第二章
广告文案执行
广告策略

教学目标

1. 明确广告战略与广告策略概念。

2. 理解产品在不同生命周期的广告文案写作策略。

3. 掌握广告定位方法及其广告文案写作表达。

4. 理解广告文案如何表现广告主题。

5. 掌握不同诉求方式对于广告文案写作的影响。

第一节　广告战略与文案写作

一、什么是广告战略

在当今市场竞争日趋激烈的情况下，一个企业、一种产品要在市场上取得立足之地，或者为了战胜竞争对手以谋求发展，几乎都与正确地运用广告战略有着密切关系。

广告战略是广告整体运动的宏观指导，是在对企业内外部条件、市场、产品、消费者进行全面深入分析的基础上，配合企业总体营销目标而制订的长期的、全局性的广告指导方针。它以战略眼光为企业长远利益考虑，为产品开拓市场着想，也就是所谓"放长线钓大鱼"。研究广告战略的目的是为了提高广告宣传效果，使企业以最低的开支达到最好的营销效果。

所谓广告战略，并非是某个企业一时一地的权宜之计，也不是随心所欲地玩弄手段，而是经过周密的调查研究，高瞻远瞩，审时度势，从战略的眼光出发，进行长远的全局的谋划，不失时机地为着实现企业总的战略目标服务的。例如美国七喜汽水公司，面对可口可乐公司、百事可乐公司的强劲竞争，尽管从1980年以来广告费增加了一倍多，营业部门也人员倍增，但仍然亏损。后来，该公司利用人们对咖啡因的畏惧心理，开展了"七喜从来不含咖啡因，也永远不含咖啡因"的宣传攻势。由于这项"反咖啡因"广告战略的成功，使该公司的营业额稳步增加，并逐步转亏为盈。以前尽管大幅度提高广告开支预算却无法使企业起死回生，而一项"反咖啡因"的广告战略则立见奇效，足见创造性和针对性都很强的广告战略的重大意义。又如日本的照相机行业，为了占领美国这样一个当时国民普遍不懂摄影或不喜爱摄影的市场，曾进行了周密的战略部署。他们首先在美国广泛宣传"摄影可以增加生活情趣"这一广告主题，接着在美国兴办各种摄影速成班，使很多美国人成为摄影迷，同时物色了美国最大的进口商代理经销。在广告与摄影速成班的推动下，日本相机不仅取代了德国相机，而且市场大大扩展，如今一个美国家庭拥有三四架名贵日本相机已十分普遍。因此，正确的市场战略，是广告战略的基础；敏锐的战略眼光，是制订有效的广告战略的前提。

二、广告战略的内容

一般说来，广告战略是由以下几个部分组成的。

(1)战略目标——广告攻势所要达到的直接目标。广告最常见的目标就是增加利润，增加销量。但是市场销售受到很多因素影响，单凭广告的力量，是不足以增加销量的，必须有其他市场推广活动的配合，才可达到目标。再者，有很多广告活动的成果，并不是立刻出现的，而是需要一段时间的发展才可在销售数字上表现出来。所以，销售的增加可以说是一个营销攻势的最终目标，但必须有其他比较长远及非数字性的目标作为支持，而非以短期及立刻反映的销售数字作为目标。如前面讲到的两个例子，通过广告宣传使人坚信：只有七喜汽水是不含咖啡因的健康饮料，从而击败竞争者；变美国人为摄影迷，开辟了相机新市场。

(2)表现战略——即选取最有效的表现角度与手法。表现战略的手法很多，是表现产品本身的品质、性能、特点，还是表现产品所能带给人们的利益与满足？是表现企业本身的目标与实力，还是表现社会对企业的信任与推崇？是用"自我表现"法，还是用第三者的见证加以客观的介绍？总之，应根据广告内容、广告市场与宣传对象的差异而研究决定。

(3)媒介战略。广告媒介的种类繁多，如何选择有效的媒介，拟订各媒介的配合、广告出现量及其频率等十分重要。现代广告战略往往要求广告宣传采用"立体战争"中各"军种"、"兵种"的大力配合，并力求集中一致地攻击目标，广告要最大限度地打动广告目标受众的心。

广告战略的制订，不是市场战略的简单翻版，而应根据市场目标的总要求，在认真分析与研究产品(或企业)情报、市场情报、消费者情报及与之相关的各种环境资料的基础上，拟订多种方案，反复比较推敲。只有这样，才有可能制订出正确的、科学的、创造性的广告战略。

三、广告战略与文案写作

广告战略对广告文案写作起着决定性的指导和统摄作用。同样，广告文案创作人员也需要对所创作的广告产品、企业的广告战略有透彻、清晰的把握。因此，在动笔撰写文案以前，文案人员要思考以下一些基本的战略性问题：

(1)广告活动的信息内容是什么——是企业，是产品，还是服务？

(2)广告主投放广告的目的是什么——扩大企业知名度，增加产品的美誉度，还是直接配合产品的促销活动作销售促进？

(3)广告活动的目标受众或目标消费者是谁——他或她有哪些群体特点、个性特征？他们的生活方式、消费形态、文化素养、阅读或接受外界事物的特点是什么？

（4）广告文案的作用在整个广告活动中是什么——品牌构造？观念形成？功能显示？附加价值的体现？

（5）广告文案的传播媒介是什么——是凭借阅读的报刊，是只诉诸于听觉的广播，还是视听两便的电视？新型的网络？

第二节　广告策略与文案写作

在竞争激烈的市场经济环境下，企业要生存和发展，就要进行大量的广告宣传活动。为力求在广告宣传活动中取得更大的效果，企业在明确的广告目标和战略的基础上，还应研究和制订相应的广告策略。这是现代企业在激烈竞争的市场环境中保证市场营销任务完成的关键所在。

广告策略是实现、实施广告战略的各种具体手段与方法，是战略的细分与措施。它是根据企业内外的环境、条件、广告目的而制订的广告决策方案。企业一般所采取的广告策略包括广告产品生命周期策略、广告目标市场策略、广告诉求策略、广告媒体策略等。

一、产品生命周期的广告策略

产品生命周期的不同阶段，产品的市场占有率和消费状况会有所变化，营销策略和广告策略也应该随着产品生命周期的变化及时调整。

（一）导入期：开拓性广告策略

产品的市场状况：产品刚上市，急需开拓市场。

营销策略：营销要承担向潜在消费者宣传新产品、吸引消费者购买产品、保证营销渠道畅通的任务。企业可采取快速进入策略、缓慢进入策略，或者快速渗透、缓慢渗透策略。

广告策略：

①无论企业是否以强劲广告攻势推出产品，导入期广告都应采取开拓性策略，以提高产品的知名度和消费者认知度、使产品迅速进入市场为目的。

②广告除了要突出品牌名称，还应该提供相关产品的具体信息。

③这些信息可以是特性、功能、用途、使用者、购买利益，主要由定位策略决定。

④注意将诉求集中于一个重点，不要将新产品广告写成对产品的全面介绍。

案例：瑞典 VOLVO 汽车的报纸广告文案

标题：放心——沃尔沃汽车已来到中国

正文：满载生机勃勃的荣誉，携带近 70 年的安全设计史，今天 VOLVO 汽车已来到中国，以其珍惜生命便是财富，热爱生活、勇于挑战的豪气，准备驶进您的生活。这是一部令您放心的车，入乡随俗，特别针对中国道路行驶需要而制造。它不仅安全可靠、性能卓越，更巧妙地将安全性能与汽车动力完美结合，助您在人生路上，安心驰骋。VOLVO 汽车的外观大方，车厢内部更是宽敞典雅，令人倍感安全舒适。无论在什么场合当中，它都备受瞩目，安稳轻松地为您增添风采。每一部驶入中国大地的 VOLVO 汽车，都将享有瑞典 VOLVO 汽车公司所建立的完善维修网络为您提供原厂零配件与高质量的售后服务。现在，尽可以放心了！

（二）成长期：劝服性广告策略

产品的市场状况：产品被市场接受，市场占有率上升。

营销策略：企业可以通过改进产品质量、赋予产品新的特性、改进款式、增加侧翼产品、进入新的细分市场、进入新的配销渠道、适当降低价格来促进市场占有率的提高。

广告策略：

①广告以劝说更多消费者购买本产品、提高产品的市场占有率为目的。

②需要配合营销策略，做更具针对性的说服性诉求。

③成长期的广告目标与导入期不同，广告诉求也一定要有所变化。

案例：红牛饮料平面广告文案

广告语：轻松能量　来自红牛

标题：还在用这种方法提神

正文：都新世纪了，还在用这一杯苦咖啡来提神？你知道吗，还有更好的方式来帮助你唤起精神：全新上市的强化型红牛功能饮料富含氨基酸、维生素等多种营养成分，更添加了 8 倍牛磺酸，能有效激活脑细胞，缓解视觉疲劳，不仅可以提神醒脑，更能加倍呵护你的身体，令你随时拥有敏锐的判断力，提高工作效率。

醒题：迅速抗疲劳　激活脑细胞

随文：www.redbull.com.cn

（三）成熟期：提醒性广告策略

产品的市场状况：市场占有率达到最高，销售增长趋缓。

营销策略：企业以保持市场占有率为目的，应该采取争取新顾客，进入新的细分市场，争夺竞争者的顾客，促使顾客增加购买数量，提高购买频率，为产品增加新的和更广泛的用途，提高产品质量，改进产品特性，改进产品款式，改进市场营销组合等策略。

广告策略：

①进入成熟期，消费者对产品已经有较多认知，产品已经拥有较稳定的消费群体，而且消费者的消费习惯已经基本稳定，广告无须再对产品特性做更多告知、对消费者做更多说服，而应该以提醒消费者、维护消费者的忠诚为主要目标。

②提醒性广告主要突出品牌，以品牌名称和品牌形象不断提醒消费者。

③展示不同使用者、不同的使用形态，仍旧是吸引更多消费者的重要手段。

④为促进消费者提高购买频率、增加购买量，需要把握季节、节庆、重大事件等时机，进行直接的促销活动，并以促销广告配合。

案例：左岸咖啡馆文案——《默剧篇》

下午五点钟

是咖啡馆生意最好的时候

也是最吵的时候

窗外 默剧表演者

正在表演上楼梯和下楼梯

整个环境里

只有他和我不必开口说话

他不说话是为了讨生活

我不说话是享受不必和人沟通的兴奋

我在左岸咖啡馆

假装自己是个哑巴

（四）衰退期：维持性广告策略

产品的市场状况：市场占有率下降，产品的销售额下降，利润降低。

营销策略：企业应该尽快发现出现衰退的产品，开发新产品，为放弃本产品做准备。

广告策略：企业可以通过广告尽量维持现有的市场占有率，并逐渐将广告重点转向其他有潜力的产品。

二、广告目标市场策略

目标市场是指企业为自己产品选择一定的市场范围和目标时，应满足一部分消费者的需要。在商品极度丰富的当今，任何产品的广告很难针对所有的消费者。因此，目标市场成为企业市场营销的策略，也成为企业的广告策略。目标市场的选取分为市场细分与目标市场选择两个环节。

（一）市场细分

市场细分（market segmentation）是指营销者通过市场调研，依据消费者的需要和欲望、购买行为和购买习惯等方面的差异，把某一产品的市场整体划分为若干消费者群的市场分类过程。每一个消费者群就是一个细分市场，每一个细分市场都是具有类似需求倾向的消费者构成的群体。

1. 市场细分的作用

细分市场不是根据产品品种、产品系列来进行的，而是从消费者（指最终消费者和工业生产者）的角度进行划分的，是根据市场细分的理论基础，即消费者的需求、动机、购买行为的多元性和差异性来划分的。市场细分对企业的生产、营销起着极其重要的作用。

（1）有利于选择目标市场和制订市场营销策略。

市场细分后的子市场比较具体，比较容易了解消费者的需求，企业可以根据自己的经营思想、方针及生产技术和营销力量，确定自己的服务对象，即目标市场。针对着较小的目标市场，便于制订特殊的营销策略。同时，在细分的市场上，信息容易了解和反馈，一旦消费者的需求发生变化，企业可迅速改变营销策略，制订相应的对策，以适应市场需求的变化，提高企业的应变能力和竞争力。

联想的产品细分策略，正是基于产品的明确区分，联想打破了传统的"一揽子"促销方案，围绕"锋行""天骄""家悦"三个子品牌面向的不同用户群需求，推出不同的"细分"促销方案。选择"天骄"的用户，可优惠购买让数据随身移动的魔盘、可精彩打印数码照片的3110打印机、SOHO好伴侣的M700多功能机，以及让人尽享数码音乐的MP3；选择"锋行"的用户，可以优惠购买"数据特区"双启动魔盘、性格鲜明的打印机以及"新歌任我选"MP3播放器；钟情于"家悦"的用户，则可以优惠购买"电子小书包"魔盘、完成学习打印的打印机、名师导学的网校卡，以及成就电脑高手的 XP 电脑教程。

（2）有利于发掘市场机会，开拓新市场。

通过市场细分，企业可以对每一个细分市场的购买潜力、满足程度、竞争情况等进行分析对比，探索出有利于本企业的市场机会，使企业及时作出投产、移地销售决策或根据本企业的生产技术条件编制新产品开拓计划，进行必要的产品技术储备，掌握产品更新换代的主动权，开拓新市场，以更好适应市场的需要。

（3）有利于集中人力、物力投入目标市场。

任何一个企业的资源、人力、物力、资金都是有限的。通过细分市场，选择了适合自己的目标市场，企业可以集中人、财、物及资源，去争取局部市场上的优势，然后再占领自己的目标市场。

（4）有利于企业提高经济效益。

前面三个方面的作用都能使企业提高经济效益。除此之外，企业通过市场细分后，可以面对自己的目标市场，生产出适销对路的产品，既能满足市场需要，又能增加企业的收入；产品适销对路可以加速商品流转，加大生产批量，降低企业的生产销售成本，提高生产工人的劳动熟练程度，提高产品质量，全面提高企业的经济效益。

2．市场细分的依据

企业进行市场细分的依据，通常是根据目标消费者在以下一个或者几个指标体系中，选取最有特色和代表性的指标进行细分，从而形成一个不同视角的新的消费群体概念。具体指标如下：

（1）地理细分：国家、地区、城市、农村、气候、地形；

（2）人口细分：年龄、性别、职业、收入、教育、家庭人口、家庭类型、家庭生命周期、国籍、民族、宗教、社会阶层；

（3）心理细分：社会阶层、生活方式、个性；

（4）行为细分：时机、追求利益、使用者地位、产品使用率、忠诚程度、购买准备阶段、态度。

3．市场细分的衡量原则

企业进行市场细分的目的是通过对顾客需求差异予以定位，来取得较大的经济效益。众所周知，产品的差异化必然导致生产成本和推销费用的相应增长，所以，企业必须在市场细分所得收益与市场细分所增成本之间做一权衡。由此我们得出，有效的细分市场必须具备以下特征：

（1）可衡量性：指各个细分市场的购买力和规模能被衡量的程度。如果细分变数很难衡量的话，就无法界定市场。

（2）可赢利性：指企业新选定的细分市场容量足以使企业获利。

（3）可进入性：指所选定的细分市场必须与企业自身状况相匹配，企业有优势占领这一市场；可进入性具体表现在信息进入、产品进入和竞争进入上。考虑市场的可进入性，实际上是研究其营销活动的可行性。

（4）差异性：指细分市场在观念上能被区别并对不同的营销组合因素和方案有不同的反应。

（5）相对稳定性：指细分后的市场有相对应的时间稳定。细分后的市场能否在一定时间内保持相对稳定，直接关系到企业生产营销的稳定性。特别是大中型企业以及投资周期长、转产慢的企业，更容易造成经营困难，严重影响企业的经营效益。

（二）选择目标市场

企业在划分好细分市场之后，可以进入既定市场中的一个或多个细分市场。目标市场选择是指估计每个细分市场的吸引力程度，并选择进入一个或多个细分市场。

1. 目标市场选择标准

（1）有一定的规模和发展潜力。

企业进入某一市场是期望能够有利可图，如果市场规模狭小或者趋于萎缩状态，企业进入后难以获得发展，此时，应审慎考虑，不宜轻易进入。当然，企业也不宜以市场吸引力作为唯一取舍，特别是应力求避免"多数谬误"，即与竞争企业遵循同一思维逻辑，将规模最大、吸引力最大的市场作为目标市场。大家共同争夺同一个顾客群的结果是，造成过度竞争和社会资源的无端浪费，同时使消费者的一些本应得到满足的需求遭到冷落和忽视。现在国内很多企业动辄将城市尤其是大中城市作为其首选市场，而对小城镇和农村市场不屑一顾，很可能就步入误区，如果转换一下思维角度，一些目前经营尚不理想的企业说不定会出现"柳暗花明"的局面。

（2）细分市场结构的吸引力。

细分市场可能具备理想的规模和发展特征，然而从赢利的观点来看，它未必有吸引力。波特认为有五种力量决定整个市场或其中任何一个细分市场的长期的内在吸引力。这五个群体是：同行业竞争者、潜在的新参加的竞争者、替代产品、购买者和供应商。

（3）符合企业目标和能力。

某些细分市场虽然有较大吸引力，但不能推动企业实现发展目标，甚至分散企业的精力，使之无法完成其主要目标，这样的市场应考虑放弃。另一方面，还应考虑企业的资源条件是否适合在某一细分市场经营。只有选择那些企业有条件进入、能充分发挥其资源优势的市场作为目标市场，企业才会立于不败之地。

2. 广告目标市场选择策略

目标市场策略一般可分为无差异市场策略、差异市场策略和集中市场策略。与此相应，广告策略也可以分为无差异市场广告策略、差异市场广告策略和集中市场广告策略。

（1）无差异市场广告策略：是在一定时间内向一个大的目标市场运用各种媒体组合，发布同一主题内容的广告策略。运用这种策略最成功的例子是早期的美国可口可乐公司。无差异市场广告策略，适用于处于产品市场生命期中的导入期与成长期阶段的新产品，或者在产品供不应求，市场上还无竞争对手时，或者在竞争不激烈的时期，是一种经常采用的策略。无差异市场广告策略，有利于运用各种媒体统一宣传广告内容、节省广告费用开支，并能迅速提高消费者心中产品的知名度，达到创品牌目标。

（2）差异市场广告策略：是企业在一定的时间内，针对细分的目标市场、运用不同的媒体组合、作不同主题内容的广告策略。这种策略能够较好地满足不同消费者的需求，有利于企业提高产品的知名度，突出产品的优异性能，增强消费者对企业的信任感，达到扩大销售的目的。也是在产品进入成长期与成熟期，市场同类产品竞争激烈时，为适应产品差别化的需要而经常采用的策略。

（3）集中市场广告策略：是企业把广告宣传的力量集中在细分市场中的一个或几个目标市场上的广告策略。实施此策略的企业追求的不是在较大市场占有较小份额，而是在较小的细分市场上占有较大的份额。

案例：美国米勒公司目标市场营销

在20世纪60年代末，米勒啤酒公司在美国啤酒业排名第八，市场份额仅为8%，与百威、蓝带等知名品牌相距甚远。

米勒公司首先进行了市场调查。通过调查发现，若按使用率对啤酒市场进行细分，啤酒饮用者可细分为轻度饮用者和重度饮用者，而前者人数虽多，但饮用量却只有后者的1/8。

调查还发现，重度饮用者有着以下特征：多是蓝领阶层；每天看电视3个小时以上；爱好体育运动。米勒公司决定把目标市场定在重度使用者身上。

重新定位从广告开始。他们首先在电视台特约了一个"米勒天地"的栏目，广告主题变成了"你有多少时间，我们就有多少啤酒"，以吸引那些"啤酒坛子"。广告画面中出现的尽是些激动人心的场面：船员们神情专注地在迷雾中驾驶轮船，年轻人骑着摩托冲下陡坡，钻井工人奋力止住井喷等（图2-1）。

结果，"海雷夫"（High life）的重新定位战略取得了很大的成功。到了1978年，这个牌子的啤酒年销售达2000万箱，仅次于AB公司的百威啤酒，在美国名列第二。

（案例来源：朱华、窦坤芳主编《市场营销案例精选精析》，中国社会科学出版社2006年版）

图2-1   米勒啤酒广告

第三节   广告定位策略与文案写作

广告定位理论产生于20世纪七八十年代。广告定位，就是通过广告的宣传，使企业、产品、品牌在消费者心目中确立一个有利位置的一种方法。

一、广告定位理论的形成过程

（一）创作独特的销售主题

该理论认为广告应该把注意力集中在产品的特点和消费者的利益上，寻找商品之间的差异，选择消费者最容易获得认知的一个说辞作为广告主题，这个说辞具有独特性。这个观点是由美国广告人罗瑟·瑞夫斯提出来的，这个创作主张在当时广告界引起强烈的反响。在20世纪50年代，广告处于产品时代。只要有优良的产品，只要产品有自己的特点，能给消费者带来利益，就会受到消费者的青睐。所以广告文案创作把注意力集中在产品的特点和消费者的利益上。

瑞夫斯为美国玛氏公司的 M&M 巧克力豆所写的广告词"只溶在口，不溶在手"，就是这种创作理念下的典范之作。这一广告强调了产品的特点、消费者的利益，以及和同类产品的区别。

(二)塑造品牌形象

到 20 世纪 50 年代末，新产品不断涌现，同类产品竞争激烈。当一种受欢迎的产品推出后，在很短的时间内，就会有许多种同类产品出现，越来越多的产品之间差异和区别越来越小。

为适应新的市场竞争，广告创作也发生了变化，20 世纪 60 年代后，进入"形象至上的创作时代"。由大卫·奥格威倡导的以塑造品牌形象为主的广告创作理念，逐步深入人心。竞争要取得成功，靠的是形象和声誉。而每一则广告，都是对品牌形象的"长期投资"。在这一创作理念指导下，许多广告获得了成功。最脍炙人口的是，由奥格威为"哈特威"衬衫创作的左眼戴眼罩的男人形象，以及李奥·贝纳为"万宝路"香烟创作的牛仔形象。

(三)定位理论时代

进入 20 世纪 70 年代后，"定位"一词首次出现在美国《广告时代》上，作为一种新的营销策略和广告策略而被应用。这是因为，广告诉求仅强调商品的性能特点、消费者的利益以及品牌形象，随着产品种类及数量的丰富，已经不太吸引目标受众了，由此产生了定位理论。

20 世纪 80 年代初，美国艾尔·里斯和杰克·特劳特写出《广告攻心战略——品牌定位》一书，系统总结了 30 多年的营销经验，提出"广告已进入了一个以定位策略为主的时代"，标志着广告定位理论的正式形成。广告创作进入了"定位"时代。

无论是"独特的销售主题"、"品牌形象"还是"定位理论"，都是一脉相承、在理论上逐步完善起来的，以至于进入 20 世纪 90 年代以后，整合营销传播理论的兴起，也与这些创作理论有一定的继承和联系。

定位理论的重点，在于考虑如何在广告内容上与消费者进行"沟通"。而整合营销传播，又进一步从传播角度，提出如何与消费者进行"接触沟通"的问题，把广告表现战略(如何创作广告内容)和广告媒体策略(如何与消费者接触沟通)有机地结合在一起，使与消费者沟通的方法更完美。

二、文案如何表现广告定位

广告定位的核心，是确定广告的诉求重点，是向目标消费者展示商品的"卖点"。广告定位是确定广告创意中"说什么"的部分，产品究竟定位在何处最为适宜，是通过广告创意实现的。因此，广告定位是广告成功的基础和前提，为广告文案创作提供了方向和题材；也是与消费者沟通和促成购买行动的关键，有利于消费者识别商品，有利于进一步巩固企业的产品定位。以下从定位的方法角度来阐述文案创作如何正确地表达广告定位。

（一）实体定位

实体定位的方法，主要是突出产品的新价值，强调与同类商品的不同之处，以及给消费者可能带来的更大利益。

1. 功效定位

选择与其他商品有明显区别的特点加以突出，以引起消费者的注意和兴趣。重点宣传本产品的特殊功效，如"鸽牌"香皂突出的是为干性皮肤的妇女滋润皮肤用的美容皂，"活力28"标榜能够洗涤任何污垢。"高露洁"对牙齿有特殊的保护作用等。

美国宝洁公司仅洗衣粉就设计了汰渍、奇尔、奥克多等9种品牌，采用这种多品牌战略，就是从功效上满足不同消费者的需求，或洗涤能力强，或有护色功能，或含有漂白粉等。广告文案则根据这些产品的不同功效，对消费者进行诉求，如"汰渍一用，污垢全完"、"无须漂白粉，只需奥克多"，这是常用的定位策略之一。

2. 品质定位

主要从商品的品质着眼，通过显示广告商品的质量、优良性能等吸引消费者。如："在时速60英里时，新型劳斯莱斯汽车的最大噪音来自车上的电子钟。"用噪音低这样的品质来吸引消费者。"晶晶亮，透心凉"，准确简明地说明了雪碧饮料内不含色素、解热消暑的质量特点。

文案创作突出商品的品质，要具体实在，能让消费者感觉到，不要太抽象笼统。像"质量可靠、性能优良、省优部优、全国一流"，用这样的广告语言来说明商品的品质，就不会给消费者留下什么印象。

3. 价格定位

利用价格来突出商品的特点，也是一种定位方法。采用价格定位策略，要根据目标市场消费者的消费水平来确定产品价位，可以分为高价位和低价位两种。当产品定位在高档豪华品时，应采用高价位；当产品定位在大众普及品时，就应采用低价位。例如，"世界上最贵的香水只有快乐牌"；"为什么你应该投资于伯爵表，它是世界上最贵的表"，这是一种高价位的定位策略。中国台湾地区一家面粉公司则运用低价位策略："要买好的，并不是要买贵的"，"雕牌"广告："只买对的，不选贵的"等广告效果都较好。日本松下电器公司生产的 SL－30 录像机的广告语"用购买玩具的钱买一台高级录像机"，也是一种低价位策略。

又如美国一家啤酒的广告，广告商开始为该啤酒策划广告时，以豪华的场面为背景，以优雅漂亮的小姐做模特儿，用金纸做外包装，让人看上去同高档香槟差不多，结果给人的印象是，它是一种价格较高的女性享乐饮料。该啤酒的价格并不贵，可是采用了豪华包装，违反了价格定位理论。于是，后来他们改头换面，去掉了包装金纸，原来的漂亮小姐不见了，豪华休闲的场面也没有了，代之出现的是一群劳累了一天的伐木工人在酒吧间里快活地痛饮这种啤酒。定位准确了，该啤酒销路大开。

(二)观念定位

观念定位就是树立新的商品观念和消费观念，可分为是非定位、比附定位、逆向定位、感情定位、理性定位等。

1. 是非定位

是非定位是从观念上人为地把商品市场进行区分的定位策略。最典型的案例就是美国七喜饮料的非可乐策略。在美国的饮料市场上，三份软饮料中，就有两份是可乐型的。七喜饮料想进入饮料市场，知道不能与可乐型饮料抗衡，就采用了非可乐策略。就是在广告中人为地把饮料市场分为可乐型和非可乐型两种，并使这种区分在消费者心目中形成印象。其广告语"七喜，非可乐"使得七喜饮料成为非可乐饮料市场中的名牌产品。

2. 比附定位

比附定位是利用其他已存在的、已知的定位，来说明本产品位置的方法。如美国艾维斯汽车出租公司的广告，就是采取这种定位策略。广告首先承认同行业中的赫兹汽车出租公司是第一流的，然后表明："艾维斯在租车业中居于第二位。请坐我们的车吧，我们会更加努力的。"在这之前，艾维斯汽车出租公司连续13年都亏本，由于定位恰当，这家公司第二年就开始扭亏为盈，到第三年已赢利500万美元。又如："不是最好，但求更好"，"我们不是第一，我们正在努力"等文案，贯彻的都是这种定位思路。

需要注意的是，运用比附定位，广告策划者应对领导品牌、竞争对手以及自身的广告产品的位置都非常清楚，把握好比附的方向，恰当地寻找到自身产品的位置。

3. 逆向定位

逆向定位是针对人们的逆反心理而采用的定位策略。这样，可能促使消费者摆脱习惯思维模式，追求好奇，产生促销效果。有家商店贴出"本店这种成衣每人只准购买一件"的告示，使积压已久的服装销售一空。美国555香烟制作了"此地禁止抽烟，连皇冠牌也不例外"的广告牌，反引起消费者对这个品牌香烟的好奇心，都想做些尝试，结果使其销售量激增。

4. 感性定位

感性定位多用于一些产品性质不易说清楚，或产品附加一种文化观念等的定位方法。这种诉求，能唤起消费者感情的共鸣而引起兴趣。如万宝路香烟就采用了巍峨的群山、奔腾的骏马、粗犷的牛仔等形象诉求，而博得消费者的好感。

5. 理性定位

理性定位采取摆事实、讲道理的说服方法，使消费者获得理性共识。如百事可乐就用"同样的价格，两倍的含量"的诉求，赢得消费者的认可。

第四节　广告诉求策略与文案写作

广告诉求策略主要包括两个层面的问题，一是"说什么"，也就是广告诉求主题的确立；二是"怎么说"，即广告诉求方式的确立。以下从这两个方面谈谈广告文案创作过程中如何把握好广告诉求策略。

一、广告文案如何表现广告主题

广告主题指的是广告宣传的重点和所要表达的中心思想。一个广告主题不明确的广告，等于什么也没有"告诉"。广告文案说什么，或者广告文案表达什么样的内容，主要表现为广告主题的确立。广告主题说什么，看起来仿佛容易，在文案写作过程中却是十分困难的工作。

（一）广告主题的类型

1. 与心理有关

与心理有关的主题分为下面几个方面：

①强力介绍某项产品超越其他品种的新用途；

②和同类产品比较，显示自己的产品比其他同类产品的功能、质量等方面优越；

③证实若购买广告中的产品，可解决某项问题或避免某种不悦之事；

④诱使消费者加深对产品商标的记忆，藉以提高品牌在消费者心中的知名度；

⑤强调产品能美化消费者形象，提高身份地位；

⑥用优美的语言和影响力大的媒体宣扬产品能给消费者带来精神的享受；

⑦再三重复广告口号，以加深消费者对企业和产品的印象。

2. 与企业形象有关

与企业形象有关的主题分为下面几个方面：

①树立企业在某个领域内领导潮流的形象；

②强调企业产品为提高消费者生活水平所做的不可湮没的贡献；

③突出企业强有力的市场销售地位；

④宣扬企业一丝不苟、埋头苦干、勇于进取、不甘落后的精神；

⑤强化企业国际性良好的形象，并为产品打入国际市场铺路；

⑥创造温馨亲切、让人流连的企业家庭氛围。

3. 与购买行动有关

与购买行动有关的主题分为下面几个方面：

①以流行时尚引诱消费者效仿；

②使消费者增加购买商品的次数，而不做过路生意；

③促使消费者购买刚打入市场的新产品；

④刺激消费者增加对所广告商品的使用量，使消费者相信该产品的质量过得硬；

⑤突出自家产品独特之处，刺激消费者产生冲动购买；

⑥诱使消费者试用自己的商品，从而使竞争对手退出市场。

4. 与市场营销有关

与市场营销有关的主题分为下面几个方面：

①以有奖销售的方式吸引消费者购买；

②刺激消费者对某种品牌的基本需求；

③用粘贴防伪标志的形式，加强消费者的辨认度，用正当手段维权；

④大肆渲染马上入市的新产品，为刺激消费者购买做好心理准备；

⑤采用薄利多销的方式争取消费者；

⑥强调经营服务给消费者带来的便利；

⑦为消费者提供售后服务，免除消费者的后顾之忧；

⑧诱惑潜在的目标消费者加入消费行列，扩大产品的销售市场。

（二）广告主题的选材

1. 快乐

生活得快乐，是每个人的追求，也是现代人的一种重要注重体验的消费心理需求，谁愿意生活得痛苦？快乐，是人们生活水平发展到较高层次的必然需求。轿车、旅游等广告文案多以此作为广告题材。

美国一家裸浴旅游公司用一张一位裸体的漂亮姑娘趴在沙滩上的照片来做广告，广告词这样写道：

多么自由自在，无拘无束！这会把您带到欧洲最美丽的沙滩上，强烈的阳光把您周身晒黑，纯洁的海水能滋润您裸露的皮肤。

与美国这则广告不同的是，下面这则英国旅游协会的广告，充满了浓郁的文化气息，这则广告曾被誉为"优秀的企业广告"，而且获得过国际广告赛的奖项。广告全文如下：

标题：轻轻地踱过历代君主们漫长的沉睡
正文：
伦敦威斯敏特大教堂中的亨利七世小教堂里，历代英皇——亨利七世、伊丽莎白一世和苏格兰的玛丽女皇都下葬于此。有 22 代帝王都曾在这里举行加冕典礼。
在英国，这样著名的大教堂有 30 个，每座教堂都是一件独树一帜的艺术品。在你访问英国时至少要来参观一所教堂，免得虚此一行。
备有介绍英国教堂的彩色导游册，函索即寄。

2. 经济

经济实用、价廉物美是人们重要的购物标准。高消费只是一部分人的生活，而对于平头百姓，工薪阶层来说，购买商品的档次总在中、低档上。产品在价格上占据明显优势，刺激消费者的购买欲望。家电、食品、经济型汽车等常以此作为广告题材。如福特汽车广告：

在阳光下，钻石和玻璃珠都能闪闪发光，散发出炫目的迷人色彩，但玻璃珠毕竟不能和钻石相比，两者的价值更有天壤之别。同样的道理，只从单一的角度告诉消费者这项商品对您如何有利，而将其他事实弃而不谈，这样会使消费者陷入思考的混乱，而作出错误的判断。

福特汽车公司了解消费者的不同需要，也尊重消费者的选择，因此，福特千里马、天王星或全垒打的购买对象不同，但满足每一购买者的不同需求则是一致的。因为我们理解，欲望并不是单纯的东西，当消费者决定购买时，他的考虑必定是多方面的，不仅要决定手排还是自排与价格高低等问题。同样的，车子的性能、外型、内部空间大小……也都应列入考虑，所以我们决不会说40万的手排车不如37万的自排车来得划算这种片面之词。

我们相信，消费者是明智的。您一定明白"钻石和玻璃岂可相提并论"的道理，我们尊重您的判断和选择。

3. 质量

对商品质量、售后服务等方面向消费者作出承诺，保证，这是商家成功之处。在文案中作出承诺，可增强消费者的信任感，树立品牌形象。家电、建材、名牌服装等常以此作为广告主题。

浙江好来西服饰有限公司的一则致歉广告文稿，不仅没有损伤企业的形象，而且因为他们的诚实，而赢得消费者的普遍好评，使好来西服装的销售量明显增加。该致歉广告全文如下：

我们曾向您承诺："凡购买 Holison 高级衬衣，如因正常穿洗，在领口、袖口洗破前出现起泡现象，可在全国任何城市好来西精品店无偿退换。好来西服饰有限公司同时赠送一件 Holison 服饰精品致歉。"

为了解决衬衣领口、袖口易起泡、易变形的难题，我们竭尽全力，对十几个国家近百个厂家生产的面料、辅料进行反复组合试验，并采用高温处理等特种工艺，终于使衬衣的领口、袖口在正常穿洗的情况下不起泡、不变形，由神话变成了现实。

一切努力只是想让穿上好来西衬衣的您真正享受到那一份圆满的自信与舒适。

然而，我们离完美之境依然相距一步之遥。在去年售出的 980000 件衫衣中，有 104 件衬衣的领口或袖口出现了起泡现象。这于我们虽属万分之1.02 的疏忽，对您却是百分之百的损失。尽管我们已履行诺言，但对您的愧疚却难以消减。为此，我们再次向呵护好来西成长的您表示深深的歉意。

不论何时何地，从您穿上好来西衬衣的那一刻起，我们便与您一同分享忧乐。

4. 爱情

爱情是人类永恒的主题,是人类精神的深层次的生命冲动,是社会繁衍生息的基本现象。爱情创造了美,创造了人们对生活的敏感和热爱,它渗透了人们的情趣、理想和生命感受。家庭用具、日常用品的广告文稿宜选择这一题材,它能产生亲切动人、感人肺腑的力量。请看一家名为东华毛料服装厂设计的服装广告:

何不趁现在秋末冬初之际,拿出您的私房钱替他买一套,让他穿上您的爱心过个温暖的冬天呢?

5. 荣誉

荣誉是一种赞誉性的评价。人们平时在事业上获得成就,对社会作出贡献,总希望得到社会的尊重和赞赏,得到价值上的承认和心理上的满足。这种心理上的满足感,是一种荣誉感。荣誉感是人类道德、文化、名誉上的精神需要。高档商品、时尚流行款式商品的广告文案宜以此作为题材。如意大利一则皮鞋广告:

名门淑媛,名品新姿。

具有一定的社会地位、经济实力的人士爱显示自己的地位和声望。同时,这些人在购买商品时,常常会产生一种扬名和炫耀的购买动机,以此显示自己超过普通百姓的社会地位和表示生活的富裕或表示自己卓越的生活能力。这种文案题材常被高档消费品引用。《美化生活》杂志曾刊登了一则巴黎时装广告,广告文案为:

炽烈的火　绮丽的红——巴黎时装

铁的凝重　血的艳红——驰骋于女装世界

炽烈的火　绮丽的红

赐给您

仕女的典雅华贵

女皇的尊仪雍容

6. 时尚

时尚的东西，引领新潮，总是能强烈地影响消费。在消费品市场中，消费者的购买潮流对于人们的心理冲击力很大。人们或多或少地表现出一种追求商品的趋时和新颖的需求。消费者在购买商品时十分看重商品的款式和造型等是否新颖和流行，而对商品本身的实用价值和价格高低，并不过分花心思考虑。时尚，总是让人们欲罢不能，产生冲动性购买。因此，在文案中，就要突出时尚这一主题。下面是"佳雪"抗黑防晒露的杂志广告：

标题：无油防晒隆重上市

正文：

佳雪植物护肤新科研采用最新科技，全新推出佳雪抗黑防晒露，独特的完全不含油配方，彻底解决夏日护肤"油腻，不透气"的烦恼，令肌肤用后清爽轻松，不油不腻，再也不会"油光满面"了；产品富含天然芦荟防晒成分，有效防晒，肌肤晒不黑，晒不伤，夏日依然白皙亮丽。佳雪抗黑防晒露，不油、不腻、晒不黑！

二、广告诉求方式与文案写作

广告诉求的方法多种多样，最基本的诉求类型有理性诉求、感性诉求、理性加感性诉求之分。广告诉求是围绕广告主题，通过作用受众的认知和情感层面，促使受众产生购买动机。因此，作用于认知层面的理性诉求和作用于情感层面的感性诉求成为广告诉求的两种最基本的策略，在此基础上，又产生了同时作用于受众的认知和情感的情理结合的诉求策略。

（一）理性诉求

理性诉求策略指的是广告诉求定位于受众的理智动机，通过真实、准确、公正地传达企业、产品、服务的客观情况，使受众经过概念、判断、推理等思维过程，理智地作出决定。

这种广告策略可以做正面表现，即在广告中告诉受众如果购买某种产品或接受某种服务会获得什么样的利益；也可以做反面表现，即在广告中告诉消费者不购买产品或不接受服务会对自身产生什么样的影响。

这种诉求策略一般用于消费者需要经过深思熟虑才能决定购买的商品或服务，如高档耐用品、工业品、各种无形服务等。在广告诉求中进行理性传达，往往向受众传达彼此具有很强逻辑关系的信息，利用判断推理来加强广告的说服力。

采用理性诉求策略，一般应向受众提供较为全面的商品信息，即采用"两面法"进行诉求。如一则汽车的广告"这种汽车的车门扶手太偏右了一点，所以用起来不太顺手，但除此之外，其他方面都很好"，如此全面的介绍，坦诚的态度，可能更易激发顾客的购买。

Intel 奔腾处理器报纸广告（得"芯"应手篇），在文案的开始首先下了一个判断：个人电脑需要快速的处理器，然后指出奔腾处理器正是符合这一条件的处理器，接着强调它的优点，最后肯定要想提高工作效率，奔腾处理器是必然的选择。所有信息之间关系明确，因此最后的结论显得顺理成章。

（二）感性诉求

感性诉求策略指广告诉求定位于受众的情感动机，通过表现与企业、产品、服务相关的情绪与情感因素来传达广告信息，以此对受众的情绪和情感带来冲击，诱发购买动机。如"雕牌"洗衣粉电视广告以一个天真可爱的女童音说出："妈妈说，'雕牌'洗衣粉只要一点点就能洗好多好多的衣服，可省钱了"，并以一句留言"妈妈，我能帮你干活了！"，将因下岗而四处找工作仍无着落的年轻妈妈感动得热泪夺眶而出。这份母女相依为命的情感融入文字并与产品融合，成就了一个宛如童话般的动人的产品故事，声声童音在心头拂之不去，"雕牌"形象也随之深入人心。

感性诉求试图激发起某种否定情感（如害怕、内疚或羞愧）或肯定感情（如幽默、热爱、骄傲和高兴）以促使其购买。具体来讲，感性诉求所传达的情感通常有以下几种：

爱情——包括爱情的真挚、坚定、永恒和爱情所赋予人们的幸福、快乐、忧伤等。如"铁达时"手表的广告语："不在乎天长地久，只在乎曾经拥有。"

亲情——包括家庭之爱、亲人之爱及由此而来的幸福、快乐、思念、牵挂等。如台湾统一企业的广告（母亲节篇），正文是：

"只要真心付出，就是最大的快乐！/用妈妈的爱和关怀，/联结屋檐下的每一颗心，/爱自己的家，/也爱天空下的每一个家，/让妈妈的笑容更加灿烂！/统一企业提醒您，/真心付出，把爱分享！

乡情——包括与此相联系的对故乡往事的怀念，对故乡景物的热爱等等。

同情——主要是对弱者和不幸者的同情。如一家慈善机构希望人们捐献骨髓的一则广告："……救人一命，无损己身/那个人可能就是你/台湾地区每年有急切需要骨髓捐赠的血癌病患/你是他们唯一生存的希望。"

生活情趣——利用日常生活中大部分人都有切身感受的生活情趣体验进行诉求，包括悠闲、乐趣、幽默等等。如轩尼诗 V·S·O·P 的广告语："世上无绝对，只有真情趣。"

个人的其他心理感受——包括满足感、成就感、自豪感、归属感等。如桑塔纳 2000 的系列广告："并非所有的人都能赢得这样热烈的欢呼。"

（三）情理结合诉求

感性诉求和理性诉求各有优势也各有欠缺。理性诉求策略在完整、准确地传达商品信息方面非常有利，但由于注重事实的传达和道理的阐述，又往往会使文案显得生硬枯燥，进而降低了受众对广告信息的兴趣。感情诉求策略贴近受众的切身感受，易引起受众的兴趣，但由于过于注重对情绪和情感的描述，往往会掩盖商品信息的传达。因此，在实际的广告策划中，时常将两种诉求策略结合起来，在"晓之以理"的同时，结合"动之以情"，以求最佳的说服效果。如以下星辰表的母亲节广告文案。

妈妈以时间换取我的成长：

推动摇篮的手就是统治世界的手，也是最舍不得享受的手。

1/4 的妈妈没有表：

不是买不起，只是她认为在家里忙家务，戴不戴手表都无所谓，何不把钱省下来做家用。

2/4 的手表是旧表老表：

妈妈们的手表至少有一半以上是旧表老表，有的是结婚前的，有的甚至是儿女嫌旧不要的……她们舍不得享受，即使是旧的，她们也认为蛮好的。

3/4 的妈妈还要戴表：

虽然妈妈经常为了料理家务而不方便戴表，但是她们偶尔外出购物、访友、娱乐身心时，她们需要佩戴一只表。

向伟大的母亲致敬，别再让母亲辛苦的手空着，本公司为庆祝母亲节，特地洽请星辰表提供最适合母亲佩戴的女表 5000 只，即日起到 5 月 11 日止，以特别优惠价供应，欢迎子女们陪同母亲前来选购，送母亲一份意外的惊喜。

这是一则母亲节广告，是属于想刺激消费者马上作出反应的直效广告，该广告采用的是理性与情感相结合的诉求策略。诉求内容是人性永恒主题，直切公众关心焦点。

　　由于是在当地母亲节期间所作的手表广告,文案贯穿着子女孝敬母亲这样的主题。这同样也是受众们在这一段时间里经常思考的问题。对于受众中的大多数人来说,理性思考的指属是异常明确的。可问题是孝敬母亲,未必就一定要赠送星辰表。因此,广告表现怎样达到吸引注意、引发兴趣、激发欲望、促使行动效果就显得十分重要。广告必须在引发受众购买星辰表的欲望方面发挥作用。

　　这则广告所确定的情感基调是:"**母亲以时间换取我的成长。**"然后富有层次感地进行诉求。先是陈述了四分之一的母亲没有表这样一个事实。妈妈将本可用来购买表的钱都花到家用上了(这样的母亲并不鲜见)。那么是不是该给至今没有表的妈妈买只表了呢? 受众看到这里,每每心有所动。紧接着,又往前推进一步,指出:**四分之二的母亲戴的是旧表、老表**。抚育子女成长、终年辛劳的妈妈,即使有表,戴的也是早该淘汰的老表旧表。广告的潜台词是:妈妈有表就可以不为她买表吗? 接着,广告又继续推进,提醒人们:**四分之三的母亲还要戴表**。妈妈毕竟有许多需要戴表的时候。广告在诉求过程中可谓是情理交织,环环紧扣,层层推进。至此,要为妈妈买一只表,已经成为子女们的无可抑制的强烈欲望。这时,广告及时地将想要为母亲买表的受众的目光,引向了星辰表。以星辰表母亲节的特供表促销,进一步激发消费者的购买欲望,并为星辰表赢得了消费者。

　　附录:

红罐王老吉品牌定位与广告推广

　背景

　　凉茶是广东、广西地区的一种由中草药熬制,具有清热去湿等功效的"药茶"。在众多老字号凉茶中,又以王老吉最为著名。王老吉凉茶发明于清道光年间,至今已有175年,被公认为凉茶始祖,有"药茶王"之称。

　　2002年以前,从表面看,红色罐装王老吉(以下简称"红罐王老吉")是一个活得很不错的品牌,在广东、浙南地区销量稳定,赢利状况良好,有比较固定的消费群,红罐王老吉饮料的销售业绩连续几年维持在1亿多元。发展到这个规模后,加多宝的管理层发现,要把企业做大、要走向全国,就必须克服一连串的问题,甚至原本的一些优势也成为困扰企业继续成长的障碍。而所有困扰中,最核心的问题是企业不得不面临一个现实难题——红罐王老吉当"凉茶"卖,还是当"饮料"卖?

在广东区域，红罐王老吉拥有凉茶始祖王老吉的品牌，却长着一副饮料化的面孔，让消费者觉得"它好像是凉茶，又好像是饮料"，陷入认知混乱之中。

而在加多宝的另一个主要销售区域浙南，主要是温州、台州、丽水三地，消费者将"红罐王老吉"与康师傅茶、旺仔牛奶等饮料相提并论，没有不适合长期饮用的禁忌。加之当地在外华人众多，经他们的引导带动，红罐王老吉很快成为当地最畅销的产品。面对消费者这些混乱的认知，企业急需通过广告提供一个强势的引导，明确红罐王老吉的核心价值，并与竞争对手区别开来。

在两广以外，人们并没有凉茶的概念，甚至在调查中频频出现"凉茶就是凉白开"、"我们不喝凉的茶水，泡热茶"这些看法。教育凉茶概念显然费用惊人。而且，内地的消费者"降火"的需求已经被填补，他们大多是通过服用牛黄解毒片之类的药物来解决。

而且，红罐王老吉以"金银花、甘草、菊花等"草本植物熬制，有淡淡的中药味，对口味至上的饮料而言，的确存在不小的障碍，加之红罐王老吉3.5元的零售价，如果加多宝不能使红罐王老吉和竞争对手区分开来，它就永远走不出饮料行业"列强"的阴影。这就使红罐王老吉面临一个极为尴尬的境地：既不能固守两地，也无法在全国范围推广。

如果用"凉茶"概念来推广，加多宝公司担心其销量将受到限制，但作为"饮料"推广又没有找到合适的区隔，因此，在广告宣传上不得不模棱两可。很多人都见过这样一条广告：一个非常可爱的小男孩为了打开冰箱拿一罐王老吉，用屁股不断蹭冰箱门。广告语是"健康家庭，永远相伴"。显然这个广告并不能够体现红罐王老吉的独特价值。

2002年年底，加多宝找到成美营销顾问公司（以下简称"成美"），初衷是想为红罐王老吉拍一条以赞助奥运会为主题的广告片，要以"体育、健康"的口号来进行宣传，以期推动销售。成美经初步研究后发现，红罐王老吉的销售问题不是通过简单的拍广告可以解决的。红罐王老吉销售问题首先要解决的是品牌定位。

红罐王老吉虽然销售了7年，其品牌却从未经过系统、严谨的定位，企业自己都无法回答红罐王老吉究竟是什么，消费者就更不用说了，完全不清楚为什么要买它——这是红罐王老吉缺乏品牌定位所致。这个根本问题不解决，拍什么样"有创意"的广告片都无济于事。

为了理解消费者的认知，成美的研究人员一方面研究红罐王老吉、竞争者传播的信息，另一方面，与加多宝内部、经销商、零售商进行大量访谈，完成上述工作后，聘请市场调查公司对王老吉现有用户进行调查。以此为基础，研究人员进行综合分析，厘清红罐王老吉在消费者心智中的位置——即在哪个细分市场中参与竞争。

在研究中发现，广东的消费者饮用红罐王老吉主要在烧烤、登山等场合。其原因不外乎"吃烧烤容易上火，喝一罐先预防一下"、"可能会上火，但这时候没有必要吃牛黄解毒片"。

而在浙南，饮用场合主要集中在"外出就餐、聚会、家庭"。在对当地饮食文化的了解过程中，研究人员发现：该地区消费者对于"上火"的担忧比广东有过之而无不及，如消费者座谈会桌上的话梅蜜饯、可口可乐都被说成了"会上火"的危险品而无人问津。而他们对红罐王老吉的评价是"不会上火"，"健康，小孩老人都能喝，不会引起上火"。这些观念可能并没有科学依据，但这就是浙南消费者头脑中的观念，这是研究需要关注的"唯一的事实"。

消费者的这些认知和购买消费行为均表明，消费者对红罐王老吉并无"治疗"要求，而是作为一个功能饮料购买，购买红罐王老吉的真实动机是用于"预防上火"。再进一步研究消费者对竞争对手的看法，则发现红罐王老吉的直接竞争对手，如菊花茶、清凉茶等由于缺乏品牌推广，仅仅是低价渗透市场，并未占据"预防上火的饮料"的定位。而可乐、茶饮料、果汁饮料、水等明显不具备"预防上火"的功能，仅仅是间接的竞争。

至此，品牌定位的研究基本完成。在研究一个多月后，成美向加多宝提交了品牌定位研究报告，首先明确红罐王老吉是在"饮料"行业中竞争，竞争对手应是其他饮料；其品牌定位——"预防上火的饮料"，独特的价值在于——喝红罐王老吉能预防上火，让消费者无忧地尽情享受生活：吃煎炸、香辣美食、烧烤、通宵达旦看足球……

这样定位红罐王老吉，是从现实格局通盘考虑，主要益处有四：

其一，利于红罐王老吉走出广东、浙南。

由于"上火"是一个全国普遍性的中医概念，而不再像"凉茶"那样局限于两广地区，这就为红罐王老吉走向全国彻底扫除了障碍。

其二，避免红罐王老吉与国内外饮料巨头直接竞争，形成独特区隔。

其三，成功地将红罐王老吉产品的劣势转化为优势。

● 淡淡的中药味,成功转变为"预防上火"的有力支撑;

● 3.5元的零售价格,因为"预防上火"的功能,不再"高不可攀";

● "王老吉"的品牌名、悠久的历史,成为预防上火"正宗"的有力的支撑。

其四,利于加多宝企业与国内王老吉药业合作。

品牌定位的推广

明确了品牌要在消费者心智中占据什么定位,接下来的重要工作,就是要推广品牌,让它真正地进入人心,让大家都知道品牌的定位,从而持久、有力地影响消费者的购买决策。

紧接着,成美为红罐王老吉确定了推广主题"怕上火,喝王老吉",在传播上尽量凸现红罐王老吉作为饮料的性质。在第一阶段的广告宣传中,红罐王老吉都以轻松、欢快、健康的形象出现,避免出现对症下药式的负面诉求,从而把红罐王老吉和"传统凉茶"区分开来。

为更好地唤起消费者的需求,电视广告选用了消费者认为日常生活中最易上火的五个场景:吃火锅、通宵看球、吃油炸食品薯条、烧烤和夏日阳光浴,画面中人们在开心享受上述活动的同时,纷纷畅饮红罐王老吉。结合时尚、动感十足的广告歌反复吟唱"不用害怕什么,尽情享受生活,怕上火,喝王老吉",促使消费者在吃火锅、烧烤时,自然联想到红罐王老吉,从而促成购买。

图 2 - 2　王老吉影视广告

(案例来源:《哈佛商业评论》中文版2004年11月号)

术 语

广告战略　广告策略　产品生命周期　市场细分　目标市场　广告定位
广告主题　理性诉求　感性诉求　情理结合型诉求

思考题

1. 什么是广告战略和广告策略?
2. 简要说明不同产品生命周期的广告文案写作策略。
3. 市场细分和目标市场的选取是如何影响广告文案的主题的?
4. 广告定位包括哪些方法?
5. 广告文案的主题分为哪些类型?
6. 广告诉求方式有哪几种? 文案应该如何表现它们?
7. 结合一份广告策划案例, 思考广告文案如何与广告策略相配合?

第三章

广告文案表现广告创意

教学目标

1. 理解广告创意的基本含义。

2. 明确广告创意的基本要求。

3. 明确广告文案创意的含义。

4. 掌握广告文案创意的构思方法、思路。

5. 理解各种广告文案的表现形式。

6. 理解广告的诉求方式。

广告的灵魂是广告创意，广告文案创意又是现代广告创意的核心，它是广告成败优劣的标志。语言文字是人类沟通的主要方式，广告文案就是运用语言文字和受众进行沟通。当你试图说服别人的时候，就不仅仅是表达，还要感染对方。因此，广告文案创意就需要让语言文字活起来，面对什么样的诉求对象，在什么情景下说什么话，怎样去说。

第一节　广告创意概述

一、基本含义

广告创意是广告创作人员针对广告的主题内容和表现形式所提出的创造性"主意"，是一个复杂的思维过程。广告创意包含两层含义：一是创造性思维，二是巧妙的构思。前者指创意的思维过程，后者指创意的思维结果。

在现代广告中，"创意"被称为广告的生命和灵魂。大卫·奥格威认为："没有好的创意，广告充其量是二流作品。"有没有创意已成为评判广告作品的首要标准，如果没有广告创意就谈不上广告的创作。广告创意有"大创意"与"小创意"之分。"大创意"指的是整个广告活动中涉及到的方方面面，其中包括广告策划、广告营销、媒介发布等等。"小创意"指的是一件广告作品的广告文案写作与广告艺术设计的构思与表现。

二、主要特征

广告创意魅力的最主要特征集中表现在创造力和促销力两个方面。正是这两种力量使广告创意在广告活动中起着举足轻重的作用。

（一）创造力

广告创意魅力的一大主要特征就是具有超常规的创造力。所谓创造力的关键，是如何用关联的、可信的、巧妙的方式，与在无关的事物之间建立一种新的友谊关系的艺术。可见，广告创意的创造力主要体现在具有创造新的广告表现方式方法上。广告文案的创造力主要体现在以下几个方面。

1. 反趋势

趋势就是陷阱，广告创作没有规则是一种令人不安的状况，它使得许多广告人绞尽脑汁，以寻求一种最安全的做法。这正是所谓的"趋势"，是为了找寻某种"安全"。然而依靠趋势只能成就劣等作品。蔑视趋势，想要有新的解决方法，就得向惯例、传统挑战。

新奇令人瞩目，与众不同引人注意。多数广告一般以顺趋势而行，若反其道而行，进行逆向创意，就会给人新奇和与众不同的感觉。当广告纷纷追逐名人效应时，你选用一个普通的人也许会更好。当人们都在为歌星演出付费时，某些企业却将款献给希望工程，结果使企业的威望和影响大大提高。

2. 超常规

"它的苦更甜美"（咖啡广告）；"今年二十，明年十八"（化妆品广告）；"沐浴后，干净不是好现象，妮维雅乳液使你的肌肤净而不干，滋润又健康"（乳液广告）。这几则广告有一个共同特点，即语言似与常识、常理、常规相矛盾：甜与苦是对立的，广告却说"它的苦更甜美"；人的年龄不可能倒转，广告却说"今年二十，明年十八"；人们洗澡就是要洗得干净，广告却说"干净不是好现象"。但当人们将广告语言与产品、与特定情境联系起来思考时，就会感到悖理的后面是合情合理的。从生理角度看，人不可能"今年二十，明年十八"，但换一个角度从人们的观感看，越活越年轻则是可能的。

这种创意的好处在于，当悖理的语言进入人的心理时，开始会与心中已有的日常知识和习惯看法发生冲突，这种冲突会产生一种心理张力和悬念，引起人们探究和思考的兴趣。在人们思考后，会为广告的绝妙意味和高超的手法而叹服，使广告的印象牢牢留在脑海中。

3. 极端化

奇异、怪诞、超乎常规是最常采用的用来形成新颖、与众不同广告创意的基本思路和方法。比如，浙江西泠电器公司的一则表现冷气机之"冷"的广告，通过画面的创意，让企鹅围上围巾，标题是："西泠真够劲，谁都忍不住打喷嚏。"生动而有趣地表达出冷气机优良的制冷效果。其构想之妙在于：围上围巾的企鹅，拟人化的手法，使本来就给人以可爱、笨拙之感的企鹅显得更可爱更有趣。作者将事情极端化，让生活在冰天雪地、最耐寒的企鹅都感到寒冷，以不怕冷之最极端的形象来表现"冷"的广告主题，达到良好的广告创意效果。

"诺基亚"手机在香港曾做过一则电视广告片——欧式公园的长椅上一名男子正在看报，突然响起了手机铃声，接电话的却不是那位男子，而是左边的雕像！雕像活了过来，"喂"了一声之后，竟又将电话扔给右边的雕像，说"你妈妈找你"。随后推出"诺基亚"品牌名称和产品。这种出人意表的方式大大吸引了观众的眼球。

4. 平淡中见真奇

奇异、怪诞、超乎常规的创意和设计固然会使广告新颖独特，但难度更高的是如何以简洁意象、平实的风格和语言，使广告独具新意、与众不同。比如丰田汽车的广告文案"车到山前必有路，有路必有丰田车"。朴实中孕育着豪迈的气度，平淡中显现出一流品牌的自信，朗朗上口，富有亲和力与传播力，使人记忆深刻。

（二）促销力

广告是一种应用传播艺术，无论是何种商业广告，都具有很强的目标导向性和功利性的特点。促销力的强弱不但已成为评价广告好坏优劣的标准，也成为广告创意魅力的重要特征之一。广告文案的促销力主要表现在以下几个方面。

1. 震撼性

一般的广告，都宣传产品如何好如何可靠如何美。如果一则广告，利用人们的逆反心理，宣称产品如何丑，新颖的表现与人们逆反心理结合，也许会产生更强烈的刺激和说服的效果。如在美国的俄勒冈州，有一家取名为"最糟菜"餐馆。这家餐馆的外面竖着大广告牌："食物奇差，服务则更坏。"墙上贴出的即日菜谱上介绍为"隔夜菜"。奇怪的是，餐馆开业十五年来却常常是门庭若市。餐馆如此取名，其意图在于利用人们逆反心理，赢得顾客，出奇制胜。

2. 贴切性

加拿大多伦多曾经发布了一则新颖的路牌广告，广告牌上只有一句话"Told You So"（告诉你这个），话上一个箭头指向天空，再一看下面的小字，原来是天气预报网的广告。天气预报的内容自然是和天有关的，人们看后莞尔一笑，也对该服务留下了深刻印象。这个广告可谓是把服务性质诉说得十分贴切、天衣无缝的一个例子。

百事可乐在抗衡可口可乐的战役中，也曾石破天惊地推出一句口号"新生代的选择！"它由此摒弃了可口可乐不分男女老少"全面覆盖"的广告战略，极具洞察力地抓住了年轻一代的心声，对可口可乐实施了"侧翼"攻击。此后的明星战略，不论是迈克尔·杰克逊、瑞奇·马汀，还是中国的王菲、郭富城，都极具青春动感，与产品的定位十分贴近。

3. 简洁性

把直接与简单换成故意造作的旁敲侧击，实在是非常浪费的事。只要将标题的字句修改得简洁明确，就可能为广告增加几倍的效果。例如，可对下列两个标题作比较："电视台提供新的工作"和"电视课程每周11元6角"，前一个标题比后者的反响多了六倍，也就是说在同一广告空间投资上多了六倍的价值。一个标题的变换就产生如此大的差异，如果整个文案写法变更，结果会有更大的不同。

4. 熟悉感

如果广告在欺骗与耍噱头上使用过多的创作力和技巧，就会降低广告的效率。在广告的运用上至少有两种技巧：一是"说服性原则"，另一种就是"熟悉感的原则"。后者极易受到人们的忽视，然而这种技巧即使在说服性极为微小的广告中也可能产生效果。知道的事物比不知道的事物更能激发人的信心，因此当消费者面对两种商品，同时并不知道任何一种商品的特性时，他一定会选择较为熟悉的品牌。所以一个除了提到商品的名字以外一无所有的广告，也会仅仅只因创造了知名度，而有助于销售。

"金嗓子喉宝"的广告很简洁，仅仅是把品牌名大声重复几遍，但是硬是创下了二十五个亿的销售额，这就是利用了"熟悉感"的效应。除此之外，很多品牌都在依靠"熟悉感"来增强其品牌的促销力。利用在购买时因熟悉感所产生的微小影响，就可产生较好的效益。许多卖口香糖、饮料及香烟的商人，常常能靠着谨慎使用广告这一作用来赢得有利的地位，而这种广告通常都仅只借助集中展示品牌名称，使消费者对品牌逐渐熟悉起来，而达到目的。

三、基本要求

广告创意是整个广告活动中的一个重要组成环节，除了必须遵循广告创意的创造力与促销力两个基本特征外，应符合以下五个基本要求。

1. 表现广告主题

广告主题是在广告目标和广告定位的基础上确立的，它是达到广告目标的最基本要素。广告创意必须以广告主题为核心，紧扣广告主题，要始终考虑到广告创意将引起什么效果，能达到什么目的，是否与广告目标相吻合。

脱离广告目标和广告主题，盲目追求新奇怪异、花哨噱头，是广告创意的一个误区。从广告对象出发，最终又回到广告对象上来，促成广告目标的实现，是广告创意的根本任务。走入误区的广告创意，不仅会浪费大量的人力、物力、财力，有时还会有损受众的利益甚至给社会和公众带来不同程度的伤害。

2. 引人注目

引人注目是实现广告目标的第一步。一个好的广告作品首先应当能在众多同类广告互相竞争的市场环境中引起受众的兴奋和注意，这是广告创意的首要任务。

广告信息的传播，首先需要引起人的注意，否则再好的广告也无意义。广告中的注意因素与兴趣因素密切相关，广告创意要积极利用吸引注意的技巧去引起受众的兴趣。

要充分认识到广告作品仅仅表现广告主题而毫无创意，那么即使在形式上完美无缺，实际上也没有多大价值，因为它不能使受众产生足够的兴趣。还应当注意的是引人注目的意义因人而异，任何广告创意都不可能让所有公众都引起注意并产生兴趣，所以在广告创意过程中，一定首先要关注你的目标受众。

3. 独特新颖

广告创意对独特新颖有着相当高的要求：一是原创性，它不能模仿抄袭，不能类同相似；二是恰如其分，它必须能够被受众所接受。

独特新颖是引人注目的一个重要条件，它符合人们求新求变、标新立异的审美心理，是广告创意所刻意追求的。同样的主题，不同的创意，将会产生截然不同的效果。

广告创意除了要区别于同类广告作品外，还要适应时代的要求，体现时代的特征。现代科学技术和现代艺术的发展，现代商品生产和商品市场的发展，现代生活水平、生活方式、消费观念和审美情趣的发展，都是广告创意构思中不可忽略的要素。

4. 简明易懂

对于广大公众而言，接受广告信息通常处于被动状态。一般情况下，大部分人都会远离广告，如果你试图将大量的广告信息一下子塞给受众，那么将会引起受众的反感而最终受到排斥，因此，仅仅引人注目还不够，紧接着应当让受众了解广告的信息内容。

广告创意简单明了，切中主题，突出重点，易于认知，是迅速有效传达广告信息的重要原则。"多则惑，惑则迷，迷则乱，乱则空。"这句话对于广告创意可谓一语中的。

广告创意要求构思巧妙、出人意料，但不是挖空心思摆迷魂阵，让人琢磨不透难以理解。相反，好的广告创意是让人一看就懂、回味无穷。如果你的创意需要受众花费大量的心思去解读，甚至难以苟同，那么作为受众只能是不屑一顾。

5. 传达情感

广告是艺术与科学的结合，广告创意要通过艺术构思和艺术形象的诱导来使人们对广告的传播产生愉悦感和乐趣。充满情感的广告创意具有强烈的生命力和感染力。

　　情感表现于广告作品的情调与情趣之中。情调是一种同感觉、知觉等相联系的情绪体验；情趣是受众对内容与形式本身所产生的乐趣。在广告信息内容的传达中注入浓浓的情感因素，可以打动受众，感动受众，从而使受众产生强烈的感情共鸣，达到非同一般的广告宣传效果。把情感传达作为广告创意中的一个构成要素，已是当今广告创作中的一个主要趋势。

第二节　广告文案创意及其理论

一、广告文案创意含义

　　创作广告文案离不开创意，优秀的广告文案完全是创意的结果。在现代广告创意中，广告文案是创意的核心。广告文案创意是根据广告目标、广告产品及广告主特征，针对市场营销和消费者的心理而进行的广告语言文字的一种别出心裁、别开生面的构思表现。简单地说，广告文案创意是对广告中语言文字部分的创意，这种创意包括语言文字的义、形、音三个基本要素。

　　广告文案创意包括主题构思和形式表现两个方面。主题构思决定了广告创意的方向与深度，形式表现则是主题构思的具体表现。巧妙地利用语言文字的义、形、音三个基本要素，便可以创造和演绎出千变万化、各具特色的广告文案创意。

　　广告文案的写作就是在创意活动的基础上，通过语言和文字来体现创意。在对广告创意进行表现的过程中，文案作者对创意的理解和把握，对创意的表现能力都将直接影响广告效果的实现。这里，更需要文案作者对商品、对消费者进行深入细致的考察与研究，用自己独到的理解，进一步完善创意，深化创意。广告大师大卫·奥格威当年为新型劳斯莱斯轿车撰写文案时，数易其稿，仅标题就拟出 26 个，最后创作出具有独特的主张与说辞的经典名作："在时速 60 英里时，新型劳斯莱斯轿车的最大噪音来自车上的电子钟。"广告创意的目的在于使商品能吸引消费者的注意力，并使其采取购买行动，真正决定消费者购买与否的是广告创意中的内容，而不是形式。

二、广告文案创意的主题构思

　　"主题"原是音乐中的一个术语，意思是主旋律。后来引用到文学艺术创作中，含有主意、主旨、中心思想的意思。广告主题是广告的中心思想，它在于向消费者传达销售信息，告知产品知识和品牌特点，以引起消费者的兴趣和好感，说服消费者改变或建立消费观念，激发其购买欲望，进而促成其购买行动。因此，广告主题"说什么"至关重要——必须以独特的诉求重点来传播一种明确的思想或意念。

在广告信息传播中，确定广告主题是广告创意的核心和灵魂。广告主题决定了广告文案的材料选择、结构安排和语言使用。因此，广告文案的创意首先是主题创意。广告主题像一根红线贯穿于广告之中，使广告各要素有机地组合成一则完整的广告作品，广告主题决定广告文案的创意与整体的传播效果，文案写作要围绕主题选择材料，谋篇布局，遣词造句，通过艺术手段，将广告主题淋漓尽致地表现出来。如俄罗斯《消息报》的一则广告文案，该文案的诉求重点是"订报费"，为了说服受众订报，文案选择了两方面的材料：一是说明订报费为什么涨价，二是列举生活中的细节事例，运用对比手法，形象而生动地把订报费同报纸订阅人的关系和利益展示出来，让目标受众具体地体会和理解看得见的和看不见的利益因素，从而达到心灵沟通与交融的目的。看下面一则广告：

亲爱的读者：

　　从9月1日开始征订《消息报》。遗憾的是1991年的订户将不得不增加负担，全年订费为22卢布56戈比。订费是涨了。在纸张涨价、销售劳务费提高的新形势下，我们的报纸将生存下去，我们别无出路。而你们有办法。你们完全有权拒绝订阅《消息报》，将22卢布56戈比的订报费用在急需的地方。《消息报》一年的订费可以用来：在莫斯科的市场上购买924克猪肉，或在列宁格勒购买102克牛肉，或在车里亚宾斯克购买一瓶好的白兰地酒……这样的"或者"还可以写上许多。但任何一种"或者"只能享用一次，而您选择《消息报》——将全年享用。事情就是这样，亲爱的读者。

三、广告文案创意理论

　　广告文案的创意在广告文案的创作中有着举足轻重的作用。必须做到主题创意要正确、新颖、深刻、集中，在内容上要避免创意失真、创意不明和缺乏重点，在形式上要避免平淡无奇、毫无新意。在广告文案的创意过程中，有以下几个创意理论可资借鉴。

（一）R.O.I原则

R.O.I原则由美国广告大师威廉·伯恩巴克创办的DDB广告公司所提出。该主张提出，在广告创意的过程中要注意以下三个方面：如果广告创意与商品没有关联性（relevance），就失去意义；如果广告本身没有了原创性（originality），就会欠缺吸引力；如果广告没有震撼性（impact），就不会给消费者留下深刻的印象。这三个属性合在一起，简称R.O.I原则。

所谓关联，即要做到广告的策略信息和创意与产品关联、与目标对象关联、与广告想引起的特别行为关联。生活型态度的剖析显然有助于创意表现与目标消费者关联。

原创性则建立在关联性的基础上，在充满同质化产品的市场上，可以通过策略和诉求提供一个特别的承诺，创造一个新奇的、与众不同的创意题材，从而使得广告深入人心。

震撼性是指具备打破广告受众漠视广告的能力。它来自两个方面，一是承载广告信息的媒体，二是广告信息结构的本身。当信息在正确的时间、正确的地点传达到处于合适心境下的消费者时，媒体就造就了震撼力。为做到这一点，就得把握目标受众的生活形态。另外，关联的、创新的、有支持点的承诺最有震撼力。很多成功广告活动的震撼力来自特别安排的媒体计划，将创意、媒体策略紧密与新闻热潮结合在一起。

R.O.I这三点，虽然是DDB公司原创，但其实质内涵已被各大跨国广告公司认可，成为他们检视广告作品最核心的几个方面。有些公司在此之外还加上了延续性、单一性等其他的要求。

（二）与生俱来的戏剧性

李奥·贝纳（Leo Burnett）的一生中创造了大量伟大的广告作品，他的创意给人的印象深刻。他认为，成功创意广告的秘诀就在于找出产品本身"与生俱来的戏剧性"。

该理论认为：广告的秘诀就在于找出产品本身固有的刺激，即"与生俱来的戏剧性"，并加以利用。也就是说要发现生产厂家为什么要生产这种产品的"原因"以及消费者为什么要购买这种产品的"原因"。一旦找到这个原因，广告创意的任务便是发掘产品与消费者的互动，据此进行创意，设计出吸引人的、令人信服的广告，而不是靠投机取巧、靠噱头、靠蒙骗或虚情假意来取胜。

按照这种理念，李奥·贝纳认为，在广告创作和文案写作中，不论你要说什么，一般情况下，根据产品和消费者的情况，要做到恰当，只有一个能够表示它的字，只有一个动词能使它动，只有一个形容词去描述它。对于创意人员来说，一定要去寻找到这个字、这个动词及这个形容词。同时永远不要对"差不多"感到满足，永远不要依赖欺骗（即使是聪明的欺骗手段也不要用），也不要依赖闪烁的言辞去逃避困难。

"绿色巨人"就是李奥·贝纳运用"发掘与生俱来的戏剧性"最成功的一个例子。该广告以"月光下的收成"为标题，在文案中写道："无论日间或夜晚，绿色巨人豌豆都在转瞬间选妥，风味绝佳……从产地至装罐不超过三小时"，向消费者传达青豆从收割到包装过程中表现出来的精心细致，以及消费者对"新鲜"的渴望。对"月光下的收成"创意，李奥·贝纳认为兼具产品新鲜的价值和浪漫的气氛，是罐装豌豆广告中难得一见的妙句。

英国维珍航空有一则平面广告，上面是一盒鸡蛋，贴着标签写道"交给维珍航空"。鸡蛋当然是脆弱易碎的象征，维珍航空连鸡蛋的托运也能安然无恙，自然值得信赖。道理简单好懂，不需要过多的推敲，消费者选择航空公司时的考虑因素是安全平稳，这一因素也是航空公司本身具有的"戏剧性"，广告只是用最恰当的形式将其表达了出来，自然令人叹服。

（三）独特销售主张

20 世纪 50 年代，美国著名广告大师罗瑟·瑞夫斯提出了一个具有广泛影响的广告创意策略理论。他认为，要想让广告活动获得成功，就必须依靠产品的独特销售主张（unique selling proposition，简称 USP）。

USP 理论简单地说就是"人不能同时抓到两只兔子"。可是很多品牌就是没法领会集中诉求的奥妙，希望在一则广告里把什么都说个够。USP 理论内容包括三个方面：

第一，每个广告不仅靠文字或图像，还要对消费者提出一个建议，即买本产品将得到的明确利益。

第二，这一建议一定是该品牌独具的，是竞争品牌不能提出或不曾提出的。

第三，这一建议必须具有足够力量吸引、感动广大消费者，招徕新顾客购买你的东西。

1954 年，瑞夫斯为玛氏 M&M 糖果所作的"只溶在口，不溶在手"广告创意是 USP 理论典范之作。当时，M&M 巧克力是全美唯一的用糖衣包裹的糖果，瑞夫斯认为独特销售建议构思就建筑在这一点之上，在确定建议之后，就是如何利用这一构想并将它放入一个广告中。在广告中，他设计两只手放在银幕上，并且说："哪一只手里有玛氏巧克力？不是这只脏手，而是这只手。因为玛氏巧克力只溶在口，不溶在手。"

Lee 的"最贴身的牛仔"广告就是建立在 USP 的理论基础上。"最贴身的牛仔"(The Brand that Fits)，是其经典广告文案，寥寥几字却是一个独具匠心的力作，尤其是这个"贴"(fit)字。其他厂商大多采用说服性广告，要么宣传自己的品牌"领导潮流"，要么说自己的产品"最漂亮"、"高品位"，等等，辞藻华丽，但内容空洞，而 Lee 的广告抓住"贴身"这一诉求点，表现了 Lee 与众不同的利益所在。

以"最贴身的牛仔"为主题，广告公司利用女性关心自己的体形和服装是否贴身等特点，制作了第一个电视广告片。广告片描述了妇女因穿脱不合适的牛仔服很费力的情景，然后表现 Lee 恰到好处的贴身，穿脱自如，印刷媒体广告也配合宣传了这一主题。广告获得了很大的成功。

（四）共鸣法

共鸣论主张在广告中述说目标对象珍贵的、难以忘怀的生活经历、人生的体验和感受，以唤起并激发其内心深处的怀旧情感。同时赋予品牌特定的内涵和象征意义，建立目标对象的移情联想，通过产品与生活经历的共鸣作用而产生沟通的效果和震撼的力量。

该主张最适合大众化的产品和服务，在拟订广告主题内容前，必须深入理解和掌握目标消费者。通常选择目标对象所推崇的生活方式加以模仿。关键是要构造一种能与目标对象所珍藏的经历相匹配的氛围和环境，使之能与目标对象真实的或想象的经历连接起来。侧重的主题内容主要有：爱情、童年回忆、亲情等等。

（五）定位法

定位法（positioning）是艾尔·里斯和杰克·特劳特在 20 世纪 70 年代早期提出的制订广告策略的最基本方法之一，以后逐渐应用到广告文案的创意中。

定位的概念是用广告为产品在消费者的心智中找出一个位置。认为创作广告的目的应当是替处于竞争中的产品树立一些便于记忆、新颖别致的东西，从而在消费者心目中站稳脚跟。该位置一旦建立，每当消费者需要解决的那一问题发生时，他就会考虑那一产品或品牌。定位能在产品类别中，寻求使得品牌符合消费者的全部需求和欲望。

企业的产品定位不仅是自身形象定位，有时也是经营领域定位，两者是可以相互关联的。例如人们提到"一次成像"摄影技术就很容易想到拍立得公司；人们谈起复印公司，就会想到施乐公司；人们谈到大型计算机时，毫无疑问想到的是 IBM 公司；谈到飞机，立即想到波音公司。这些公司都在经营领域内为自己确立了无可匹敌的市场地位，成为人们的首选。

第三节　广告文案的创意表现

一、广告文案创意中的形象表现

广告文案对广告创意中的形象表现，是指广告作品中出现的人、事物及其活动。消费者主要通过广告所提供的信息、形象、风格形成对产品的印象，突出广告作品中的形象要素，是广告文案抓住消费者的关键之一。所以，广告创意要将广告主题的抽象意图，构思成具体生动的艺术形象，以便消费者欣赏和接受它。

请看获得戛纳广告节影视金奖的麦当劳"婴儿篇"电视广告（图 3 - 1）：广告开始时，电视画面是一个招人喜爱的婴儿躺在摇篮里一会儿哭、一会儿笑——当摇篮荡上去时婴儿就笑，荡下来时婴儿就哭。接着画面从婴儿的视角显露出麦当劳的标志牌"M"，哦，原来是婴儿看到麦当劳标志牌时就开心地笑，而当摇篮荡下来看不见麦当劳标志牌时就伤心地哭。答案得出后，画面定格在麦当劳金黄色的招牌上，并辅以"Have You Had Your Bread?"文字。

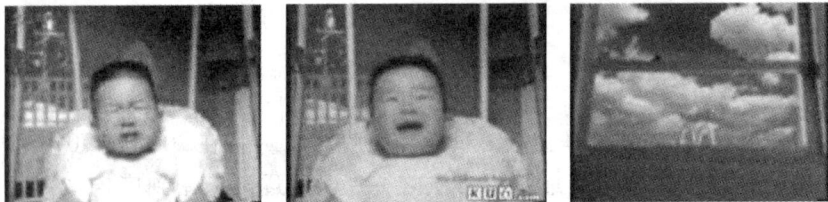

图 3 - 1　麦当劳广告"婴儿篇"

这则广告的成功在于构思巧妙，直接得益于文案中的形象思维，作者为消费者塑造了一个活泼可爱的婴儿形象，这一婴儿看麦当劳标志牌戏剧表情的形象，充分地表达了广告主旨——麦当劳是连吃奶的孩子也极为喜爱的品牌，何况其他人？形象要素的突出，给消费者留下了丰富的联想，吊起了消费者的胃口，产生了宣传强势。当代美国销售学专家韦勒有句名言："不要卖牛排，要卖烧牛排时的滋滋声。"他认为："产品广告如果仅仅是将产品简单地介绍给消费者，那是难以吸引消费者的。广告应在介绍使用，或享受这种产品时，赋予其一种生动、美好的印象——如果这种形象是独一无二的，那么效果更好。"麦当劳"婴儿篇"便是如此。

又如公益广告作品"奶嘴与避孕套"更是可圈可点的精品。宣传安全节育是个棘手的问题，说清楚了让人尴尬，说模糊了又叫人摸不着头脑，而"奶嘴和避孕套"的广告画面上除了一个避孕套头和一个婴儿奶嘴外，其他什么都没有，而文案也只有一句简洁的话："多一分小心，少一分担心。"这一形象其味无穷，"言近而旨远，辞浅而义深"，把严肃性的广告主题通过趣味性完美地表达出来了，其说服力、创造力也是空前的。无怪乎这个广告作品获得了"戛纳广告金狮奖"和"纽约克里奥广告金像奖"两项国际大奖。

二、广告文案创意风格的表现

广告文案创意风格的表现是指广告作品在内容和形式的统一中所体现出来的整体特色、风貌。不同的广告创意会赋予不同的风格，广告文案要完美表现与创意相联系的广告风格。

广告文案表现创意风格一般有三种类型：

1. 理性型广告文案

理性型广告文案是以理性说服方式，摆事实、讲道理、以理服人，为消费者提供分析判断的信息。文案可以做正面说服，传达产品、服务的优势和消费者将能得到的利益，文案也可以做负面表现，说明不购买的影响或危险，促使消费者用理智去思考判断，听从劝告且采取购买行动。这类广告文案论点鲜明、论据确凿、论证方法讲究，它常用于新推出的产品、竞争性产品或生产资料性产品。例如，以下长城葡萄酒的一则广告就是理性广告的文案佳作。

案例：三毫米的旅程，一颗好葡萄要走十年

三毫米，瓶壁外面到里面的距离，一颗葡萄到一瓶好酒之间的距离，不是每颗葡萄都有资格踏上这三毫米的旅程。它必是葡萄园中的贵族；占据区区几平方公里的沙砾土地，坡地的方位像为它精心计量过，刚好能迎上远道而来的季风。它小时候，没遇到一场霜冻和冷雨；旺盛的青春期，碰上十几年最好的太阳；临近成熟，没有雨水冲淡它酝酿已久的糖分，甚至山雀也从未打它的主意。摘了三十五年葡萄的老工人，耐心地等到糖分和酸度完全平衡的一刻才把它摘下。酒庄里最德高望重的酿酒师，每个环节都要亲手控制，小心翼翼。而现在一切光环都被隔绝在外，黑暗、潮湿的地窖里，葡萄要完成最后三毫米的推进。天堂并非遥不可及，再走十年而已。

　　这个广告对长城葡萄酒的原料产地及原料特色进行的客观、真实的说明，使消费者获得了正确而科学的产品事实。这种诚实、坦率的广告，运用的就是理性诉求广告表现，它对消费者具有极强的说服力。

　　根据不同的分类标准，可把理性广告表现分为不同的类别。

　　（1）根据理性诉求的侧重点不同，可将其分为一面理性诉求和两面理性诉求。

　　一面理性诉求——指只向消费者介绍本企业产品的优点，其他方面不予提及，这是大多数广告宣传所喜欢采用的策略。

　　两面理性诉求——是指既宣传本企业产品的优点，同时也指出其微不足道的缺陷。例如"顺华"抽油烟机的诉求，优点：把油烟抽干净，A名牌；缺点：价格总比别的牌子产品贵一点。再如，德国金龟汽车的广告这样说：该车外型一直保持不变，所以在外观上很丑陋，但其性能一直在改进，所以其性能是绝对优良的。如实道出自己产品的优缺点，获得了人们的好感。又如，英国某公司电动剃须刀广告：我公司的电动剃须刀十分锋利，经久耐用。缺点是易生锈，用后需擦干保存，才能久放。既宣传了本公司电动剃须刀的锋利无比，耐久性好的优点，又说出易生锈，保存需特别擦干不甚便利的缺点，实话实说，有理智，有效果。

　　（2）根据理性诉求的方式，可将其分为鼓励诉求和恐怖诉求。

　　鼓励诉求——又称正面诉求，是指在广告方案中使用肯定的语气告知消费者选用此商品的正确性，有时此种文字采用鼓励形式出现在广告方案中，如：无锡厨房设备厂在《江苏日报》和《人民日报》上做的一则广告就巧妙地采用了鼓励诉求策略。广告正文这样写道：在目前市场上，您能找出燃烧性比我厂更先进的烧油燃气灶，本厂奖励桑塔纳轿车一辆。在理性诉求的广告中，正面诉求即鼓励性诉求是使用频率很高的一种。

　　恐怖诉求——是指利用人们怕生病、衰老、死亡等恐惧心理，提醒消费者购买或使用某种商品可能消除某种不利，从而有益健康的广告表现策略。如：两面针牙膏的电视广告就利用人们对病菌危害人体健康的恐惧心理，在广告宣传中诉称：只要使用"两面针牙膏"就可以消除口腔中的病菌。再来看西格纳保险公司平面广告文案《200年来，灾害一个接一个》：

　　1798年加勒比海船只失事
　　1839年纽约船坞大火

1871 年芝加哥大火

1889 年约翰斯敦水灾

1906 年旧金山地震和大火

1938 年新英格兰飓风

1947 年纳布拉斯卡龙卷风

1955 年康涅狄格水灾

1971 年洛杉矶地震

1980 年华盛顿火山爆发

1987 年衣阿华龙卷风

1989 年胡弋飓风

1989 年旧金山地震

天灾人祸一直是保险行业兴起的根源。灾害是生活中的严酷现实。在以往 200 年里，西格纳财产和伤亡保险公司处理了几千家公司的保险业务，保险公司的财源和专长使我们有能力支付世界上最严重的一些灾害所造成的损失，履行我们的诺言。但是即使最小的灾害，对于受害的公司来说也是损害巨大的。大火、管道破裂、屋顶倒塌，我们所处理的事务比我们在 1000 个广告中所介绍的还要多。我们对所有参加保险的机构都以诚相待、一视同仁。

不幸的是灾害总是伴随着我们，我们不知道下一个灾祸会降临在何处，也不知它是大是小。但是有一点是明确的，哪儿有灾害，我们就会在哪里。我们赔偿它带来的后果。

这则文案若按常规采用正面诉求，单一论述参加保险多么重要，由于人们对不参加保险的严重后果认识不足，不一定能引起受众重视。而这则文案以反面诉求补充正面诉求，开头就直截了当具体地展现生活中的残酷现实，使人感到不安、担心、恐惧，进而雄辩地论述参加保险的重要性、紧迫性，产生了正面诉求难以达到的说服力、感染力以及号召力，这也是该广告文案成功的重大价值所在。

（3）根据理性诉求的表达方式，可分为直接诉求和间接诉求。

直接诉求——顾名思义，即直截了当地叙述诉求点，毫不拐弯地表示说服的意图。可以正向诉求，也可以正话反说，如"救救蟑螂，别买新配方的雷达"，这是杀虫剂新配方雷达的广告正话反说，言外之意买新配方雷达蟑螂就没救了，这种诉求表达方式是最经济的，主要强化消费者对广告产品已有的态度，或主要用于广告结论的理由封锁需说明，不言自明时。如 Intel 奔腾

处理器报纸广告文案《得"芯"应手》:

一部高效率的超级个人电脑,必须具备一片高性能的快速处理器,才能得"芯"应手地将各种软件功能全面发挥出来。

Intel 现率先为您展示这项科技成就,隆重推出跨时代的奔腾处理器。它的运算速度是旧型处理器的 8 倍,能全面缩减等候时间,大大增加您的工作效率。

除此之外,它能与市面上各种电脑软件全面兼容,从最简易的文字处理器到复杂的 CD - ROM 多媒体技术应用,它均可将这些软件的工作效率发挥得淋漓尽致,而它的售价却物超所值。

若想弹指之间完成工作,您的选择必然是奔腾处理器。

广告语:Intel 奔腾处理器   给电脑一颗奔驰的"芯"

这是美国著名电脑芯片生产厂家英特尔公司在报纸上做的一则广告。文案首先提出判断,亮出观点:个人电脑需要快速的处理器,而奔腾处理器的运算速度是旧型处理器的 8 倍,如果拥有它就可在弹指间完成工作,并且可以将各种电脑软件——从最简易的文字处理器到复杂的 CD - ROM 多媒体技术应用发挥得淋漓尽致,而售价也很合理。广告极其透彻地讲清楚了产品的独特功能和对消费者的利益承诺,让消费者无不心服口服。

间接诉求——与直接诉求相对而言,是指拐弯儿地婉转地表示说服意图,它的作用是可以促使消费者改变原有的态度,比较隐蔽的刺激广告都属间接诉求之列。隐蔽的刺激广告在现实中用得极少,1957 年维里卡的一个广告实验显示,在电影院里,电影放映到高潮时,以认识阈限值极为低下的 1/3000 秒的短时间内,可口可乐的销售额增加了 57.7% ,玉米膨酥的销售额增加 18.1% 。

总之,理性诉求策略适合于广告内容复杂难懂的产业用户及高档耐用消费品的广告诉求,利于理解和方便记忆的特点,使这种广告表现策略深受理智型消费者的认可和欢迎。

2. 情感型广告文案

情感型广告文案是以感性诉求方式,即通过情绪的撩拨或感情的渲染,让消费者产生情绪反应或心灵震撼,强烈共鸣,激发他们的购买欲望和行动。以情感为诉求重点来寻求广告创意,是当今广告发展的主要趋势,如著名的美国百事可乐公司把"感情纽带"列入市场推销的六大要素之一。调动艺术的以情动人的创意表现，是增强广告说服力，提高商品销售量的一种有效方法，这类广告文案常用于推介日常生活用品。

情感性表现容易引人注目，但使用时需注意，只有在品牌特性很难明显地用语言表述时和广告主不喜欢表现时，诉诸感情才会有效，否则就会显得很牵强、做作，让消费者倒胃口。情感性表现手法主要来源于日常生活中最易激发人们情感的生活细节。具体可分为：

（1）生活片断型。

是指模拟某一类似真实生活中的场面。运用这类广告，要善于激活受众与生理需要相联系的积极情绪，善于调动人与社会相联系的情感体验，抑制或化解不利的消极情绪影响，针对亲情、爱情、友情、乡情、喜、怒、哀、乐等各种情感，广告文案要根据具体情况进行选择。"爱立信"曾经做过一组非常著名的品牌形象广告，它是以最易引起消费者共鸣的亲情入手，通过《代沟篇》、《父子篇》向消费者传达爱立信品牌形象——沟通就是"理解"，沟通就是"关怀"的利益承诺。整个文案运用写实手法，人物完全是生活化的人物，语言也是地地道道的生活中的语言，用感人肺腑的细节，把如何"理解"、如何"关怀"写得情真意切。如其中曾获香港4A广告创作大奖"金帆奖"的爱立信广告片文案《父子篇》：

儿子：给您换一个大的，看得清楚、遥控，坐哪里都没问题。妈不在了，一个人吃饭不能随便，给您买了微波炉，又快又方便……您腰不好，有时间就用它按摩，很舒服呢。爸，我走了，有事传呼我。

父：又不能在家吃饭了？

儿子：以后再说吧，哪儿不是吃饭。朋友多，天天都要应酬。爸，我走了。

……

儿子：我跟他们说了，今天哪里都不去。爸，咱们先做饭，吃完再陪您下两盘，很久没跟您下棋了。

字幕：沟通就是关怀。电信沟通　心意互通。

（2）歌曲型。

就是利用广告歌曲的形式传达广告主题。如："燕舞"牌收录机的广播、电视广告"燕舞，燕舞，一曲歌来一片情"。"奥地利"饲料："相信我吧，相信有快乐感觉。""步步高"电器的电视广告："付出总有回报，说到不如做到，要做就做最好"等，均使用了广告歌曲的表达形式。

歌曲型广告主要以歌曲的音乐来表现广告主题，这种方式很容易引起消费者情绪和情感上的共鸣。优秀的广告歌曲不仅能引发消费者的好感，加深对广告的印象，而且还能变成这种品牌的标志，使人们一听到这种音乐或广告歌曲就能联想到这种品牌的商品，因而在现代广告表现手法中成为受人欢迎的广告表现形式。

（3）解决难题型。

是指广告主把消费者经常碰到的难题用夸张的手法展现出来，然后出现广告产品的形象或介绍产品的特点，以此帮助消费者解决难题。比如：小白兔儿童高级牙膏的电视广告就是以解决问题为诉求点的，画面上先展现的是一只小白兔在吃萝卜前感到牙痛的痛苦表情，告知人们它遇到了难题，接着，画面转到它刷牙后消除了牙细菌的小白兔，在痛痛快快地啃吃萝卜的场景，说明它牙痛的难题得到了解决。

（4）演出型。

即将广告编成一个节目，以此增添娱乐性，从而获得观众的注目，比如"绿豆"八宝粥的电视广告就采用喜剧小品的形式回答问题，从而达到广告宣传目的。演出型广告由于表现题材固有的情绪形象的形成而带来改变品牌形象的效果，这一表现手法除上述的喜剧小品外，还可用漫画、音乐、故事等其他灵活多变的类型。

（5）幽默型。

即用幽默的人物或幽默的情节表现广告内容，完成产品或服务诉求的形式。幽默诉求能使广告内容生动

图3-2   "果汁先生"广告

有趣，俏皮轻松，因而很受消费者的欢迎，如：

文案：冰箱已是它的地盘，活着还有什么意义。

果汁先生这个"自杀"系列的平面广告，不仅很有创意，文案还具有幽默感（图3-2）。

3. 情理结合型广告文案

情理结合的广告文案是指在广告文案中既给消费者讲"理"又同消费者谈"情"，即常说的"晓之以理，动之以情"，情理兼备。情理结合型的文案写作能避开情感型与理性型的不足（情感型存在着信息软弱、说服性不足等缺点，理性型存在着平淡、乏味、生硬等缺点），能将两者优势相结合，既能采用理性诉求传达客观信息，同消费者讲道理，又能使用感性诉求在消费者情感上大做文章，从而打动消费者、感动消费者、影响消费者。这种方式能强化感染力和说服力，这种文案在广告实际运作中更为常用。罗瑟·瑞夫斯为"总督"牌过滤嘴香烟策划构思的广告文案就是独特的心智造就的情理型的典范之作：

总督牌给你而别的滤嘴不能给你的是什么？

只有总督牌在每一支滤嘴中给你两万颗过滤凝气瓣。当芬芳的烟气通过时，它就过滤、过滤、再过滤。

男人：有两万颗过滤凝气瓣，实在比我过去所吸的没有过滤嘴的香烟味道要好。

女人：对，有过滤嘴的总督牌吸起要好得多……而且也不会在我嘴里留下任何烟丝渣。只比没滤嘴香烟贵一两分钱而已。

还在研究考虑阶段的商品。

世界上最畅销的滤嘴香烟。

这则文案，开门见山地让目标受众从道理上明白"总督"牌香烟区别于其他香烟的特征在于香烟头有一个"凝气瓣"，并说明这种凝气瓣的作用。接着从情感上打动消费者，设计一对中年男女吸烟者，亲切交谈的独特的生活画面，这一画面，把男女吸烟者对总督牌香烟的喜爱之情表现得淋漓尽致，惟妙惟肖，完全生活化，完全没有广告味，最能击中消费者的心灵，让目标对象心驰神往。

三、广告文案创意的形式表现

广告文案创意的形式表现表现方法有两种：一是直接表现法，二是间接表现法。

（一）直接表现法

直接表现法是直接揭示广告主题，表现广告重点，让人们直接感受到广告内容的创意方法。直接创意法是广告文案创意的基本表现手法，它能快速明了地传达信息，达到宣传广告的目的。直接表现法常用的有写实、对比、夸张、推荐、实证等几种方法。

1. 写实

这是广告文案创意中最简洁的一种方法，它直接告知受众所关心的广告信息，没有多余的描述和修饰，单刀直入、开门见山。

2. 对比

对比是显示商品的功效、品质、价格等广告信息的常用方法。它将商品改进前后、使用前后、品质优劣等各方面进行对比，显示相互间的差异性，使受众在比较中感知广告信息，并作出选择和判断。

3. 夸张

夸张也是一种写实的手法，它以写实为基础，运用丰富的想象，扩大事物的特征，增加表现的效果，引起消费者对广告信息的强烈感受。应当注意，夸张必须控制在广告活动允许的范围内，不得掺有虚假。

4. 推荐

推荐是利用社会上有影响的专家、名人或商品使用受益、有效者来介绍广告内容，使受众产生对广告的信赖与好感的一种方法。

5. 实证

事实胜于雄辩。实证是用新闻性、纪实性或权威人士和消费者的使用实验和证明来现身说法、感化受众的一种表现方法。实证以理服人，具有真实可信的说服力。

（二）间接表现法

间接表现法是用相关的文字语言和形象，采用比喻、象征、抒情、悬念、诙谐、反证等文学艺术的处理技巧，让受众由此及彼联想到广告的主题，从而达到传达广告信息的一种创意方法。

1. 比喻

比喻是利用人们认识上的联想规律，通过不同事物的相似点，用甲事物来描写或说明乙事物的一种表现方法。比喻有明喻、隐喻、暗喻三种形式。它通过以浅喻深、以具体喻抽象、以易喻难，使复杂、抽象、深奥的事物转化为可感知的生动、鲜明的形象，从而有效地传达广告信息。

2. 象征

象征是用具有寓意的语言来表达某种含义，用具体事物表示某种相近、相似的抽象概念或思想感情的一种表现方法。象征容易使受众产生联想，从而产生积极的信息传达效果。

3. 悬念

悬念是利用人们的好奇心，营造惊险、意外、虚幻、离奇的情节与气氛，使受众感到惊奇，并产生悬念的一种表现方法。悬念容易吸引受众，可以给受众带来深刻的印象和回味。

4. 诙谐

诙谐是把广告主题处理得幽默风趣，从而使受众对广告内容产生兴趣和亲切感。幽默的表现形式本身就是语言文字的专长，因而广告文案创意采用诙谐的表现方法广为受众喜闻乐见。

5. 反证

反证是从事例的反面来表现广告主题。反证也是一种比较，但它不是正面的直接表现，而是通过相反事例的间接表现说明问题和引起关注，可以收到比正面直接表现更强烈的效果。

广告文案创意可以采用单一的表现方法，也可以采用综合的表现方法。但不管运用什么方法，创意决不可晦涩难懂、忘却广告创意的基本原则而陷入为创意而创意的形式迷宫中去。

第四节　广告文案创意的思维过程

一、广告文案创意思维的产生过程

（一）潜影淡出

在构思阶段初期，只有一个朦胧的印象，存在于广告创作人员的潜意识中。随着构思的不断深化和形象信息的交流深入，朦胧的形象逐渐清晰起来。这一创造性的思维活动，好像洗照片时的定影过程一样，起初是模糊不清的影子，通过显影使形象逐渐变得清晰。这种思维显影的方式，第一线索是非常重要的，往往成为创意的起点材料。如果广告创作人员的主体意识的指向与这个朦胧的印象信息逐渐吻合，形象思维活动就会活跃起来。

（二）焦点扩散

当创作的"灵感"或一闪念所获得的朦胧印象进入广告创作人员的意识之

中时，要能迅速抓住并形成主体形象，构思活动就围绕主体形象这个焦点展开，焦点成为创造性思维活动的核心。在对构成焦点形象的线索或材料加工处理过程中，信息则可能围绕焦点向外扩散或向内集中，进行双向交流。如果焦点形象通过构思已成为整个广告作品的核心，构思就会显得更加活跃。

（三）整合解析

创意构思进入这个过程时，就要考虑对广告作品的整体布局如何进行整合，处理好局部与整体的关系。广告主题比较单一，构思可能比较单纯一些。而广告主题复杂，就既要从广告的全局着眼，又要对各个部位进行分解，对重点进行突出处理，使整个作品显得协调完美。

（四）去芜存精

当思维活动活跃时，会有大量信息涌现，呈现一种杂芜和多元化的状态。需要对涌入脑海的丰富的信息进行加工精选，排除杂乱低质的想法和一些不必要的内容，筛选出精华的构思，加强有利于表现主题形象的因素或素材。

要注意的是，广告创意要努力求新。产生的创意如果陈旧老套，就不会引人入胜，难以取得理想的传播效果。但是，创意虽然新奇，如与广告主题不相容，则不能有力地表现和突出广告主题，往往会转移人们的注意力，反而削弱广告的效果。

二、韦伯·扬提出的广告创意五阶段

美国广告专家韦伯·扬在 20 世纪 60 年代提出了广告创意的五个阶段，现在仍然使用。其主要内容如下：

（一）调查阶段

新颖、独特的广告创意是在周密调查、充分掌握讯息的基础上产生的。因此，首先就应该做好调查研究工作。主要是了解有关商品、市场、消费者、竞争对手等几方面的信息。信息资料掌握得越多，对构思创意越有益处，越可触发灵感。

（二）分析阶段

主要是对获得的资料进行分析，找出商品本身最吸引消费者的地方，发现能够打动消费者的亮点，也就是广告的主要诉求点。

首先把商品能够打动消费者的亮点列举出来，主要有几个方面：

（1）广告商品与同类商品所具有的共同属性有哪些，如产品的设计思想、生产工艺水平、产品自身的适用性、耐久性、造型、使用难易程度等方面有哪些相通之处。

（2）与竞争商品相比较，广告商品的特殊属性是什么，优点特点在什么地方，从不同角度对商品的特性进行列举分析。

（3）商品的生命周期处于哪个阶段。

随后将列出的有关商品的特性做成一个表，左侧按重要程度列出商品的性能、特点，右侧列出这些性能特点给消费者带来的各种便利。

通过这样的列表方式，可以清楚地看出商品性能与消费者利益之间的关系，然后用简短的几句话来进行描述，最后结合目标消费者的具体情况，找出商品的诉求重点。

（三）酝酿阶段

广告创意是广告创作人员思想火花的结晶，它应该是独特、新奇的，能给人耳目一新的感觉。这就要求创作人员必须有独特的创造性。

创作人员往往为想一个好的"点子"而苦苦思索，有时甚至到了废寝忘食的地步。有时会突发灵感，迸发出思想火花，一个绝妙的主意油然而生。有时可能会有"众里寻他千百度，蓦然回首，那人却在灯火阑珊处"的收获。广告创意常常在人们的潜意识中出现。

（四）开发阶段

在构思过程中，可能会提出很多个新的创意，这些创意往往具有不同的特点，要注意把每一个新的创意记下来，作最好的比较选优。

（五）评价决定阶段

在这一阶段，要将前面提出来的许多个新的创意，逐个进行研究，最后确定其中的一个。在研究过程中，要对每个创意进行评价。主要考虑的因素是：创意与广告目标是否吻合；是否符合诉求对象；是否适合媒体特点；是否具有独特性。经过认真的研究探讨后，再确定选用哪一个创意。

三、广告文案创意的思考方法

（一）集体思考法

集体思考法也叫综合思考法，或头脑激荡思考法，就是通过集思广益进行创意。它通常采用会议方法，针对某一议题集体进行广泛讨论，深入挖掘，直至产生优秀的广告创意。几十年来，它被世界各国广告机构普遍采用，也被一些著名的银行、大学、研究所、议会、政党纷纷采纳，是一种集中集体智慧的思考方法。

这是一种"动脑会议"，一般在召开会议前的一两天发出通知，说明开会的时间、地点、议题等。参加人员包括广告营业人员和创作人员等，人数在10~15人。会议开始后，会议主持者要详细介绍需要议论的话题和问题要点，和所有相关的背景材料后，让每个人开动脑筋。这种思考方法的特点是：

1. 集体性创作

新的创意的产生，往往是思考连锁反应的结果，凝聚着众人的智慧，是思维碰撞的结果。

2. 禁止批评

对每个成员提出的创意不能进行批评，不可反驳，有意见只能在会后提。

3. 创意越多越好

鼓励在别人构想的基础上联想、移植、发挥、修饰，从而产生新的创意。

在"动脑会议"之后，由会议记录者将记录加以整理，成为进行决定性创意的基础。

（二）垂直思考法

这是按照一定的思维逻辑进行思考的方法。一般是在一个固定的范围，向上向下垂直思考。垂直思考主要是逻辑的思考和分析的思考，以思维的逻辑性、严密性和深刻性见长。可分为顺向思考和逆向思考。

顺向思考，是根据信息本身已经显示的内容和要求，作出直观性的判断，形成迎合性的广告创意。

逆向思考法与常规的思维相反，思维具有反常性，创意常常比较新颖。美国DDB广告公司曾经为德国金龟车所做的广告创意，就运用了逆向思维的方法。一般的思维模式，总是从正面、从赞扬的角度对事物进行表现。但这则广告的诉求却从丑陋着眼："1970年型的金龟车是丑陋的"，正是承认"丑陋"超出了人们的正常思考习惯，引起了人们的注意。随后话锋一转，"车型虽然丑陋，但汽车的性能却一直在更新"，从而使消费者对这种汽车产生了良好的印象。

（三）水平思考法

水平思考法强调思维的多向性，善于从多方面来观察事物，从不同角度来思考问题，思维途径由一维到多维，属于发散思维。因而，在思考问题时能摆脱旧知识、旧经验的约束，打破常规，创造出新的意境。运用水平思考法，要注意：

（1）敢于打破占主导地位的观念，避免模仿。

（2）多方位思考，提出各种不同的新见解。

（3）善于摆脱旧意识、旧经验的约束，摆脱人们最常用的创意、表现方法。

（4）要抓住偶然一闪的构思，深入发掘新的意念。

术　语

广告创意　与生俱来的戏剧性　R.O.I　独特的销售主张　共鸣法

直接表现法　间接表现法　集体思考法　逆向思考法　垂直思考法

水平思考法　广告创意五阶段　一面诉求　两面诉求

思考题

1. 说说你对"与生俱来的戏剧性"的理解？

2. 你认为 USP 适用于所有的商品吗？

3. USP 更适用于哪些产品？

4. 什么样的情况下，使用理性诉求较好？感性诉求呢？

5. 垂直思考和水平思考有什么不同？

6. 广告创意的五阶段是什么？

7. 你还能找到其他的广告创意的方法或思路吗？

第四章
广告文案的构成要素

教学目标

1. 明确广告文案的构成要素。

2. 了解广告文案标题、正文、口号、附文等的表现形式、写作技巧。

3. 理解广告标题的写作原则。

4. 明确广告正文的写作要点。

5. 掌握广告口号的功能、特征与创作类型。

第一节　广告标题

标题也就是题目，"题"在古文中是"额头"之意；"目"即眼睛。一直以来就有"看书看皮，看报看题"；"题好文一半"等俗语，表明了标题在写作中的重要性。

我国第一部广告学著作的作者苏上达先生是这样评价广告标题的：

广告全幅上最重要之文字，厥为标题。盖标题者，全幅广告之精粹也。标题而得其法，则全体广告大可生色，人人竞读之而不生厌。标题而不得其法，则以下任有若何优美之广告材料，必致埋没而无人过问。是故标题者，广告之魂魄也，广告之先锋也。使先锋而为精锐，则全线之士气之大振，声势浩大，易奏凯歌。使广告而失其魂魄，则其余之文字，不为散沙，必为疮痍，人人避之不暇，广告又何由而奏效哉。[①]

一、什么是广告标题

广告标题是整个广告文案乃至整个广告作品的总题目。广告标题为整个广告提纲挈领，将广告中最重要的、最吸引人的信息进行富于创意性的表现，以吸引受众对广告的注意力。

人们在进行无目的的阅读和收看时，对标题的关注率相当高，特别是在报纸、杂志等选择性、主动性强的媒介上。"读标题的人平均为读正文的人的5倍。"（大卫·奥格威）一测验报告表明，80%的读者都要先浏览广告标题再看广告正文中的信息。因此，广告文案人员在进行文案表现时，总是将标题的制作作为一个非常重要的甚至是首要的工作。从这个意义上看，标题是广告的生命。

二、广告标题的功能

（一）吸引注意力

人们为什么会关注标题？这是因为在现代社会中，人们的空闲时间有限，而广告又是繁多的，人们不可能花很多时间去阅读广告正文；另一方面，

---

① 苏上达著：《广告学概念》，商务印书馆1931年版，第33页。

"看书看皮，看报看题"，在一般情况下，人们接触广告作品，视线常常扫描到标题。这就说明，广告标题最能引起消费者注意。另外，根据"AIDA"销售心理理论，广告标题对引起消费者的注意，起着首要的作用。如果标题引不起消费者的兴趣，那么往往会导致消费者放弃阅读，或产生不了继续阅读的欲望，就会导致广告传播的失败。而标题精彩有趣，则能抓住消费者的注意力，吸引消费者的阅读，最后导致购买行为。

（二）诱读正文

虽然很多人只读标题，而不读正文，但是如果标题传播的信息是他所关心的，或标题引起了他的兴趣或好奇心，他就会继续阅读广告正文。可见，广告的多数劝导作用是从标题开始的，只有通过标题的力量，才能使读者接着看正文，而读者也是通过广告标题与视觉形象的互相核对，对广告主题进行理解的。所以，优秀的广告标题，能够紧紧抓住人们的心灵，有一种非要看个水落石出的诱惑力，于是读者自觉或不自觉地接受了广告文案所要向消费者诉求的内容。

（三）传递主要的广告信息

广告标题往往是整篇广告的主题，概括了广告的中心思想，所以它又是广告作品向消费者传递信息的一个主要的渠道。即使不读广告正文的人，通过阅读标题，也会获悉整个广告作品的基本信息。从这个角度上看，广告标题是广告内容的集中体现，人们只要阅读了广告的标题，也就理解了整个广告内容的基本含义。

（四）促进消费者购买行为

在今天，各种各样的广告五花八门，俯拾皆是，人们不可能一一览阅，只有借助于广告标题的引导，才能选择自己所需要的商品或服务的信息，即使是一个为消费者所急需的商品信息，也需要借助于标题的帮助，才能迅速地被消费者所认定。从这个角度上看，广告标题既起着一种媒介作用，也承担一定的促销功能。好的标题能够增强消费者购买的信心，促使消费者购买商品。

三、广告标题的类型

广告标题按其诉求策略的不同，可分为如下三大类：直接标题，间接标题，复合标题。

（一）直接标题

直接标题是以简明的语言直接表明广告内容，使人们一看便知要推销什么，会给消费者带来什么利益。如：

"燕舞，燕舞，一曲歌来一片情"(燕舞收录机广告)

"百事，正对口味"(百事可乐广告)

"终极驾座"(宝马汽车广告)

"容声，容声，质量的保证"(容声冰箱广告)

"何以解忧，唯有杜康"(杜康酒广告)

"海尔，真诚到永远"(海尔电器广告)

上述广告标题都是直接传播广告信息，将产品的主要情况，产品效用直截了当地告诉消费者。直接标题虽然简单明了，但它往往不能引起消费者的足够注意。

（二）间接标题

这种标题中不直接出现所要推销的商品的内容，往往连产品的名称都不告诉消费者，而是利用艺术手法暗示或诱导消费者，引起消费者的兴趣与好奇心理，从而进一步注意广告正文。例如：

"把闪烁的星星揉碎，溶入绚烂的晚霞之中"(某化妆品广告)

该标题充满诗情画意，具一种梦幻般的意境。但只看标题，读者会觉得费解，于是，他们只能从正文中去寻找答案。读了正文后方才领悟到这是一则广告，而广告标题产生的浪漫氛围已氤氲于读者心中。

"眼睛是灵魂的窗户，为了保护您的灵魂，请给窗户安上玻璃吧！"(美国某眼镜广告)

标题没有直接说出广告的商品，但已用暗喻的手法间接地告诉了消费者，显示了对他们切身利益的关心，因而使消费者乐于接受这样的诱导。

"小莫小于水滴，细莫细于沙粒。"(某银行储蓄广告)

标题采用比喻的修辞方法，以水滴和沙粒比喻储蓄，向人启示积少成多的道理。

"工欲善其事，必先利其器"("常工牌"焊接切削工具广告)

以谚语的形式含蓄地说出了使用该种型号的切削工具，能使人达到事半功倍之效果。

"发光的不完全是黄金"(美国某银器广告)

美国一家银器制造商，使用了这句谚语，引人注意，正文接着说明他们制造的银器，也是发光锃亮的，由此达到宣传目的。

间接标题诱发兴趣的根本目的，也就是诱导读者阅读正文。下面再选一些间接性广告标题的实例供参考。

"海内存知己，天涯若比邻"（"星球"收录机广告）

"使你增添魅力"（时装广告）

"分享这份梦幻"（香奈尔香水广告）

"看着光，感觉爽"（吉列剃刀广告）

"掌上明珠"（化妆品广告）

"第一流产品，为足下争光"（上海鞋油广告）

"一毛不拔"（长命牌牙刷广告）

"今年二十，明年十八"（白丽美容香皂广告）

（三）复合标题

这种标题是将直接标题与间接标题复合起来。一则复合标题常由两个或三个标题组成，除了有一个主标题外，还有一个或两个副标题，位于主标题的上下左右。主标题往往以艺术的手法表明一个引人入胜的思想，副标题则是说明产品的名称、型号、性能等，目的在于进一步补充和扩展主标题的含义。因而，复合标题会失去一点引人好奇的价值，但却能使消费者立即明白引起他们好奇的是什么产品。下面是一则复合标题：

小到一颗螺丝钉

——四通的服务无微不至。

这是四通文字处理机的广告标题，文字的第一行是主题，采用间接标题，运用了"比喻"的修辞手段，是虚写；文字的第二行是副标题，采用直接标题，道出了广告所宣传的产品，是实写。以小小的螺丝钉做文章，让消费者联想到四通的产品质量过硬，服务周到，小到一颗螺丝都毫不马虎，关键部位就更不用说。通过间接标题的诱导，直接标题的点明，消费者从形象思维过渡到产品本身，由此加深了对产品的印象。这个标题是匠心独具的。又如：

"魔鬼的外在，天使的内涵，还犹豫什么呢？"（明基笔记本）

"质好！力强！"（三圈牌电池）

有些标题除正题、副题外，还有引题，如下例：

用了油烟机，厨房还有油烟

用了油烟机，拆卸清洗困难怎么办——引题

科宝排烟柜，将油烟控制在柜内，一抽而净。

科宝油烟机带集油盆，确保三年免清洗——正标题

全方位优质服务：免费送货安装，（南三环至北四环）三年保修，终身维修——副标题

上例引题交代广告信息背景或意义，提出一般油烟机抽不净油烟且清洗困难的问题，由此引出正标题，科宝排烟柜可将油烟"一抽而净"，能"确保三年免清洗"。这就回答了引题中提出的问题。副标题是对主标题内容的补充，作某些附加说明。还有一些复合式标题可以由引题、正题组成。如：

拥有"王祥"　全家吉祥——引题

上海沪祥童车厂、北京市京雷百货贸易公司联合举办"王祥"童车展销——正标题

上例即由引题和正题构成，引题点明拥有"王祥"童车的意义，正题传递"王祥"童车展销信息。

复合标题能将直接和间接两种标题糅在一起，各取所长，既富有情趣性，又具有清楚明白的效果。这类广告标题常用于前两种标题不易表达广告内容时。

一则广告中，标题起着画龙点睛的作用，它是整个广告主题的表现，阅读了标题也就大致了解了广告的内容。因此，广告标题应精心设计，制造不同寻常的效果，来吸引广告受众的注意力。

四、广告标题的表现形式

虽然广告标题分为直接标题、间接标题、复合标题三大类型，但却有着众多的表现形式，主要有以下几种：

（一）新闻性标题

以新闻报道的方式发布信息，向消费者提供一些新事物。例如：

隔断新贡献，抗火立大功——燃烧两小时，抗热温度 986℃（中国台湾环球牌石膏板广告标题）

治疗关节炎的突破性产品终于问世——阿斯巴膏（阿斯巴膏广告标题）

要注意的是，当采用新闻性标题时，必须有真正称得上新闻的广告内容，否则报纸或杂志将它作为新闻登载出来，而读者发现其并无新闻价值，会破坏读者对媒介的信任程度。

（二）诉求式标题

这类标题无论理性的还是情感的，其意旨都是告诉视听众，从我们的商品中可以获取某种好处。这类标题一般都较平淡，但对一般缺乏经验的人来说，能向他们直陈诸般好处，这正是他们所期望的。比如，有一种电子计算机办公系统广告，其标题为："以最简单的操作，完成最复杂的工作。"无疑，这对办公室部门一般秘书工作人员，特别是对计算机语言没有多少知识的人

而言，是一个有力的吸引。

（三）炫耀式标题

广告主总期望能在标题上体现生产者对产品的骄傲以及引以为自豪的态度。只要产品的确令人满意，文案人员都尽量满足雇主的这种心理，以致标题带上那么一些公开炫耀的气息。如：

"从台湾第一到世界金牌，统一鲜乳是最好的鲜乳！"（台湾统一特级鲜乳广告标题）

也有将咄咄逼人的口气变得比较柔和些的：

"尽善尽美，我用来用去还是它"（法国首饰广告标题）

（四）建议式标题

许多文案人员喜欢采用这种形式的标题，是因为它兼具多种优点：标题主动地劝说或强暗示读者去做或去思考某些事情；标题一般直接言明所推荐产品的某种用途或使用方法；它同时具有利益性标题的优点，由于建议使用及促使购买的说辞铺陈，直接或间接地将使用该品牌产品的利益告诉读者，标题就具有了动之以情、晓之以理的双重功能。如：

加点新鲜香吉士柠檬，让冰茶闪耀阳光的风味（香吉士柠檬广告标题）

果珍要喝热的（果珍广告标题）

（五）悬念式标题

人类天然具有好奇的本能，这类标题专在这点上着力，一下子把读者的注意力抓住，在他们寻求答案的过程中不自觉地产生兴趣。譬如有这样一则香烟广告："禁止抽各种香烟，连 555 牌香烟也不例外。"读者的第一印象便是"555"有点特殊，接着要问为它为什么值得单独提出，于是忍不住要尝一尝它究竟有什么与众不同。

（六）设问式标题

设问当然是自问自答。如美国 Compag 电脑广告的标题：

为什么美国 1000 家最大企业采购微电脑时，大部分都首先考虑Compag？

又如法国有家巴黎商店推销中国沱茶的广告标题：

您要外形美吗？那就请喝沱茶，它可以溶解血液中的油脂。

这类标题以问题开始，吸引消费者的注意，然后辅之以问答的形式，揭示出广告产品的主要功能和利益所在，是一种值得推广的好方法。

（七）标语式标题

这类标题简短有力，主要由广告的名字或品牌（大都为系列性的）构成。这种标题大都将产品与知名度很高的公司或系列品牌挂钩，有助于产品的销售。如奥琪男用化妆品广告为："奥琪没有忘记男士们!"日本的两则摩托车广告更是有力：

要骑就骑丰田（丰田摩托车广告）

"银座"就是豪放（"银座"摩托车广告）

（八）陈述式标题

这类标题是客观陈述事实，将广告正文的要点如实地向读者点明。例如：

结实的杜邦塑胶能使薄型安全玻璃经冲击致碎后，仍粘合在一起（杜邦塑胶广告标题）

只要三十元，孔兰蛋蜜乳，能使你的脸蜜蜜柔柔，表现个性美（孔兰蛋蜜乳广告标题）

这类标题庄重严肃，无须强调刺激和加强感情色彩，常一目了然地点明广告信息内容。

（九）祈求式标题

用祈求、劝导、叮咛等言词来敦促人们行动。例如：

让你的眼光更敏锐（三洋录音机广告标题）

用功读书时，灯光不足是最大忌讳，请保护你的眼睛（台灯广告标题）

这类标题能满足消费者的利益诉求，并保证承诺的可靠性。

（十）问题式标题

用提问的方式来引起人们的注意，使他们去思考问题，加深广告的印象。例如：

想想今天的和昨天的洗发感觉有何不同？（凤凰系列香波广告标题）

既然每天要喝水，为什么不用哈磁杯?!（哈磁杯广告标题）

这类标题站在消费者的位置上，提出"为什么"或"怎么办"的问题，促使消费者在购买时进行分析思量。

（十一）对比式标题

通过对比，突出产品的优点。这类标题用于产品本身前后的对比，或者不同类事物的比较，效果较好。例如：

我们是第二，我们更加努力（艾维斯出租汽车公司广告）

所有航空公司向您收的费用是一样的，但是它们所给予您的服务却并不

平(泛美航空公司广告)

对比式标题应避免褒己贬人，对比一般是泛比，而不指名道姓。

(十二)比喻式标题

用某些有类似点的事物来比拟想要说的某一事物，促人联想，让人加深对某种思想和观点的认识。例如：

三洋电叶轻转，转出清凉世界(日本三洋电扇广告标题)

第一封信的愉快回忆(手摘新茶广告标题)

以初恋第一封信纯洁、清雅的感受来比拟品茗新茶的愉快，十分巧妙而富有人情味。

(十三)夸张式标题

以现实生活为基础，借助想象，抓住描写对象的某种特点以夸大强调，突出地反映事物的特征，加强艺术效果。例如：

"审慎保险公司具有直布罗陀的力量"(审慎保险公司广告标题)

直布罗陀是位于南欧和北非之间的一道海峡，是大西洋通向地中海的交通要道，具有重要的战略意义。显然，把保险业务比之直布罗陀海峡是夸大其词的，但却使顾客对该保险公司产生了信任。

(十四)诗歌式标题

借用和改用古今诗歌原句，或者采用诗歌式的语言做标题，能收到醒目传神、绘声绘色的效果。例如：

东风夜放花千树——沙洲灯具给您带来光明美景(灯具广告)

赤橙黄绿青蓝，点缀人间春色(某化工染料广告)

雄关漫道，闯进上海，远涉重洋——骆驼牌电扇一日千里竞称雄(电扇广告)

(十五)借名式标题

借用古今中外著名人、事、地、物的名气和影响，赋予新意，常常能使消费者信服，或得到一种心理上的满足。徐州食品厂生产的"云龙山"牌蜜三刀是传统名点，驰名南北。相传北宋时，徐州太守苏东坡得宝刀一把，在青石上一连砍三刀，留下三条刀印，蜜三刀故而得名。该厂在广告中使用了这样的标题："苏东坡连砍三刀，云龙山'蜜三刀'名扬天下。"江苏金坛县生产一种"丰登"牌封缸酒，此酒选用糯米中之佳品"标米"制造，故醇稠似蜜，馥郁芳香，风格独特，相传为明代皇帝朱元璋在金坛卧龙山畅饮之酒。该厂借用这种名气，使用的广告标题是：

丰登牌，明代贡酒——朱元璋痛饮卧龙山。

（十六）寓意式标题

寓意式与比喻式不同，比喻多借助具体、鲜明的形象来表达题意，寓意多借助人的本身知识、修养、情操等，对广告标题给以合理的想象的发挥，提高读者的意境。下面看看台湾一些得奖的寓意式广告标题：

给太太一份"安全感"（电饭锅广告）

"闲"妻良母（洗衣机广告）

五、广告标题的写作原则

（一）体现广告主题

"看报看题"，看广告也如是。大多数受众在无意识的阅读中，总是先看标题再决定是否阅读正文。在受众的阅读习惯面前，广告标题的写作要有两手准备，在尽量运用标题的魅力将广告受众的兴趣和视线转向广告正文的同时，也要考虑到由于各种不同因素造成的不阅读正文现象。因此，写作时，要尽量体现广告主题，使得广告读者能在标题中对广告的信息主题有所了解，在匆匆一览之中，就能得到广告的最主要的内容、最主要的利益承诺以及整个广告表现的主题因素。

（二）表现消费者利益

标题既要表现消费者心目中的商品消费利益，又要表现商品能给予消费者的利益承诺。如"35 岁以上的妇女如何才能显得更年轻"（某荷尔蒙霜广告标题）、"我们已突破了世界语言的障碍"（荷兰电信广告标题），表现了消费者对商品的消费期待和商品消费利益点，对应了消费者的消费心态，体现了商品满足消费的有效性。

在标题中表现消费者的利益，可以使广告抓住消费者的消费渴望和消费理想，诱使他们产生浓厚的兴趣，使目标消费者能对广告中的信息产生了解的渴望，继续自觉地阅读广告正文。

（三）诱发受众好奇

广告标题的一个重要的原则是要通过对标题的写作，诱发受众的好奇心理，使得他们在好奇心的驱使下，对广告产生追根究底的欲望。

诱发好奇有两种途径，可以是利益点上的好奇引发，也可以利用表现形式上的创意。如用新闻式引发好奇："'舒味思'的人来到此地"（舒味思奎宁柠檬水），用反向诉求，引发好奇："长大了，我要当客户"（台湾南洋实业公司），用设问的形式，表现好奇："总督牌给你而别的滤嘴不能给你的是什么"(总督牌香烟)。

(四)简洁明快的表现形式

为了让受众一看便知,广告标题的表现形式就要简洁、明快。一般不用长句子,因为长句子表现内涵太多,且出现关联词,会造成过分书面化倾向,使受众因怕累而自动放弃阅读。

[延伸阅读] 如何制作一个好的广告标题

标题是广告的"眼睛"和"灵魂",尤其是在报刊平面文案中。广告能不能吸引受众去读,标题起着举足轻重的作用,它直接决定着广告效果的好坏。那么,如何制作一个好的广告标题呢?

1. 利用人们对新闻的注意及阅读新闻的习惯

这类广告标题类似报纸新闻标题,以新闻报道的方式对产品或服务进行介绍。这类标题提供的事实,应该是新鲜的、大家感兴趣、想了解的,这才能引进消费者的注意。

2. 承诺能给消费者带来的利益

这类标题首先是提出消费者最想得到、最为关心的利益,并作出负责任的承诺。这种利益除能满足消费者物质上或心理上的需求外,还包括价格实惠、省时、安全、方便等等方面的好处。如"红桃 K 生血剂关怀装(副题),加量不加价(主题)",这条广告让读者感到实惠。这类标题中所允诺的利益越大,越能引起消费者的兴趣,但应注意所允诺的利益要能兑现。

3. 诚恳地为消费者出点子、提建议

这类标题主动地劝说或强烈地暗示读者去做或去思考某些事情。如"龙牡壮骨冲剂"建议家长:"别让孩子输在起跑线上噢";"果珍"建议:"冬天要喝热果珍"。建议型标题宜用平缓、礼貌、恭敬的言词来敦促人们采取行动,一般句中多采用"请"、"欢迎"等字眼,不宜用惊叹号。

4. 巧妙运用与同类商品或服务的比较

通过与同类商品或服务的比较,来显示自己的优越性,使消费者对本产品服务的独到之处有深刻的认识。如中国驰名商标产品红桃 K 生血剂的一则报纸广告,标题就很巧妙:"经常被模仿,从未被超越"。它暗示读者:同类产品经常模仿它的质量、技术、效果、服务等,但都没能超过它。不过,这类标题绝对不能指名道姓,以采用泛比为宜。切记避免伤害其他同类商品。

5. 使用夸耀的词句来赞誉企业所取得的成就或商品的优点

一般来说,这类标题主要用在消费者信得过的名牌产品上,有坚实可行的事实基础，并能增强购买信心与荣誉感。如有则药品的广告标题是："30岁的人60岁的心脏，60岁的人30岁的心脏"，意指此药治疗心力衰竭，使之恢复为健壮心脏。

6. 用生动贴切的比喻增强形象性

运用贴切、生动的比喻来进行表达，标题将变得活泼俏皮，令人读后回味无穷，持久难忘。如"此音只应天上有，人间哪得几回闻"，以天上人间的遐想比喻宝石花牌收录机的美妙音色。

7. 有意在广告标题中布下悬念

在广告标题中布下悬念，将会使人产生惊奇感，为满足好奇心一定想刨根问底。这种标题以疑问的形式提出问题，以引起消费者的注意，产生共鸣与思考，并把广告的主要信息用答案的形式说出，或只问不答、引导消费者从正文中去寻找答案，这种会给目标受众留下较深的印象。如"您的面容不想再白嫩些吗？"（美容保健品广告）

8. 运用联想手法诱发消费者现实的或潜在的心理需求

广告中运用联想手法可以诱发消费者现实的或潜在的心理需求。如"虎标万金油"的广告标题："张飞都怕。"人们不禁联想：猛将张飞怕什么？再看正文方知，原来张飞也怕跌打损伤。

9. 借助情感的力量打动人心

广告创作需要借助情感的力量。如红桃K生血剂的广告中有一个标题读来有情有义："送爱心，表孝心，红桃K最贴心。"它借情感的力量去触动受众买红桃K当礼品送。这类标题应考虑消费者的接受心理，在语气上尽量婉转和客气些，避免引起人们的反感。

10. 用优美的诗句引起受众对商品的美好联想

优美的诗句，总能引起受众对商品的美好联想，有效地消除人们对广告套话的厌烦心理。在广告标题中适当借用和改用古今诗歌原句，或者采用诗歌式的语言做标题，可以起到醒目传神、引导消费的作用。例如："举杯邀明月，对饮成三人"（白酒广告标题）；"欲穷千里目，更上一层楼"（售楼广告标题）等。

11. 巧妙"借名"以突出自己的特色

借用古今中外著名的人、事、地、物的名气和影响，赋予新意，这样做常常能使消费者信服，或得到一种心理上的满足。如上文提到的"虎标万金油"的标题："张飞都怕"，"张飞"一词就属此列。

12. 在标题中包含一点含蓄和寓意

　　一般来讲，广告应直截了当地把信息告诉受众，为什么又要讲含蓄呢？因为某些产品使用时涉及人体"隐私部位"，比较特殊。如丰胸与壮阳药品广告标题："女人'挺'好，男人'根'本"。一些寓意式广告标题能给我们以启发："难言之隐，一洗了之。"一个"洗"字道出"洁尔阴"的诸多信息。

　　13. 尽可能地带一点幽默感

　　广告越是恰到好处地幽他一默，越是能让受众过目不忘，甚至乐意进行口碑传播，津津乐道，如在林林总总的"斑"、"痘"广告中，就有一个幽人一默的佳作："赶快下'斑'，不许'痘'留。"读来令人难忘，真是令人拍案叫绝，"快止痒、止痒快、痒快止！"这是三九皮炎平的广告标题，也给人深刻印象。

[延伸阅读] 奥格威标题写作十原则①

　　(1)标题好比商品的价码标签，用它来向你的潜在买主打招呼。

　　若你卖的是彩色电视机，那么在标题里就要用上彩色电视机的字样。这就可以抓住希望买彩色电视机的人的目光。若是你想要做母亲的人读你的广告，那在你的标题里要用母亲这个字眼。不要在你的标题里说那种会排斥你的潜在顾客的话。

　　(2)每个标题都应带出产品给潜在买主自身利益的承诺。

　　(3)始终注意在标题中加进新的信息。

　　因为消费者总是在寻找新产品或者老产品的新用法，或者老产品的新改进。

　　(4)会产生良好效果的字眼有

　　如何、突然、当今、就在此地、最新到货、重大发展、改进、惊人、轰动一时、了不起、划时代、令人叹为观止、奇迹、魔力、奉献、快捷、简易、需求、挑战、奉劝、实情、比较、廉价、从速、最后机会等等。

　　(5)读广告标题的人是读广告正文的人的 5 倍。

　　因此，至少应该告诉这些浏览者，广告宣传的是什么品牌。标题中总是应该写进品牌名称的原因就在这里。

　　(6)在标题中写进你的销售承诺。

　　(7)在标题结尾前你应该写点诱人继续往下读的东西进去。

　　(8)你的标题必须以电报式文体讲清你要讲的东西，文字要简洁、直截了当，不要和读者捉迷藏。

---

　　①　选自大卫·奥格威著：《一个广告人的自白》，中国友谊出版公司 1991 年版，第 94～98 页。

(9)调查表明,在标题中写否定词是很危险的。

(10)避免使用有文字无实际内容的瞎标题。

[延伸阅读] 奥格威标题写作检测原则

(1)是否体现广告主题?

(2)是否表现了商品的消费者利益和销售承诺?

(3)是否运用了诱发受众好奇的表现形式?

(4)有没有诱人继续往下阅读的因素在内?

(5)语言是否简洁易懂?

(6)形式是否简明而有趣味?

(7)如果是长句子,广告的目标对象等能轻松地明白句子的意思吗?

(8)如果运用了否定词,在体现你所想达到的风格和创新的同时,目标对象能产生理解吗?

(9)是否运用了品牌名称?运用它对广告的效果是否能产生正向的作用?

(10)是否使用了新颖的、有感召力的词汇?

第二节　广告正文

一、什么是广告正文

广告正文是指广告文案中处于主体地位的语言文字部分。其主要功能是展开解释或说明广告主题,将在广告标题中引出的广告信息进行较详细的介绍,对目标消费者展开细部诉求。广告正文的写作可以使受众了解到各种希望了解的信息,受众在正文的阅读中建立了对产品的了解和兴趣、信任,并产生购买欲望,促进购买行为的产生。

二、广告正文的特点

1. 解释性

广告正文通常要对标题进行解释,由丁广告标题的主要作用是吸引"眼球",且字数不宜过多,有关商品信息的表达往往是点到为止,因此正文就需要对标题所涉及的相关内容作进一步的扩充和说明。

2. 说服性

如果说广告标题的主要作用是吸引人，那么广告正文的作用是说服人。正文不仅要对产品的基本面解释清楚，而且还需要让受众对你所说的内容产生信赖感。这就要求正文担当起向受众提供有关商品信息中令人信服的证据：具体事例或详细数据。因为只有让受众对产品心悦诚服，才可能促使他们产生购买的冲动。

3. 鼓动性

产品广告与产品说明书的区别之一在于前者在介绍产品过程中，有较强的宣传色彩——含有对产品的称赞、推荐和鼓励受众购买的意思。这种宣传色彩虽然贯穿于标题、正文、广告语甚至附文中，但正文的实现鼓动性方面无疑起到更为主要的作用。例如，一些对话体正文的结尾，往往有一角色在介绍完该产品的优点后，对另一位说"赶快去买吧"，这其实就是广告正文鼓动受众最直接的告白。当然，更多的广告正文则是在字里行间表露出含蓄的推动力。

三、广告正文写作的基本要求

在广告正文的写作上必须着眼于两个最基本的方面：一是围绕广告商品的内容、名称、规格、性能、价格、质量、特点、功效和销售地址等进行符合客观事实的构思，加大说服性和情感性；二是掌握和洞悉消费者心理需求，了解市场态势，以重点突出、简明易懂、生动有趣、具有号召力的语言进行传播。其写作基本要求有以下几点：

1. 陈述清楚具体的内容

广告正文须清晰地表明广告的诉求对象和诉求内容，向受众提供完整而具体的广告信息。大卫·奥格威称为"不要旁敲侧击——要直截了当"。

一般情况下，广告正文的长短与推销力量成一种正比例关系。长文广告总是比短文广告更具推销力量。

2. 采用通俗易懂的语言构思文句

除非特殊的情况，在广告正文中一般不使用过于严肃、庄重的语辞和文句。通俗易懂的语言往往会让消费者轻松记住产品的特点。

3. 要以有效的证据和可信的证言支持文案

在广告文案的正文中，出现确切的资料、数据十分必要，也十分有用。如果情况允许的话，出现消费者的现身说法或名人、权威的证言支持，往往会产生良好的效果。

四、广告正文的常见形式

1. 直销型

这种类型又叫解释性正文或为什么型正文，是由克劳德·霍普金斯在 20 世纪初首创并推广的。

大卫·奥格威在他的广告生涯中始终忠实地采用直销式，在广告正文中最大限度地告知受众广告主题和广告商品信息。如他为劳斯莱斯汽车所写的文案即为一典型直销式广告正文。在这则广告文案中，大卫·奥格威用尽可能详细而实在的语言对广告产品的各类信息进行了揭示，给受众以更多的信息。因为在当时劳斯莱斯汽车是属于上层社会中的人方能购买得起的，标价为 13550 美元的高档商品，不能是几句广告话就能打发得了的。大卫·奥格威对劳斯莱斯汽车的广告文案最引以为自豪，时至今天来评估，仍为杰出的广告文案之一。

2. 故事型

在广告正文中通过故事情节的发展来吸引消费者。有的采用对话的形式讲述一个故事，有的采用连环画的形式描述一个故事。在广告文案构思中，以故事型来完成广告正文，能够以故事情节来揭示广告主题，传播广告产品的属性、功能和价值等，能够创造出一种轻松的信息传播与接受氛围。此类广告的吸引力和记忆度较强。

标题：他从波兰来

正文：

旅行的人，总带着脆弱的灵魂。他在找一架钢琴。我看见他走进咖啡馆，想送给 E 大调练习曲。他只点了一杯卡贝拉索。但爱情是交响曲，这个时刻。人来人往正以练习曲的步调在我们之间进行，E 大调练习曲，便成为离别曲。

这是 1849 年之前的事，他是肖邦。我们都是旅人，相遇在左岸咖啡馆。

3. 抒情式

广告正文采用散文、诗歌等形式来完成。这种形式凝练精美，能够表现出真情挚感，给人耳目一新的感受。在 1935 年，李奥·贝纳为明苏尼达流域罐头公司的"绿色巨人"牌豌豆做文案时，为了表现豌豆的新鲜和饱满，制作了一幅连夜收割、包装豌豆的画面，并且在画上设计了一个捧着一只大豆荚的巨人形象。本来标题可以简单地拟作"即时的包装"或"新鲜罐装豌豆"等，但是贝纳却别出心裁地选用了一种浪漫的、诗情画意的表达方式和语言，以"月光下的收成"为标题，将人们带进一种优美的意境和氛围。具体如下：

标题：月光下的收成

正文：无论日间或夜晚，绿色巨人豌豆都在转瞬间选妥，风味绝佳……从产地至装罐不超过三小时。

4. 功效型

这种类型实际上是直销型的分支，它所强调的是广告产品所能够给消费者带来的功效。如北京亚都生物技术公司的新产品 DHA 的广告文案：

广告标题：蕴藏深海寒带的奥秘，来自北京亚都的神奇

广告副题：科学奉献亚都 DHA 缓释胶囊

广告文案：最新一代智力保健品——亚都 DHA，是采用现代生物高技术研制开发的新型保健品，系缓释胶囊型。旨在补充人们大脑发育、智力增长所必需的重要物质；DHA 即二十二碳六烯酸，主要来源于深海鱼类的鱼油，乃是人类脑细胞生长发育必需的结构物质。

"亚都 DHA"不仅是增进胎儿脑细胞发育、提高智力的营养物质，并且具有增强幼童、青少年和中老年人的思维判断能力、记忆力、反应速度和感觉功能的神奇作用。

广告口号：亚都 DHA——给您聪明的大脑、健康的心

5. 断言型

在广告正文中，直接阐述自己的观念和希望，以此来影响受众的心理。这种类型的广告正文一般都采用断定式的语句来框架整个广告文案。威廉·伯恩巴克的广告文案杰作之一——"慷慨的旧货换新"即为典型的断言型。

标题：慷慨的旧货换新

副标题：带来你的太太，只要几块钱——我们将给你一位新的女人

文案正文：

为什么你硬是欺骗自己，认为你买不起最新的与最好的东西。在奥尔巴克百货公司，你不必为买美丽的东西而付高价。有无数种衣物供你选择——一切全新，一切使你兴奋。

现在就把你的太太带给我们，我们会把她换成可爱的新女人——仅只花几块钱而已。这将是你有生以来最轻松愉快的付款。

奥尔巴克 纽约·纽渥克·洛杉矶

广告口号：做千百万的生意 赚几分钱的利润

6. 幽默型

在广告正文中，借用幽默的笔法和俏皮的语言完整地表达广告主题，使受众在轻松活泼中接受了广告信息，如某眼镜广告——"眼睛是灵魂的窗户，为了保护您的灵魂，请给窗户安上玻璃吧!"在马来西亚柔佛州的交通要道上有不少幽默式交通广告，有一则广告文案如下：

阁下：

驾驶汽车时速不超过 30 英里，您可饱览本地的美丽景色；

超过 80 英里，欢迎光顾本地设备最新的急救医院；

上了 100 英里，那么请放心，柔佛州公墓已为你预备了一块挺好的墓地。

此广告幽默的警告，别出心裁，匠心独具。其中并无星点警告性语辞，也没有片言惩罚的字样，但大凡读过此广告的人都会禁不住拍案叫绝，相信这则交通广告要比我们常见到的"超速行驶，罚款××元"的广告更具说服力。

7. 证言型

在广告正文中提供权威人士或者著名人士对商品的鉴定、赞扬、使用和见证等；以达到对消费者的告知、诱导和说服。证言型正文中所常用的手法有：专家学者、权威人士和社会名流的证明、权威性的专业机构与专业报刊的评价、各种试验和消费者的调查与推荐。

五、广告正文的结构

广告正文一般由三部分组成：开头、主体、结尾。

（一）开头

开头有多种形式，最常见的是紧接标题，对标题所提供的商品、劳务或事实、问题进行必要的说明和解释，并引出后文。其语言有高度的概括性，起提纲挈领的作用。如老舍先生为《牛天赐传》做的广告：

《论语》编辑部早就约我写篇较长的文章，有种种原因使我不敢答应。眼看到暑假了，编辑先生的信又来到，附着请帖，约定在上海吃饭，赔上几十块路费，也得去呀，交情要紧。继而一想，不赔上路费而也能圆上脸，有没有办法呢？这一想，便中了计：写文章吧，没有旁的可说。

有的正文开头略作提示，揭示广告的主要内容，如一则杂志的广告开头：

世界商品经济大潮，不曾放过任何一块冻土，繁忙的人世间，本身就是一部百科万象大全。但作为具体的人，无法亲历社会生活的各个领域。那么有一块"多棱镜"不妨闲时瞄瞄。

有的广告正文开头交代了广告的目的(动机),如外国一则"敌那晒护肤液"的广告正文开头:

在夏日里,你把身体的大部分裸露在外,因为你经常穿游泳衣,运动服和超短裙衫,所以应该使你的皮肤显得美丽。

广告正文的开头方式有许多种类,并没有固定的格式。具体怎样写作,还得广告写作人员具体情况具体对待。

(二)主体

又称中心段,是广告正文的心脏,包含的信息量最多。它围绕广告主题来合理组织、安排广告内容,以获得广告宣传的最佳效果。由于广告文案是一种特殊的应用文,它可以对产品的信息采用严谨的、理性的说明、介绍,也可以采取文艺性的形象描述:可以是一句话构成的单篇广告,也可以是由三到五个单篇组成的系列广告。但无论是为哪种产品做广告,广告正文的主体部分的安排可以分为以下两种思路:

(1)并列式。即材料与材料间的关系是并行的,前一段材料与后一段材料位置互换的话,并不会影响到广告主题的表现。"特点 1 + 特点 2 + ……"的正文结构就属于并列式广告。这种并列式的正文结构能把广告产品的特点比较清晰、准确地表达出来。以下就是"新富康"轿车的广告正文:

新富康,时尚新改变。新颖的标志、新型的水晶灯、新增的电子制动力分配系统、新改良的散热器护栅……各新富康,周到服务依然没变。10 年精心营建的服务网络,全国各家服务站点延伸至市县,让服务随时陪伴你左右。

新富康,品质更成熟。实用的车体设计,舒适的驾乘空间,先进的四轮独立悬挂及后轮随动转向等高端技术,更加出众的性价比。

新富康,技术监控更严格。在 ISO9000 全面质量管理体系保证下,长达500 小时强腐蚀环境的考验;3800 多个焊点逐一撕裂检验;50000 次车门耐久性实验;300000 次座椅耐久性实验;经历如此苛刻的技术检测和抽样检测,新富康为您提供真正可靠的质量保障和始终不变的信赖。

一个段落介绍"新富康"一方面的特点,四个段落介绍了该轿车四个方面的品质、技术。而其中任何一个段落前后位置的变动,都无碍于广告产品的宣传。

(2)纵深式。即正文中材料与材料间的关系是层层推进、纵深发展的,后面材料的表述只有建立在前一个材料的基础上方显出意义。通常故事体、对话体的表述方法采用的就是这种结构形式。以下就是一则纵深式的广告正文结构：

标题：都是"铅中毒"惹的祸

正文：某日，阳谷县太爷听到鼓声，匆忙上堂，一看，台下不是开烧饼店的武大郎吗？惊堂木一拍，问道："武大郎击鼓所为何事？"

武：大人，我告施耐庵！

县：为何而告？

武：施耐庵写《水浒传》的时候，没有调查清楚就把我写成这样，让我受尽世人嘲笑，以致到了现在，我在人们心中的形象仍是"矮小和弱智"，这让我的身心受到了极大的伤害。

县：你本来就长得矮呀！难道他写错？

武：我长成这样也不是我所愿意的呀！我家里世代做烧饼，听说平常燃烧产生的烟尘中含有大量的铅，再加上小时候我家里经常用油漆装修房子，这里面也可能含有铅。由于过多地接触铅，导致了我铅中毒，这不但影响了我的身高生长，还对我的智力产生了难以挽回的损伤。而我弟弟从小在外，自然长成七尺彪汉，成了打虎英雄。施耐庵在书里如此诋毁我，好像一切都是我的错。可是我也是受害者呀！这是我的错吗？其实，这都是"铅中毒"惹的祸，我是铅中毒过深才会这样的……

县：说得有理，那快传施耐庵……

该正文的材料环环相扣，从武大郎告施耐庵引出武大郎矮小的原因：都是"铅中毒"惹的祸，从而说明铅中毒对人体的危害。以上材料层层推进，向纵深处发展。

（三）结尾

结尾是广告正文的结束语，它可以向消费者提出建议，如密山葡萄酒的广告正文结尾：

啊，朋友，当您在喜庆的宴席上祝酒的时候，当您在节日欢聚的气氛中干杯的时候，请别忘了完达山下，兴凯湖畔诚挚好客的密山人，回味绵长的密山酒。

有的广告正文结尾不谈购买问题，而提自己的优点，如一家电影院广告结尾：

也许，在这样的电影院里，你的生活也会变得多几许滋味。何况，这里的电影票并不贵，每月去个一两次，你我这样的上班族还都负担得起。

此外，有的广告结尾还附有附文。如上海麦香姆快餐刊登的诚邀加盟店广告结尾的附文：

连锁总部：上海麦香快餐管理有限公司

热线：×××－××××××××

传真：×××－××××××××

开户行：中国农业银行上海市浦东分行东昌营业所

六、广告正文的表现方法

从表现方法考察，广告正文还可以分为陈述体、说明体、独白体、对话体、故事体、歌曲体等。以下分门别类加以介绍。

（一）陈述体

陈述体广告正文以简明扼要的叙述方式来介绍广告所宣传的商品或劳务等信息。请看下面一则哥伦比亚咖啡豆的广告正文：

哥伦比亚咖啡豆，制成世界上最香浓的咖啡豆。

哥伦比亚安第斯山脉，是世界上种植咖啡的最好地方。那里有肥沃的火山土壤、温和的气候以及适量的阳光和雨水，保证了每一粒咖啡豆的完美成长。待到咖啡豆成熟时，人们采用手工摘取，只有最好的咖啡豆才进行烘烤，以确保其独特的味道及芳香。假如您是一位咖啡爱好者，一定要选用哥伦比亚咖啡豆制成的咖啡。

在中国，唯有麦氏超级特选速溶咖啡和生活伴侣杯装咖啡才是您最终的选择，与众不同！

该广告正文较为详细地陈述了哥伦比亚咖啡豆良好的生长环境、人工采摘方法以及它独特的味道及芳香，使人对该产品不能不"口服心服"。

（二）说明体

说明体广告正文以说明为表达方式，着重对产品或劳务的性能、特征、用途等加以说明解释。下面就是"一朵左旋维他命 C"护肤品的广告：

25 岁以后，选择左旋的 3 大缘由：

缘由一，25 岁以后，肌肤 28 天的新陈代谢开始减缓，出现皱纹、色斑、干燥、灰暗等症状。

缘由二，左旋维他命 C 能够激活新陈代谢，促进自身胶原蛋白合成，使弹力素重新发挥作用，抚平皱纹，发挥强大的保湿、美白、抗衰老的三重功效。

缘由三，左旋维他命 C 显著的功效、极具针对性的定位、合理的价位和良好的品牌，是 25 岁以上女性必备的抗衰老精品。

这则广告正文写得简洁明快，缘由一介绍人进入 25 岁后，皮肤会发生一些不良的现象，言下之意是，25 岁后，人的皮肤需要保养；缘由二、三主要说明维他命 C 护肤品延缓衰老的良好功效。由于正文以三小段构成，每一小段主要说明一个方面，所以说明较明确清晰。

写说明体广告正文，要善于抓住事物的特征，尤其是应把重点放在本产品与同类产品的不同上，同时，可采用综合说明方法，如举例说明、数字说明、比较说明、定义说明等，以使产品的信息表达得明确而生动。写说明式的广告正文应少用专业性过强的术语。

（三）故事体

故事体广告是人们喜闻乐见的一种广告宣传方式。它是通过设置一个与产品相关的情节来介绍产品。正文因为有了故事情节，就显得有起伏，就能激发受众的兴趣，使他们在看完故事后，对产品产生较深的印象。例如曾为百事可乐作过一则电视广告的某明星，其正文就属于故事体。它设计这样一个情节：一个女孩敲门而入，问男孩要百事可乐，男孩立即转身打开冰箱，却见里面的一瓶百事可乐所剩无几，于是冒着大雨去买百事可乐给女孩，当女孩拿着"百事可乐"欣然离去后，又有一女孩敲门向男孩要百事可乐。该正文以讲故事的方式，传递了百事可乐的一些信息，特别是它受人欢迎的事实，加上演员知名度高，表演也恰到好处，因而这个广告曾一度家喻户晓，起到了广告宣传的良好效果。

写作故事体广告正文，要注意几点：一是故事中的人物与产品要有一定的关联，因为百事可乐的主要目标受众是年轻人，故以青春、健康的郭富城作为故事中的主角是非常恰当的。二是所设置的情节既不能太复杂，但也要有点曲折，最好说明某种产品或服务解决了矛盾或难题，这样既能引人入胜，又能较好地宣传产品；如果情节过于复杂的话，就容易使受众沉湎于故事本身的曲折、离奇中，而忽略了产品的信息。三是在情节发展中自然而然地推出产品，而不是情节与产品的硬性拼凑，这里关键是要找到一个建构故事的良好情节框架，而产品应成为情节发展中不可或缺的因素。

（四）独白体

所谓独白体广告正文是以人物的自我言语来介绍产品，其标志为用第一人称"我"。常见的有两种情形：一种是受众的独白，通常是谈自己购买、使用了广告产品后的感受、变化来证明产品的功效，这是一种"让消费者告诉消费者"的宣传办法；另一种是站在广告主的立场上，来向受众做产品宣传，它能拉近产品和消费者的距离，较有人情味。例如，美国一女士写的征婚广告正文：

　　作家的头脑，模特儿的外貌，舞蹈演员的体形，这就是我——一个 32 岁的曼哈顿女画师，作为一个金发女郎，当然希望找个金发男子。我会溜冰、滑雪，网球打得不错，富于幽默，多情善感，爱跳踢踏舞（倘若你不会，到时候我来教你）。那么，你应该是谁？风度翩翩，肌肉发达，刚柔相济，会体贴人，不吸毒，更不可能是同性恋者，最好能像我一样地喜爱小动物……好吧，希望爱神之箭能够同时射中我俩。来信内容，定为保密。

　　这则广告正文自述了年龄、职业、外貌、爱好、性格等情况，也提出对理想中"另一半"的要求和条件。叙述合理清楚，语言风趣生动，是独白体广告正文的佳作。

　　（五）对话体

　　对话体广告正文借助于两个或多个人物间的一问一答来宣传产品，它针对性强，逐一解释产品特点，有较强的吸引力与说服力。特别是因其经常模拟角色与情境，所以给人身临其境的感觉，听起来也比较亲切，在广播广告和电视广告中最为常见。

　　值得注意的是，对话体广告要注意人物与产品间应保持一定的联系，这样才可以增加产品给予受众的真实感和信任感。例如，以两个家庭主妇的互问互答来介绍洗衣粉、调味品之类的日常用品，效果就比较好。反之，让她们介绍高科技产品就不合适了，因为此时人物与产品构不成良好的关系。

　　（六）歌曲体

　　歌曲体广告是通过演唱歌曲（即广告歌）的方式来对产品进行广告宣传的一种方式。歌曲体因其旋律优美、动听，特别容易感染人、打动人，广告所传递的产品信息也会潜移默化地到达受众心中。歌曲体广告通常有这样几种形式：一是唱半句。这种形式多用于广播、电视广告中，以突出产品品牌，如"松下电器"、"黄金搭档"就是这种类型。二是歌词只有一句或两句。三是一首完整的广告歌，如"雀巢咖啡"广告歌。优秀的广告歌一经播出，便广为流传，无论男女老幼，只要一听见那熟悉的旋律，便自然而然地会想到某一特定品牌的产品，甚至该广告已不再播了，但受众仍然对该广告歌记忆犹新。例如，中国台湾地区的海鸟洗发精的创意虽然并没有多少新颖之处，但它的广告歌曲旋律优美、歌词动人，受到人们的普遍欢迎。

　　当他离我而去，外面有太阳，可是我心中在下雨。Sea bird（海鸟）。雨天的心情。当我看着他的眼，他给我一点点温暖，也给我一点点伤感，Sea bird，多震的心情。啊，心情，心情，我用想象的心情，想象我醉了，使我有雨天的心情，雨天的心情。啊，心情，心情，我用伪装的心情，假装你打电话给我，使我有晴天的心情。

该广告歌词实际上是要突出产品的品牌，由于作者赋予了海鸟洗发精一种轻淡如烟的伤感情调，而这种情调特别容易引起感情受过伤的人的共鸣。是啊，有多少人在感情上没有受过一点点伤？海鸟洗发精这个产品正是通过充满感染力的广告歌词而到达受众心中的。此外，写作广告歌要注意抓住产品的特点，写出形象明快的歌词，语句不宜太长。

七、广告正文的写作要求

广告大师大卫·奥格威指出："广告的内容比表现内容的方法更重要，真正决定消费者购买或不购买的是你的广告内容而非形式。"确实，向受众介绍产品或劳务信息，是广告文案的重要任务，而正文则是商品信息最密集的部分。如何在正文中较好地传递商品信息，使受众愉快地理解、接受并产生购买欲望，这就需要我们在正文写作中注意以下几点：

（一）准确真实，忌夸大造假

真实是广告的生命。《中华人民共和国广告法》明确规定：广告应当真实、合法，符合社会主义精神文明建设的要求，广告不得含有虚假的内容，不得欺骗和误导消费者。可见，无论是什么性质的广告，所宣传的事物都必须实事求是，有一说一，不能夸大其词，不能移花接木，这样才能使受众对广告主和产品产生信赖。例如，英国某市的一条街上有三家裁缝店，相互间为争夺客源，打出了各自的广告，其中一家裁缝店的广告是："英国最好的裁缝店"，另一家裁缝店的广告是："本市最好的裁缝店"，第三家裁缝店打出的广告是："本街最好的裁缝店"。结果第三家裁缝店门庭若市，因为前两家裁缝店的广告有失真、杜撰之嫌，而第三家裁缝店广告真实可信。可见，真实的广告内容是赢得受众对产品长久信赖的最基本的途径，而那些动辄夸耀自己产品"誉满全国"、"畅销全球"的宣传，是很难使受众相信的，弄得不好，反而会使受众对产品产生一种抵触情绪。况且，广告产品若是把自己说得十全十美的好，反而令受众生疑，因为在人们的意识中，世上哪有十全十美的产品。例如，做房地产广告，你说你地段好、价格好、朝向好、房型好等，没有缺点，受众就会产生困惑：世上哪有如此价廉物美的东西？反而会对产品的真实性产生怀疑。

（二）突出重点，忌面面俱到

广告正文必须围绕广告主题，对产品信息进行提炼、分析、研究，从而抓住其中一两点做重点宣传。这个重点可以是产品在同类产品中独一无二的特点，可以是受众理解广告内容可能会产生的难点，也可以把解决受众使用产品的难题作为广告的重点。如果一篇广告正文对某种产品面面俱到地进行宣传，受众读后也许抓不住要点，广告效果反而会较差。因此，广告正文写作要去掉可有可无的信息，以突出重点，从这个意义上说，广告正文并非是讲得越多越好。有些广告主为了说明自己的产品有出众的优势，总想往广告中写进所有的商品信息，以使受众对产品有个全面的了解。然而，面面俱到的介绍，会使广告信息重点不突出，消费者印象不深，效果反而不好。例如，某房地产广告的正文是这样介绍自己的五大优点的：

（1）因为配合市政动迁而非批租故价位低；
（2）近地铁口所以交通方便；
（3）邻近上影外景地，升值潜力大；
（4）小区规划及单位设计专业水准高；
（5）社区服务完善。

该广告介绍自己的优势可谓十分详细，但是它胡子眉毛一把抓，重点不突出，广告产品独一无二的优点也将淹没在许多特点的介绍中，广告效果未必好。如果有些商品信息非得通过广告加以表现，那么不妨把它设计成系列广告，系列广告的每一个单篇强调一两个产品特点，整个系列则共同传递产品的所有信息。当然，这里所说的不包括那些产品宣传小册子，诸如邮寄广告之类。

（三）具体明确，忌笼统空泛

广告正文是传递产品信息的主要载体。产品信息的介绍应该具体、明确，不能笼统、空谈，也不讲含蓄、朦胧。有的广告正文虽然语句流畅，也较生动，但产品的信息量几乎为零。这样的广告不能不说是失败之作。例如某电视广告画面播出的是人物的对话，一个问："方便面怎么吃？"另一个答："煮着吃。"该广告所述内容空洞，使人不得要领：其一，方便面如需煮着吃就谈不上方便面了；其二，关于该方便面的品牌等一些关键信息只字未提，这不由使人疑心这广告是白做了。再如，某家涂料厂的广告正文原来用的是："价廉物美，实行三包"之类的套话，效果不佳。后来，厂家就把正文改为："涂料每公斤 0.76 元，可以涂刷 4 平方米左右墙面。27 平方米的住房，只用 6.5 公斤涂料，不到 5 元钱。"于是销量激增。为什么会出现截然不同的情况呢？因为前者表述笼统、叙述概念化，后者具体、明确，使人读后对该产品使用价值了如指掌。要求广告正文写得具体明确，并不是说广告正文写得越长越好，越详细越好，而是指正文能把产品的关键信息介绍给大家。例如，护肤品广告的正文就需具体介绍它的功效，而语言则需简明扼要。有些广告的篇幅长，看似信息量大，但由于文笔拖泥带水，反而使人不得要领。要避免正文叙述的笼统空泛，有一点要注意，就是必须站在受众的立场上而不是一味地从自己的角度看待事物，要把那些专业化、技术化的产品特性转化为感受化、具体化、个人化的具体利益。例如，"安全气囊"作为现代汽车的安全辅助工具，其基本特点是"救助"，如何具体地表述这个特点而不是过多地说明它的技术性能或者笼统地陈述它的特点？中国台湾地区的广告人何清辉的广告正文是"在海上叫救生圈，在陆地上叫 Airbag"。这个广告，十分准确而又具体明确地表达了"安全气囊"的特点、作用。

（四）亲切生动，忌枯燥乏味

广告大师乔治·葛里宾认为："广告在技巧方面比写新闻要困难得多。""因为车祸和抢劫案的新闻本身就使人们产生兴趣，并不再需要运用创造力来使那些故事有趣。而在今天做广告的许多商品则需要极大的创造力使人们有兴趣。"正因为如此，广告正文要努力给人亲切、生动、活泼、有趣的感觉，而不是枯燥、乏味的说理。这就要求广告写作者像一个老朋友推心置腹地推荐产品，而不是强硬地推销产品。为此，要尽量使用亲切、朴实的句子或词语。上海某家具厂推出新款家具时所做的广告宣传就值得借鉴："青年朋友们，愿你们根据自己经济能力选购合适的家具。"这样的宣传充满对受众的关切、体贴和友善。再如，下面某旅游公司为某游览胜地所写的广告文案：

一、当心吞下舌头或胀破肚子，因为这里的食物太美了。

二、当心晒黑皮肤或脱几层皮，因为这里的海滩过于迷人了。

三、当心潜在海底太久而忘了上来换气，因为海底生物太令人惊讶而着迷。

四、当心胶卷太少不够用，因为生动镜头取不胜取。

五、当心登山临渊而累坏了您的身体，因为山清水碧使人流连忘返。

六、当心坠入爱河而不能自拔，因为这里是谈情说爱、欢度蜜月的世外桃源。

七、当心买的东西太多而无法带拿，因为物价太便宜了。

八、当心被这里的豪华酒店、旅馆宠坏，因为服务太体贴入微了。

九、当心与本地所有的人都交上朋友，因为当地人太友善了。

十、当心乐不思蜀，不愿归去。

也可采用"让消费者告诉消费者"的办法，即选择某一具有代表性的、使用过广告产品的受众，让他(她)向人们介绍产品带来的好处，这样不仅使受众有一种信服感，而且也给人以亲切感。例如奥妙洗衣粉的电视广告就是一家庭主妇的一段话："用了奥妙洗衣粉，衣服白的更白了，艳的更艳了。"如此大众化的语言，朴实无华，给人亲切之感，也易使人产生信赖。

[延伸阅读] 大卫·奥格威的广告正文写作原则①

(1)要直截了当地用准确的语言来写作；

(2)不要用最高级的形容词、一般化字眼和陈词滥调，要讲事实且把事实讲得引人入胜；

(3)要经常运用用户经验谈广告信息；

(4)向读者提供有用的咨询或者服务而不仅仅单纯地讲产品本身；

(5)文学派的广告无聊；

(6)避免唱高调；

(7)用消费者的通俗语言写作文案；

(8)不要贪图写作获奖广告文案；

(9)衡量优秀广告文案人员的标准是看他们使多少新产品在市场上腾飞而不是用文字娱乐读者。

第三节　广告附文

一、概念及作用

广告附文又称广告随文，是对广告内容作进一步的补充说明。具体而言，是向受众说明、介绍广告主、商品及有关附属信息的文字部分。它是整个广告文案的有机组成部分，具有重要的推销作用。

广告附文的作用：

_____

① 选自大卫·奥格威著：《一个广告人的自白》，中国友谊出版公司1991年版，第98～104页。

(1)对广告正文起补充和辅助的作用。广告附文的写作旨在强化企业、商品的某些特征,提供联系方法或进一步促进受众购买产品。例如,假如正文介绍了某企业获得了各种荣誉,那么附文一般都会附上有关获奖证书、证件的复印资料,这样,可增加受众对产品的信赖感。

(2)促进销售行为的实施。当广告的标题、正文和口号已经使目标消费者产生了消费的兴趣和渴望时,如果在广告附文中表现了商品的购买或服务获得的有效途径,使得他们能以最直接的方式、在最短时间之内得到商品,消费者就会乘着兴趣产生消费行为。因此,广告附文可形成一种推动力,促进消费行为的加速完成。

(3)可产生固定性记忆和认知铺垫。在附文部分具体地表现品牌名称、品牌标志,使得受众对品牌的记忆固定而深刻。这个固定性记忆和认知铺垫,可以用品牌效应和企业形象来说服消费者产生消费。

二、广告附文的内容

通常广告附文由以下几部分内容组成:

(一)企业标志内容

它是广告所宣传的企业或机构等广告主方面的信息,如企业名称、企业标准字体、标准颜色、企业的标志等,特别是做企业形象广告时,这部分内容必不可少。

(二)商品标志内容

它是广告宣传的产品方面的附加信息,包括产品的商标、商品名称等。这些要素也都是广告产品的关键信息,直接关系到产品能否长驻受众心中。

(三)联系方式

向受众提供与广告主联系的方法,是附文常见的内容。它包括广告主的地址、电话、传真、网址、手机号、邮政编码、联系人及联系方式等。

(四)权威机构的认证标志或获奖证明资料

如广告主过硬的获奖证明资料(例如在同行业中获得过国内外奖项的)、获得过的重要证书(如专利认可证、卫生许可证、国际 ISO 认证等)。其中有些内容或许正文已提及过,但附文中如有相关的复印材料,对受众就更有说服力了。

(五)其他

附文内容还可以是产品的价格、优惠办法、银行账号、回购单、赠券、抽奖办法等。

三、广告附文的表现形式

广告附文根据其表现形式的不同，大致可分为常规式、表格式、附言式、条签式等几种形式：

（一）常规式

常规式广告附文是围绕广告战略目标、广告对象，选择若干项附文内容一一列出。几乎所有的广告文案都离不开附文，因为附文关系到产品与受众能否实现进一步的交流，甚至个别广告为了节省费用，文案中只有广告标题和广告附文或只有广告语和广告附文，这种情况在电视广告中存在得较多。一般来说，附文内容涉及到企业或商标名称以及联络方式（广告主的地址、电话等），而联系方式几乎可以说是必不可少的。

（二）表格式

有时，为了使附文的内容表达得更为清楚，使受众一目了然，并使广告文案显得有所变化，附文的内容就以表格式的形式出现。例如，一些单位的广告附文中经常出现"消费者意见表"等，这种附文比较醒目，有利于回收、统计消费者的反馈意见。再如"碧生源"针对本产品能帮助患者排除体内垃圾的作用，从"人群"、"中度表现"、"重度表现"、"重要原因"四方面，设计了一张"体内垃圾在肠道过夜常见表现对照表"作为附文的一部分，受众对照该表，一下子就可以检查自己是否有"不良表现"。显然，这张表对于促进受众根据自身情况，采取相应措施，购买"碧生源"起到了较好的作用。

（三）附言式

附言式广告附文往往以"特别提醒"、"好消息"、"惊喜"等词语领起，向受众提供与广告内容相关的一些附属信息。例如，某保健品公司的"金箍棒牌乳酸钙"的广告附文中有一条"惊喜"："现在购买金箍棒牌乳酸钙一瓶，送育儿 VCD 一张，数量有限，欲购从速！"即是通过介绍向受众附送另样产品来鼓励消费者积极采取购买行动。写附言式广告附文尤其要把创意放在首位，否则，人云亦云的附言式广告附文不能引起受众的兴趣，也不能起到促进受众购买产品的作用。同样是以"好消息"作为附言的，某单位的广告附文就更胜一筹，即"隆重举行减肥优惠价及寻找 100 名各种减肥失败者活动，并郑重承诺：减肥反弹不收钱。"该附言式附文使人读后感到广告主的诚意并让人对产品产生一种信任感。

（四）条签式

条签式广告附文是在广告文案中设计一张简短的条签，以虚线或方格等形式表示,它可以是一张回邮单,也可以是其他内容。条签式广告附文的作用主要是进一步促进受众与广告主进行联系或对广告信息作出相关的反馈,一般以获得赠品或抽奖的形式来鼓励受众参与。

四、广告附文的写作要求

广告附文具有推销的重要作用,因此,那种重视广告标题、正文、广告语的写作而忽略广告附文写作的认识和做法是十分不明智的。广告附文应始终围绕着广告主题、广告目标,独特而清晰地传递与广告内容相关的信息。要写好广告附文,应符合以下几方面的要求:

(一)有选择地陈述有关信息

广告附文包含较多内容,但无须把所有的附文内容一一写出,罗列过多,会使关键信息得不到突出,广告宣传效果反而不好。因此,在写作中,应根据广告主题突出几条关键的与广告主相关的附加信息。

(二)有较鲜明的可识别性内容标志

广告附文应有较鲜明的可识别性内容和标志,这样无论是企业也好,商品也好,都能让受众一眼就可以把此公司与彼公司、此产品与彼产品区分开来,这就要求在附文设计与写作中加入一些直观易记的辅助说明。如,可以买断某个电话号码,而这个号码可以是和企业或产品的汉语拼音读音相近的,这样就能帮助受众记忆。例如,上海三菱电梯有限公司曾经买断了"4303030"这个电话号码,其中"30"和"三菱"公司读音相近,使人过耳难忘,这样受众与公司联系就特别方便。

(三)积极创意,号召行动

创意应贯穿于整个广告文案中,包括附文。好的广告附文能增加受众对产品的亲和力,能召唤他们对产品进一步关注,直接诱导、促进他们购买,并使人产生耳目一新的感觉。例如,在附文中写上"收集若干张此产品的广告纸就可免费领取一份产品",是许多广告文案写作者惯常的做法,但某营养液的广告附文与此相比就更胜一筹,它的附文是这样的:"凭不及格考试成绩单,可免费领取××牌营养液一瓶。"显然,这样的附文很容易使受众在大同小异的各种广告附文中感到一种与众不同的东西,从而加强对广告产品的进一步关注,促进人们购买产品。

(四)合理安排广告附文的位置

附文通常出现在广告文案的尾部,但也可出现在文案的左上方或右上方;可以以条款的方式分行、分项列出(或横排或竖排),亦可化整为零地安排在文案的恰当位置。如果附文所涉及的信息较多，假如集中放在一起，容易给人内容过于密集、版面过挤的感觉。在这种情况下，不妨把它巧妙地分散写于文案的各个位置，倒能产生一种均衡感，且有关信息也能得以清晰地传递出来。

第四节　广告口号

说起广告语，相信你一定很熟悉并记得下面的广告语——"不闪的，才是健康的（创维电视）"、"味道好极了（雀巢咖啡）"、"方便谁都做得到，声音清晰更重要（TCL 美之声无绳电话）"……

广告语是品牌传播中的核心载体之一，在与消费者的沟通中起到非常重要的作用。这些脍炙人口的广告语，让你过目不忘。更重要的是，就是这些出色的广告语，深深地打动消费者，让它的产品在剧烈的市场竞争中，占有一席之地！

一、广告口号的由来及其概念

广告口号由传统的标语口号形式发展而来。标语口号是人们为了达到一定的目的或实现某些任务，写出简练明确且具有鼓动作用的语句，一般制作成宣传品张贴、悬挂或在集会中手持，也可以直接书写在墙体等载体上。口号本来是一种战时鼓动性语言，唤起民众参加或支援战争，如"坚决不当亡国奴"、"深挖洞、广积粮、不称霸"等等，后来广泛运用到政治、宗教、艺术、商业及各种群众运动中去。口号反复使用，可以给人以强烈的印象，使人铭记于心，从而成为鼓动民众行动的力量。所以，用口号作为号召的手段是非常有实际功效的。

广告口号，又叫广告语、广告中心词、广告主题句等名称。它是广告主从长远利益出发，在一定时期内反复使用的特定的宣传词句，目的是为了加强诉求对象对品牌、企业、产品或服务的印象，使广大消费者理解并记住一个确定的观念或信息，并使这个观念或信息在无形之中成为消费者进行消费选择的依据。

优秀的广告口号，就是用最简短的文字把企业的特征或是商品的特性、优点表达出来，在一段时间内反复使用，从而给消费者留下深刻的印象。它是广告主要信息的浓缩，它可以直接为商品促销服务。特别是那些号召力、鼓动性强的口号，可以挑起人们的某种欲望，促使人们从速购买有关商品。

以下我们来欣赏部分优秀的广告口号：

英特尔：给电脑一颗奔腾的"芯"

英特尔公司的微处理器最初只是被冠以 X86，并没有自己的品牌。为了突出自己的品牌，从 586 后，英特尔公司对电脑的运行速度就以奔腾多少来界定了。据说英特尔公司为了推出自己的奔腾品牌，对广告口号悉心创意，而"给电脑一颗奔腾的芯"则一语双关，既突出了品牌又贴切地体现了奔腾微处理器的功能和澎湃的驱动力。

丰田汽车：车到山前必有路，有路必有丰田车

20 世纪 80 年代，中国的道路上除了国产汽车就只有日本的进口车了。丰田汽车作为日本最大的汽车公司自然在中国市场上执牛耳，而这句精彩的广告语则很符合当时的情况；巧妙地把中国的俗语结合起来，体现出自信和一股霸气，且朗朗上口。如今，丰田汽车恐怕已经不敢再这样说大话了，但很多中国人还是记住了这句广告语。

金利来：男人的世界

金利来的成功除了得益于一个好名字外，还在于成功的定位，他们把自己的产品定位于成功和有身份的男士，多年来坚持不懈，终于成为男士服装中的精品，而这句广告语则画龙点睛一般准确体现了金利来的定位和核心价值。

李维牛仔：不同的酷，相同的裤

李维牛仔是世界上最早的牛仔裤品牌，一向以来都以个性化的形象出现。在年轻一代中，酷文化似乎是一种从不过时的文化，李维牛仔裤就紧紧抓住这群人的文化特征，以不断变化的带有"酷"像的广告出现，以打动那些时尚前沿的新"酷"族，保持品牌的新鲜和持久的生命力。

莱卡：收放之间自是风光无限

杜邦莱卡虽然不是有形的产品，但却是有形的品牌。杜邦公司 1962 年将自己生产的氨纶纤维注册为"莱卡"（LY－CRA），从而使杜邦的氨纶纤维成为知名度最高的原材料品牌。"收放之间自是风光无限"，则是对莱卡高弹性纤维最形象化和艺术化的形容，给人很大的想象空间。

微软鼠标：按捺不住，就快滚

这句广告语显得如此与众不同，狡黠中透出智慧，既生动地暗示了微软鼠标滚动的灵活，又利用智慧的语言塑造出一个鲜明个性的品牌。此广告语获得台湾 1997 年"金句"称号，"快滚"篇平面广告还获得台湾时报广告金像奖等多项大奖。

二、广告口号的功能

（一）广告口号能有效传递企业信息

口号仅仅局限于产品本身，就太过束缚。Maytag（注：美国著名的洗衣机品牌）用维修工 35 年来郁闷地等待着有人找他修理机器的故事，从一个独特的视角表述了产品性能的持久耐用，独具匠心。有时口号亦会因企业业务的改变，使产品更加适应消费者的需求而做相应的改变。Xerox（施乐）从"Document Company"（文件处理公司）口号的转变，使人们对它的认识，从以前的单一复印公司，演变成具有多功能处理办公业务的综合公司。IBM 的口号"Solution for the Small Planet"不仅让人们知道它不仅是制造计算机的，同时也为人们提供商务方案咨询，是权威的商务咨询顾问。

（二）广告口号致力于表述企业的理念

广告口号要表述这个品牌的价值和品牌的性格，同时口号也可以运用到所有的传播途径中。这个陈述不一定是太高深的，亦不是梦想难成的，但他们一定是最适合你，最能表现你的，是可行的，是说到做到的。耐克最经典的一句："Just do it"，这是企业作为沟通的态度，信念的支持点和耐克价值的体现，不仅是在广告上，销售上，他们已涉足消费的其他领域。你的价值观对塑造品牌的个性是很有力的，但说来容易，做却不那么容易了。不是很多品牌都能做到同样程度的。海尔是另一个品牌与企业文化、企业行为、企业运作相一致的典范。它的口号："真诚到永远！"表达的是真诚，是与消费者建立的感情，而不仅仅是产品。飞利浦电子有一个表达企业能做好的姿态的口号："让我们做得更好！"

（三）广告口号还可以提升品牌利益点

广告口号时刻提醒为什么你要喜欢这个品牌，提升品牌对于消费者的利益点和吸引力。"戴比尔斯"的口号"A diamond is forever"（钻石是永恒的）在中国被翻译为经典的"钻石恒久远，一颗永留传"这个口号极富感染性，使一颗小钻石的价值得以升华到爱情永恒。如今钻石珍贵无价，它深远的含义超越了它自身的价值。另一个品牌是赋予了爱情力量的"Gulass"古纳斯，中国第一个时尚羊绒品牌，第一个推出时尚羊绒裤），它的口号是"美腿魅力，爱尽一生"，从美腿，到魅力，到赢得一生的爱情，将产品功能与时尚流行、幸福爱情完美地结合起来，浪漫得令每一位女士都希望拥有它。

同样，汽车领域也投入了感情诉求。驾驶 BMW（宝马）你可以尽情地释放你的感情充分去体验驾驶的快感，因为它有一句真实的诺言"纯粹驾驶乐趣"。而上海大众帕萨特的口号是"成就明天"，让人联想具有远大追求的成功人士，权威而专业。

在饮料方面，香港有一个经典的例子维他奶（一种类似豆浆奶的饮品），用一句"点只你吃水甘简单"（粤语）"不仅是汽水那么简单"（国语）的口号，使产品从原来的传统的健康饮料转变成时尚的健康汽水饮料，成为市场的新卖点。"香港宽频"鉴于当时人们对宽带的理解仅限于传递的速度，在宣传上较为理性，提出"生有限，活无限"感性口号，打动消费者，告诉人们要充满活力、精彩地度过每一天、每一分钟。广告中引用了香港人耳熟能详的乔宏、李小龙、黄家驹、黛安娜等诸多已逝并为人们所喜爱和怀念的著名人物，极富感染力。

（四）广告口号通过多层次传播，容易形成口碑效应

广告口号口语化的语言风格具有流畅、明了、通俗易懂的表现特征，它有利于人们的接受和记忆，也利于口头传播产生。人们可以在轻松的状态下完成人与人之间的多频度、多层次传播，形成一种波及效应，产生口碑力量。如 Radio Shack（美国一家电器店），"You got questions, We got answers.（有问题，我回答）"这句口语化的表达，有利于消费者轻松记忆，愉快传播。而"雀巢咖啡——味道好极了！"这句口号从消费者个人主观体验出发，朗朗上口，留下深刻印象。在 20 年前的中国，品尝咖啡还是一件新事物，一句好的广告口号给消费者一种新的享受，使人们记忆犹新。

三、广告口号的特征

（一）广告口号要切合品牌或企业所要传播的定位

因为广告口号是品牌主张的一个载体，一个核心的载体。它在广告中起到非常关键的作用。事实上，无论做什么类型的广告，包括电视广告、平面广告等等，定位是在先的。在定位的基础上进行各项表现。而广告口号也一样，必须符合品牌或企业的定位。在定位的基础上进行创作、提炼，形成一句有效的传播口号，即我们所说的广告口号。

"怕上火，喝王老吉"这样短短的一句话，把它所要说的"王老吉是预防上火的饮料"说出来了，这就符合王老吉的品牌定位。而此前，王老吉的广告口号是"健康家庭，永远相伴"，这种过于泛化的广告口号是没有效果的，这与其原来的定位过于泛化有关。

在这方面，宝洁公司的几个洗发水品牌做得非常好。比如海飞丝的广告口号"头屑去无踪，秀发更出众"、"去头屑，让你靠得更近"，就将它的定

位——主要的独特的卖点（USP）"去头屑"明确地传达出来了；还有飘柔广告口号"亮丽、自然、光泽"与"柔顺头发"的卖点定位一致；潘婷广告口号"独含 VB5，滋养你的秀发"与"营养头发"的卖点定位一致。

（二）广告口号必须有冲击力、感染力

好的广告口号能够打动消费者，在让人在情感上产生共鸣，从而认同它、接受它，甚至主动传播它。纵观我们所熟悉的广告口号，比如"喝了娃哈哈，吃饭就是香"、"人头马一开，好事自然来"，或许你已经好久没有看过或见过它的广告了，但你却依然记得，历历在目、印象深刻。

好的广告口号是有销售力的，在市场竞争中能够有效地区隔竞争产品，在同类产品中脱颖而出。比如，TCL 美之声无绳电话的广告口号"方便谁都做得到，声音清晰更重要"非常有效地打击了竞争对手。当时，其竞争对手步步高等无绳电话所诉求的是"方便"，广告口号是"方便千万家"，因为它们把传统的固定电话机当做自己产品的竞争对手。而 TCL 美之声无绳电话的出场，是以"清晰"作为卖点的，一句"方便谁都做得到，声音清晰更重要"让TCL 美之声无绳电话在众多产品中脱颖而出，从而开辟了广阔的市场。相似地，创维当年也是以一句"不闪的，才是健康的"的广告口号，硬是在长虹、康佳、TCL 等几个一线品牌的夹缝中挤出了市场！

（三）广告口号应该易读、易记、易于传播

如何才能够做到这几点？要简短、无生僻字、易发音、无不良歧义、具有流行语潜质。广告口号说得太多、太长，要注意信息的单一性，一般以 6 ~ 12 个字为宜。卖点太多，语句太长，都不便于记忆和传播。以下几句简短的广告口号，就非常简短，一语中的，让你印象深刻：新一代的选择（百事可乐）、想想还是小的好（大众甲壳虫汽车）、想做就做（耐克）、好吃看得见（康师傅）。

（四）广告口号还需讲究语言文采

好的广告口号，能让你回味良久。如"钻石恒久远，一颗永流传"、"滴滴香浓，意犹未尽"、"只溶在口，不溶在手"等，都堪称经典。

需要明确的是，广告口号不是玩文字游戏。它不是华丽的词藻的堆积，也不一定非要讲求诗一般的意境。但必须注意，要讲究用词用句准确，保持结构、语法的正确性。

四、广告口号的创作类型

广告的整体战略鲜明地体现在广告口号之中。广告口号按其不同的职能可分为产品广告口号、企业形象广告口号、服务性广告口号等不同的类型。

而根据对许多商业广告口号的分析和研究，还可以在内容和形式上给它们一个更为详细的分类，主要可以分为以下几个方面：

（一）形象建树型

这个形象可以是企业形象、产品形象、品牌形象、服务形象，其目的是为了建立一个让公众和目标消费者信任、赞赏的形象，为广告主的长期销售活动作有效的铺垫。例如：

理解就是沟通（爱立信手机）

真诚到永远（海尔）

要做就做最好（飞利浦）

科技以人为本（诺基亚）

（二）观念表现型

广告口号主要表现为对一种消费方式和消费观的创造和引导。通过观念的提出来表达企业的胸怀，创造某种消费新时尚，也是广告口号中的一个重要的内容类型。例如：

学琴的孩子不会变坏（山叶钢琴）

只买对的，不选贵的（雕牌洗衣粉）

皮肤需要营养（纳爱斯香皂）

做女人真好（太太口服液）

（三）优势展示型

一般是展示（产品或服务）的优势，展示广告主体的功能、特点，让消费者用最省俭的方式了解产品的关键特点和优势，与其他产品进行对比，作出正确选择。如：

The taste is great（味道好极了）（雀巢咖啡）

一人吃，两人补（新宝纳多）

红桃 K，补血最快（红桃 K）

喝红牛，补充体力，消除疲劳（红牛）

秀发有弹力，青春更美丽（雅倩摩丝）

李字三件宝，害虫哪里跑（李字蚊香）

（四）号召行动型

这种广告语一般都是采用直接的方式，运用宣传鼓动性的祈使句，煽动起消费者的欲望，督促消费者采取购买行动。口号一般应该是感性的产品，低关心度的产品，有利于形成冲动型消费。如：

Take time to indulge（尽情享受吧！）（雀巢冰激凌）

想跟我一样漂亮，用诗芬吧(诗芬洗发水)

要想身体好，请喝健力宝(健力宝饮料)

踏上轻骑，马到成功！(轻骑摩托车)

(五)情感唤起型

情感唤起是指借助受众心目中的人性因素、情感因素，用情感向受众呼唤、宣泄、倾诉，以赢得广告受众的共鸣，产生情感消费。如：

晶晶亮，透心凉(雪碧)

慈母心，豆腐心(中华豆腐)

我的眼里只有你(娃哈哈纯净水)

五、广告口号的写作技巧

(一)广告口号要精练准确，着力传达产品或品牌的核心概念

高尔基说："语言的真正美产生于言辞的准确、明晰和悦耳。"这句话同样适用于广告语言，在以图像标志为特征的广告世界中，语言——文字的语言和声音的语言仍然是最重要的表现符号。广告语言是广告生命的支点，它在广告中处于核心地位。广告口号不是孤立存在的，它是完整广告作品的一部分，是广告作品的点睛之笔。广告口号向消费者传达产品或品牌的核心概念，是浓缩的观念性信息，其语言表达要准确。所谓准确，就是要找出广告的诉求重点，即产品的独特卖点和消费者对产品的独特需求。在20世纪40年代的时候，著名的广告人罗瑟·瑞夫斯到M&M巧克力豆产品，发现这种巧克力是当时第一种用糖衣裹着的巧克力，于是"只溶在口，不溶在手"的广告语脱口而出。这句只用了10分钟就创意出的广告口号就是从产品中提炼出的，这八个字使产品独特卖点一下跳了出来，非常具体有用。既和同类产品产生了差异，又事关消费者的利益——不粘手，言外之意是其他巧克力拿在手里是"黏糊糊"的。

"27层净化"是乐百氏纯净水的广告口号，其实每一种合格的纯净水在出厂前都要经过复杂的消毒和过滤，但消费者对此并不了解，其他生产商也没有想到要把一个司空见惯的工序拿到广告里来大加宣传。乐百氏水抓住这个数字大做文章，精当准确，极富科学严谨的精神，在消费者心中留下了深刻的印象。消费者在购买商品时，不仅仅是购买商品的使用价值(如服装就是御寒，化妆品就是保护皮肤、美容养颜)，还购买商品的附加价值(即能满足消费者感情需求的附加功能)。这种附加功能是由商品的本身延伸出的一种理念，是人们购买商品时的一种感受，一种希望，一种梦想。众所周知，

百事可乐崛起于二战之后，在与可口可乐的竞争中，它们从年轻人身上发现市场，抓住了二战后出生的年轻一代反叛、不羁、崇尚自我的心理特点，果断提出了"新一代的选择！"这样响亮的口号，把自己定位为新生代的可乐，并邀请新生代喜欢的超级歌星作为自己的品牌代言人，终于赢得年轻人青睐。一句广告口号明确地传达了品牌的定位，创造了一个市场，这句广告口号功不可没！

由此可见，广告口号与广告诉求主题必须通过准确的语言表达出来，如果广告口号与广告诉求主题相脱节，二者没有通过准确的语言达到有机地联结，那么广告口号与广告诉求主题之间便难以产生共鸣，势必文不对题。如某白酒的广告口号："喝××酒，做豪迈中国人！"，某摩托车的广告口号："天地间有我在行走"，某彩电的口号："有了××等离子，真想再活 500年！"虽气吞山河，震耳欲聋，但言之无物，空洞、乏味；说者豪情满怀，听者却漠然视之，根本不往心里去。

（二）广告口号要突出个性，特色鲜明

接受心理学告诉我们，人们对那些常见的雷同的事物习以为常，而对于罕见的、奇特的、反常的、突出的信息感受深刻，反映强烈。消费者总是在不经意、漫不经心的情形下接受广告信息的。如果广告口号不能做到与众不同，消费者自然也就会对它熟视无睹、麻木不仁。广告口号要能在信息海洋中脱颖而出，就要有个性，其语言表述要特色鲜明。

2000 年夏季，韩朝峰会这个震惊世界的话题引起全球关注，半个世纪的对峙终握手言和。邦迪广告《韩朝峰会篇》敏感地抓住这一真实的历史，把人们对和平的期盼，通过"邦迪坚信：没有愈合不了的伤口"这一广告口号，将邦迪创可贴"愈合伤口"这个简单的产品功能扩展为"再深再久的创伤也终会愈合"的产品理念，在消费者心中引起共鸣。当然，广告也因为这个历史性事件与产品的个性功能、品牌理念的契合，而获得了国际广告大奖。

著名广告人 J. W. 克劳福特在谈到广告文案创作时曾说："永无休止地寻找新的思想，永无休止地寻找与众不同的表达这种思想的方法。"广告口号要充分发挥向消费者传达产品或品牌的核心概念这一功能，它所强调的主张必须是竞争对手做不到或无法提供的，必须说出其独特之处，在品牌和说辞方面是独一无二的。例如现在市场上的水广告，矿泉水在拼命地强调其富含多种矿物质，纯净水则强调其纯净。娃哈哈纯净水的口号是："娃哈哈纯净水，我的眼里只有你。"它采用一种情感诉求方式；乐百氏纯净水则采取理性诉求方式强调其 27 层净化；而农夫山泉则抓住了当前人们回归自然的消费时尚，无论是产品的命名还是广告创意都围绕着人们的这种消费心理，其广告口号"农夫山泉有点甜"从另一个层面挖掘出深意，喝上一口有一点甜丝丝的感觉，这正是人们对优质水的感觉，既体现了产品的与众不同之处，又抓住了消费者的心理。

没有个性的广告口号，只能是人云亦云。20 世纪 90 年代初，英特尔奔腾处理器的广告口号："Intel 奔腾处理器，给电脑一颗奔腾的'芯'。"巧妙地运用谐音，突出产品特性，给消费者耳目一新的感觉，有利地促进了产品销售。但接下来铺天盖地的谐音广告大行其道，压得人喘不过气来。如：某服装的广告口号——"衣"见钟情，某冰箱——领"鲜"一步，某祛痰药——"痰"止一挥间，某涂料——好色之"涂"？用得太多，用得太滥，拾人牙慧，毫无特色，只能导致人们反感，受到抨击和责难。

（三）广告口号要生动优美，彰显文化底蕴

广告口号除了传播产品的独特利益和品牌精髓外，还要带给消费者美好的享受，深深打动消费者的心。美国营销大师爱玛·赫伊拉说得好："不要卖牛排，要卖滋滋声。"事实证明，无论是书面广告，还是有声广告，语言的生动性和形象性都会给消费者留下深刻的印象，从而有利于树立商品形象、传播商品信息、促进商品销售。经典的广告口号总是丰富内涵和优美语句的结合体。20 世纪 50 年代，智·威·汤逊芝加哥公司为世界最大的钻石商戴比尔斯创作的广告语："钻石恒久远，一颗永流传。"50 年后，依然震撼着我们的心灵。这句广告口号不仅道出了钻石的真正价值，而且从另一层面把爱情的价值提升到足够的高度，使人们很容易把钻石与爱情联系起来，给天下有情人一种长相厮守、弥足珍贵的美妙感觉。

消费者购买商品时往往追求的是"实质利益 + 心理利益"，对某些消费群来说，广告尤其应该重视运用形象来满足其心理的需求。麦氏咖啡：滴滴香浓，意犹未尽。作为全球第二大咖啡品牌，麦氏的广告口号堪称语言的经典，与雀巢(雀巢咖啡：味道好极了)不同，麦氏的感觉体验更胜一筹，虽然不如雀巢那么直白，但却符合品咖啡时的那种意境，同时又把麦氏咖啡那种醇香与内心的感受紧紧结合起来，所以历经 50 年风雨，此口号仍不失独特风采。"牛奶香浓，丝般感受"是德芙巧克力的广告口号，它把巧克力细腻滑润的感觉用丝绸来形容，想象丰富，利用通感手法，把语言的力量发挥到极致。"空间生命的第一乐章"是罗马瓷砖广告口号，高雅不俗，颇具西方人审美韵味。

一则优秀的广告口号总是较长时间地反复使用，这实际上是对企业品牌的一种长期投资，人们接受了广告口号，也接受了一种高品位的企业文化，给受众以美的熏陶和享受。语言的生动形象、意境优美，体现在对词语、句式、辞格等的巧妙运用上，但绝不是玩文字游戏。

（四）广告口号要便于记忆，简洁明了

在纷繁的信息当中，消费者唯一能记住的或许就是你的广告口号，而记住了广告口号，也就记住了你的产品或品牌。简洁的语言容易让人记住，容易传播。古人认为简洁是文章的高手，"文贵简。凡文笔老到则简，辞切则简，理当则简，味淡则简，气蕴则简，品贵则简，神远而含藏不尽则简，故简为文章尽境"。广告口号是从广告作品中提炼、浓缩出来的精华，它不像其他文字作品可以尽情挥洒，言简意赅是其必然要求。心理学家在关于记忆的研究中发现："记忆材料越多，越容易忘记。"长的广告口号包含的诉求点多，涉及的记忆因素也多，同时也就削弱了产品或品牌的独特利益诉求。所以，广告口号要使消费者在密集的信息中迅速捕捉到并且记住，其语言表述要简洁明了，不要拗口和烦琐，多用读起来上口、记起来容易的短句子，在构思上既体现广告主题，又能朗朗上口。例如：

"全心全意，小天鹅"（小天鹅洗衣机）

"大家好，才是真的好"（好迪化妆品）

"一切皆有可能"（李宁体育运动用品）

这些语言内涵深厚，极具穿透力，表述却简洁明了。简洁明了的话里蕴涵不尽之意，有限的文字符号包含了丰富的信息，堪称言简意赅的语言典范，能够广为流行也势在必然。

附录：

一句话打动消费者——谈广告语的创作（节选）

广告口号的创作思路有多种角度。当然，还必须结合前面所说的符合定位、易于传播等综合因素进行考虑。常见的思路有：

1. 产品的独特卖点（USP）：根据产品与其他产品的不同之处，诉求产品特征，以利益吸引消费者。比如："消除细菌，爱心妈妈的选择"（舒肤佳）等P&G系列产品、"安全与耐用"（VOLVO汽车）、"想想还是小的好"（大众甲壳虫汽车）、"给孩子最安全的乘车空间"（喜力三门车）。

2. 消费者认同的社会信条：容易让消费者在认同广告语的同时，接受本品牌。比如："想做就做"（耐克）、"好东西要和好朋友分享"（麦氏咖啡）、

"成功自有非凡处"（碧桂园）、"要做就做最好"（步步高）、"思想有多远，我们就能走多远！"（红金龙香烟）等多个香烟品牌的广告语。

3. 竞争角度：独辟蹊径，寻找不同的细分市场，或者从竞争角度诉求自己的地位。比如："非可乐"（七喜汽水）、"我们是老二"（美国 Avis 出租车公司）。

4. 提问或挑衅的口气：采用一种提问或挑衅的口气，可以引起消费者的注意。比如："你能说出它的味道吗？"（屈臣氏梦苏打水）、"现在你知道它的味道了吧？"（养生堂清嘴含片）。

5. 提醒消费者："畅饮诸葛酿，认准江口醇"（江口醇诸葛酿酒）、"你该用大功率电池了"（TCL 高能电池）。

6. 心理利益：从心理上诉求产品所带来的利益，也是吸引消费者注意的一种方式。特别是同质化的产品，在难于找到产品的独特卖点时，非常有效。比如："丹麦蓝罐曲奇，送礼体面过人"（丹麦蓝罐曲奇）、"金利来，男人的世界"（金利来）、"甜蜜如拥抱"（阿尔卑斯牛奶糖）。

7. 好的感受：诉求产品所给人带来的感受。比如："挡不住的感觉"（可口可乐）、"味道好极了"（雀巢咖啡）、"滴滴香浓，意犹未尽"（麦氏咖啡）。

8. 消除消费者存在的误解：一般用于新产品，在上市之初，打消消费者原来存在的错误观念。比如："学琴的孩子不会变坏"（三叶钢琴）、"科技让你更轻松"（恒基伟业）、"戴博士伦，舒服极了"（博士伦隐形眼镜）。

9. 语言文采：出色的语言表达方式也会让人耳目一新。比如："钻石恒久远，一颗永流传"（戴比尔斯）、"牛奶香浓，丝般感受"（德芙巧克力）。

10. 企业形象/品牌形象：多通过一些大气的说法，用于为企业或品牌作为形象宣传。比如："一呼天下应"（润迅传呼）、"山高人为峰"（红塔集团）、"鹤舞白沙，我心飞翔"（白沙香烟）、"沟通从心开始"（中国移动）。

11. 引起品质联想：以诉求原产地、企业背景或专家身份，让人产生品质优良的联想。比如："世界品质，一脉相承"（广州本田汽车）、"选品质，选雀巢"（雀巢系列产品）、"越了解宽带，越信赖网络快车"（中国电信网络快车）、"来自上海通用汽车"（上海通用汽车）。

12. 消费者定位：直接告诉消费者自己的定位，引起目标人群的关注。"新一代的选择"（百事可乐）、"男士的选择"（乔士衬衫）。

13. 吸引人注意：以一些新奇独特的角度或手法，突出广告的差异性，引起受众的注意。比如："新飞广告做得好，不如新飞冰箱好"。

14. 创造概念，引领潮流：通过挖掘或创造某些概念，形成一种说法，引导消费者的观念。比如："好麦片，七成浮上面"（皇室麦片）。"不闪的，才是健康的"(创维健康电视)。

15．公益：一些受限制的行业，多采用公益广告来建立品牌形象。以烟草、酒类为多。

16．攻击竞争对手：这也是炒作的一种方式，可能会引起对手的反击，从而引起大众的关注。"方便谁都做得到，声音清晰更重要"(TCL 美之声无绳电话)。

17．体现个性：通过诉求一些个性化的理念，引起消费者共鸣。比如："我就喜欢"(麦当劳)、"爱我所爱"(TCL 某款手机)、"不在乎天长地久，只在乎曾经拥有"(飞亚达表)、"我能"(中国移动全球通)。

18．心理暗示：以比喻的方式提醒消费者。比如："苹果熟了"(金正DVD 机)、"玫瑰开了"(万利达 DVD)。

19．号召：通过煽动性语气来影响受众。比如："一起来生力"(生力啤酒)、"喝杯青酒，交个朋友"(贵州青酒)、"加把劲，伙计"(万基洋参)。

20．体现公司对消费者的关心：一般用于公司广告语，或用于建立形象。比如："我只在乎你真正的满意"(中国联通)、"全心全意小天鹅"(小天鹅)、"我们一直在努力"(爱多)、"为顾客创造价值"(TCL 公司)、"大家好，才是真的好"(广州好迪)。

当然，创作广告语的角度还有更多。而且，很多时候，还需要综合考虑以上各种角度，在创作中不断修正，才能创作出更优秀的广告语。

六、广告准口号

(一)广告准口号的概念

广告准口号是广告主题口号的补充。一般采用简短的单句、并列句或并列形容词，集中介绍商品的特点或体现企业的理念，作为对广告主题口号的补充。由于广告准口号的表现形式及其表现内容的丰富性，也有的准口号是采用简短的句子表现一种格言形式的、警句型的内容，因此，广告准口号在港台的一些广告人那里，被称为"广告小格言"，但广告小格言的范围没有广告准口号广。

(二)广告准口号的特殊作用

(1)对广告主题口号进行适当的、随机的、有效的补充。

如台湾统一企业的大部分广告作品中，除了它一贯的广告主题口号"飞向健康快乐的 21 世纪"之外，还设有"统一小格言"的文案部分。在"统一晨光果汁"和"统一纯红茶"的系列平面广告中，其广告小格言为："干净的心灵是健康的第一步。"而它的"永远保持乐观，随时要有笑容"、"时时刻刻保持光明正大的心灵"等都作为广告主题口号的补充。受众可以通过广告小格言进一步了解企业的理念，了解商品的品牌特征。在国际许多著名品牌的广告文案中，采用小格言等形式来表现广告准口号的很多。如爱迪达运动产品类的报纸广告，总在小角落里，写上一些精致的、有韵味的句子："我把小小的礼物留给所爱的人；大的礼物留给所有的人"，松下国际牌电器类产品有"失败是获致成功的学费"⋯⋯这种适当的、随机的补充，可以使整个文案更生动、更加贴近受众或消费者，与消费者之间产生一条独特的沟通、交流的有效渠道。

（2）强调商品的优势，突出产品的特征，反映单个广告作品的诉求主题，体现企业或服务的宗旨或观念。

在广告主题口号的诉求前提下，补充表现单个广告所强调表现的主题性。如一般的产品广告文案，在整个广告作品的广告口号运用时，都是采用广告主题口号的。因为每一个广告作品都是一个广告运动中的组成部分，而采用主题口号就可以使广告作品之间产生连贯性和一致性。同时，该产品广告可以借助于企业背景和品牌背景形成自身的品牌规模和品牌效应。但是，每一则广告作品又是有其各自的侧重点的。因此，文案就可以借助准口号形式，将产品的优势和突出特征进行表现。方太油烟机企业的广告主题口号是"你需要的，我们永远努力"，而在方太油烟机的产品登场广告中，还有一准口号："清除油烟，当然方太。"准口号将产品的重要特征用一并列词组进行表现，使产品特征在简短、醒目的形式中印象深刻。

附录：

美国《广告时代》杂志对 20 世纪全球广告业做了一次回顾性的评选，其标准是：影响力、持久力、认知率和文化上的冲击力。下面是 20 世纪最佳广告语前 20 名：

1. 德国大众甲壳虫："想想还是小的好。"
2. 可口可乐："享受清新一刻。"
3. 万宝路香烟："万宝路的男人。"
4. 耐克："想做就做。"
5. 麦当劳："你理应休息一天。"
6. 戴比尔斯："钻石恒久远，一颗永流传。"
7. 通用电器："GE 带来美好生活。"
8. 米勒牌淡啤酒："美妙口味不可言传。"

9. 克莱罗染发水：“她用了？她没用？”

10. 艾维斯：“我们正在努力。”

11. 美国联邦快递公司：“快腿勤务员。”

12. 苹果电脑：“1984 年。”

13. 阿尔卡－舒尔茨公司：“多种广告。”

14. 百事可乐：“百事，正对口味。”

15. 麦氏咖啡：“滴滴香浓，意犹未尽。”

16. 象牙香皂：“100％的纯粹。”

17. 美国捷运公司：“你知道我吗？”

18. 美国征兵署：“成为一个全才。”

19. Anacin 去痛片：“快、快、快速见效。”

20. 滚石乐队：“感觉是真实的。”

从世界广告史上看，广告口号随时间、空间变化最快的要数可口可乐品牌。现摘录如下，可许能为我们创作广告口号时，带来什么灵感。

可口可乐广告口号一览

1886　请喝可口可乐

1904　新鲜和美味
　　　满意——就是可口可乐

1905　可口可乐——保持和恢复你的体力
　　　无论你到哪里……你都会发现可口可乐

1906　高质量的饮品

1907　可口可乐——带来精力，使你充满活力

1908　可口可乐，带来真诚

1909　无论你在哪里看到箭形标记，就会想起可口可乐

1911　尽享一杯流动的欢笑

1917　一天有三百万！（人次）

1920　可口可乐……一个好东西从九个地方倒入一个杯子

1922　口渴没有季节

1923　口渴时的享受

1925　真正的魅力

1925　六百万一天（人次）

1926 口渴与清凉之间的最近距离——可口可乐

1927 在任何一个角落

1928 可口可乐……自然风韵,纯正饮品

1929 世界上最好的饮料

1932 太阳下的冰凉

1933 一扫疲惫、饥渴

1935 可口可乐……带来朋友相聚的瞬间

1937 美国的欢乐时光

1938 口渴不需要其他

1939 只有可口可乐

1940 最易解你渴

1941 工作的活力
     可口可乐属于……

1942 只有可口可乐才是可口可乐
     永远只买最好的

1943 美国生活方式的世界性标志……可口可乐

1945 充满友谊的生活,幸福的象征

1946 世界友谊俱乐部……只需 5 美分
     Yes

1947 可口可乐的品质,是你永远信赖的朋友

1948 哪里好客,哪里就有可乐

1949 可口可乐……沿着公路走四方

1950 口渴,同样追求品质

1951 好客与家的选择

1952 你想要的就是可乐

1953 充满精力……安全驾驶
     仲夏梦幻

1955 就像阳光一样带来振奋

1956 可口可乐……使美好的事情更加美好
     轻轻一举,带来光明

1957 好品味的象征

1958 清凉,轻松喝可乐

1959 可口可乐的欢欣人生

真正的活力

1961	可口可乐，给你带来最佳状态
1963	有可乐相伴，你会事事如意
1964	可口可乐给您虎虎生气，特别的活力
1965	充分享受可口可乐
1966	喝了可口可乐，你再也不会感到疲倦
1968	一波又一波，一杯又一杯
1970	这才是真正的，这才是地道货

可口可乐真正令你心旷神怡

1971	我愿拥有可乐的世界
1972	可口可乐……伴随美好时光
1975	俯瞰美国，看我们得到什么？
1976	可乐加生活
1980	一杯可乐，一个微笑
1982	这就是可口可乐
1985	一踢；一击；可口可乐
1989	挡不住的感觉！
1993	永远是可口可乐！
1994	永远是可口可乐！
1995	这是可口可乐！

术　语

广告标题　广告正文　广告口号　广告附文　直接标题　间接标题
广告准口号

思考题

1. 广告文案的构成要素有哪些？
2. 广告文案标题、正文、口号、附文等各有哪些表现形式？
3. 你认为广告正文的写作特点是什么？
4. 你认为广告正文的写作要点、写作技巧是什么？
5. 选择一种商品尝试写作一则广告文案，其中尽量包括各种构成要素。
6. 广告准口号是什么？你认为哪些产品或者是哪些广告更需要广告准口号？

第五章
长文案、短文案和系列广告文案

教学目标

1. 明确长文案、短文案和系列广告文案的定义。

2. 理解长、短文案与广告实施策略的联系。

3. 理解长、短文案的特殊作用。

4. 了解系列广告的优势及其特征。

5. 理解并掌握长、短文案及系列广告文案的写作要点、写作技巧。

第一节 短文案及其写作

检视古往今来的广告文案，有的洋洋洒洒，动辄数千言，有的却惜墨如金，连标点符号也不超过十个字。那么究竟是长文案好，还是短文案好？对这个问题，不同的人，针对不同的商品，可能会得出不同的结论。

广告文案篇幅的长短、信息容量的大小，是由广告活动的目的、每一次发布的诉求目标、信息的复杂程度以及所租用的广告媒体的时间与空间条件的限制所决定的，当然也包括广告主对总体广告经费的投入预算的限制。仅从广告文案篇幅的长短不同来看，并无必要使之成为类别区分的一种依据。但是我们看到，如果我们在具备必要的媒体条件(时段及版位空间等)和经济条件(制作经费、媒介租用经费)的前提下，广告文案篇幅的长与短，是和广告策略、广告表现以及媒介策略有着内在的联系的。

一、广告文案的长短与广告的实施策略的联系

广告文案的长与短是相对而言的，短文案可以是一行字或一句口号；长文案则可以几千字之多。广告文案篇幅的长短与广告信息内容的多与少自然有着密切的关系。但是，一般来说，专业广告人和富有经验的广告主不会仅仅由于广告信息的原始资料较多，线索较复杂，就认定要选择短文案的形式。除此之外，还要更多地考虑广告的实施策略、它包括了广告的诉求策略、表现策略和媒介策略等方面。例如，一个企业试图澄清一个概念，或谋求向其目标市场及整体社会阐明企业的产业结构、产品种类、科技成果、社会贡献、经营理念等，使受众对企业的优势、商界地位及整体企业形象有一个较明晰的了解，那么用长篇看上去似乎不很像广告，而类似于报纸或杂志上的长篇大论，但却更易使读者注目阅览。

1996 年，美国休斯公司为了纠正人们对该公司的模糊印象(因为这时它并不生产飞机)，它要求其广告代理公司制作一则广告，使广大受众明确了解休斯公司是一家主要从事科研和开发，生产高科技电子产品的公司。于是一篇长达 1000 余字的题为《科学/视野》的印刷广告出台了。该长篇文案以多项具体的事实为基点，对丰富而令人惊异的经济效益和社会效益加以颂扬，并以细致、严谨而凝练的笔法对该公司的业绩和成就作了有条不紊的表述。详尽中透出自信、尊严和令人鼓舞的骄傲。该长篇文案自诞生以来传播至今，仍能吸引大量读者，在企业实态和整体形象的传播上，使更多的受众

对休斯公司有了应有认知，广告起到了巨大的成效。

　　另外，美国大卫·奥格威为波多黎各新工业区撰写的招商广告（千余英文字）和为当时新型劳斯莱斯汽车作的广告（700英文字）以及在美国1915年刊登在《星期六晚间邮报》上的题为《出人头地的代价》（西奥多·麦克曼斯为凯迪拉克公司撰写）的广告（400余英文字），这些广告的诉求方向、策略不同，表现的方式也不同。有的重在明细、全面而严密的实情介绍与劝服；有的重在通过一种价值观念的深刻辨析来提升企业的形象等等。但是，这些在广告历史上有代表性的长篇（或中长篇）文案有着一些明显的近似点或共同点，即追求透彻、精确、明细和完满的风格与效果，尤其是它们几乎都是通过必要的、足量而有说服力的基本事实（包括文化历史的经典故事及人物典故）作为主要依托而展开广告的攻心战术的。所以这种较长的文案不但没有使人感到琐碎、乏味与厌烦，反而由于其具有实质性价值的内容和专业广告人的写作技艺及其非同一般的长篇幅给读者以不寻常的触动。

　　另一方面，在媒介的选择上，这些较长的文案为了能够赢得细致而充分的叙述和论证的广告效果，皆以报纸和杂志媒介作为广告的舞台，以确保拥有充裕的广告空间去从容地展现文字诉求的效力，并取得读者自由反复阅读及广泛传阅的理想效果。

　　广告文案篇幅的长与短的选择和运用，决不是从根本上判定一篇广告文案的优劣与成败的标准，而应依据广告信息量——真正具有需求的、具有重要价值的信息的多与少，以及既定的广告诉求策略，表现手法（图文、版式、画面效果）与媒介所能提供的条件相合而加以确定。另外，如前所述，从总体上看文案的长短与媒介时空的幅度是成正比的，这在媒介费用方面，也应予以考虑。

　　虽然，现代社会的生活节奏已明显加快，社会的总体信息量远远大于以往任何时期，各种住处的传媒系统及传播渠道也更加多样化和便捷化，各种信息受传者的需求与选择也呈现出更大的自主性和挑剔性。尤其是在广告领域里，信息传播的竞争，往往更为激烈，但并不能由此得出一个简单的结论：认为长篇广告文案是没有人愿意看的，或认为它的传达效果肯定是欠佳的等等。事实恰恰不是这样，我们体察到优秀的、恰切的长篇广告文案能起到一般的短篇文案所无法达到的传达效果与震撼力。只要有必要，优秀的长篇文案完全可以与当今较普通的短篇文案类型相并存，互为对比，并依据广告诉求的策略要求和适应不同媒介的搭配组合而使它们各尽其职，相得益彰。除此之外，仅仅为了长而拉长或为了短而缩短的文案创意与文案都是不可取的。在此可以说，客观需要和实际效果是第一位的，而形式与方法是相对第二位的。

二、如何创作短文案

对于长文案与段文案之间，很难有严格的鉴定。我们只能给予粗略的划分，对于通常的印刷媒体的广告文案，如果字数在百字左右或者以上的为长文案，而字数在三四十以内的称为短文案。

其实，对文案的形式，广告界向来都是兼容并蓄的，没有长短和体裁的优劣之分。但近年来却流行着一个趋势：即文案愈短愈好，大多数人以文案的简洁为追求，为什么呢？是因为媒体环境变了。奥格威的时代，大家不能上网，大部分人不能看电视，所以有耐心捧着形式、内容少得可怜的几份报纸仔细阅读。现在不同了，从"读"报纸开始变成"翻"报纸了，你要抓住他们的视线，就必须用尽量短的文字尽可能地冲击他们的阅读神经，所以，短文案就愈加成为了主流。记得20世纪的著名广告"Think small"（甲壳虫汽车广告），大大的版面，小小的车子，简单的两个单词，却构成难以言比的视觉冲击力和广告影响力！如果非得要加这加那的，这个广告恐怕就成了一张汽车经销商的杂烩海报。

以精悍短小的文案传递广告信息，同样也是文案人员需要加以着力培育的一门基本素质。因为篇幅小，短文案并没有什么特别的形式要求，也不需要在文案的信息内容和写作结构上有过多的技巧。简单地说，短文案的写作形式上需具备以下三个条件：

（1）紧扣诉求重点；

（2）紧扣创意概念；

（3）精练机智的文字。

如SPCA公益广告（图5-1），它紧扣诉求重点：广告的主文案 to touch is to love. 寥寥数语，意义尽现——亲抚是爱的表现。"Every year thousands of animals touch the hearts of New Zealanders and are adopted from SPCA affecters."一句传达了广告的信息

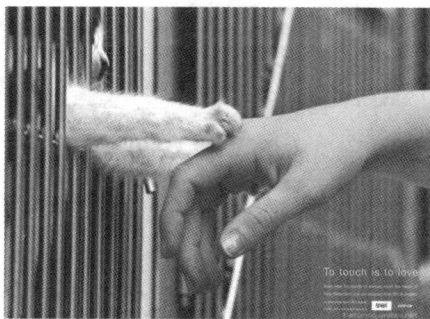

图5-1 SPCA公益广告

点：动物打动人们的心，人们领养动物。同时也紧扣创意概念：该广告图文

配合也非常巧妙，图片选用了 touch 这一动作，既传达出"抚摸动物是一种温柔、亲近的爱的表现"的主旨，亦形象地诠释了文案的中心词之一"touch"，从而使简单的文案成功地紧扣诉求重点以及广告创意。

再如《经济学人》平面广告文案：

"我从来没读过《经济学人》。"——42 岁的管理学员说。

作为重要的、享有很高声望的经济杂志，《经济学人》采用一个简单但难以超越的定位"读此便成功"。这个定位可以用很多方式传达，但很难做到像这个反证式广告一样直截了当——因为不读《经济学人》，所以到了 42 岁还是管理学员。诉求重点，创意概念全部集中于这句简单的自白中。

还有"20 世纪被模仿最多的小广告"：

拉封达餐厅可能做很小的广告，但是我们供应很大的牛排。

做这个广告的乔治·刘易斯说它是"20 世纪被模仿得最多的小广告"。

附录：部分短文案赏析

【AIDS】

艾滋病并不会致死

贪婪和冷漠才会

【Land Rover-Discovery 轿车】

不受任何左右

忠于自己感受

【某化工银行】

我的生活

我的账户

【台湾三味矿泉水广告】

标题：四大皆空

正文：无色、无味

　　　无菌、无尘

【某意大利男装】

咱们的衣服

从来没有流行过

【斯巴迪香烟】

一百万人的选择

不可能是错的

【塔希堤岛旅游广告】

对不起

没有麦当劳

【Nike NO5 篇】

画面内容：肩膀上流下的汗水痕迹

正文：我的 NO5 香水

【艾美加复印机】

我因复制而伟大

【Ericsson 移动电话】

Make yourself heard.（倾听自我）

【香港礼顿山豪宅】

画面内容：一扇缓缓开启的大门

字幕：一般门，分隔了内和外；

　　　　这扇门，分开了高与低。

第二节　长文案及其写作

一、什么情况下广告写作需要使用长文案

虽然现在进入了所谓的读图时代，消费者对于文字阅读的兴趣好像越来越少，越来越没有耐心，因此文案大多讲究短小精悍，一语中的，但是，在很多时候，长文案也有长文案的优势和魅力。如果你的文案写得很有趣，不管是长还是短，都会取得很好的效果。有时候，而且对于许多产品来说，长文案往往能够比短文案获得更好的效果。文案专家 Bob Bly 就曾经说过文案的长度由三个因素决定：

（1）产品：产品有更多的特色和好处，文案就要更长；

（2）受众：确定人们在购买产品之前能够得到他们所希望得到的信息，特别是对那些有足够时间的上网购物者，还有在购买信息产品时；

（3）目的：目的是什么？推荐一个服务性产品比较不需要做细节的阐述，但是对以那些以销售为目的的广告必须克服潜在买主可能产生的任何心理障碍。

长文案写作与短文案写作有哪些不同之处呢。主要表现为以下几点：

（1）长文案比短文案要包含更多的信息，因此在写作时对广告信息的组

织变得更加困难。

（2）长文案需要读者花费更多的时间，因此要比短文案具有更好的保持读者的耐心、吸引读者继续阅读的技巧。

（3）长文案正文的篇幅变长，因此需要文案撰稿人具有更强的把握文案的整体风格与结构、组织和驾驭文字的能力。

二、长文案的特殊作用

长文案的作用是短文案所无法比拟的，它不但能传达更多、更有说服力的信息，而且可以最大限度地发挥广告中文字的魅力。长文案的特殊作用主要表现如下：

（一）以"重要信息"吸引读者

一般在报纸杂志上，大的版面的长文案往往可以向读者暗示广告内容非常重要，从而将读者的注意力吸引过来。这种心理暗示，使得长文案在大的广告版面的配合下，往往能够起到先声夺人的效果，吸引消费者的强烈关注，从而发挥不少短文案所难以起到的效果。

（二）更适合深度说服

一方面，对于感兴趣的东西或者与自身利益相关的事物，人们总是希望了解更多，广告如果成功地引起诉求对象的注意和兴趣，就应该继续围绕诉求对象的兴趣点提供更多有用的信息。

另一方面，结论总是要依靠充足的依据和合理的逻辑才能得出，如果广告仅仅告诉读者一个结论，很难令人信服，长文案更方便提供一个从原因到结果的完整思维过程。

（三）更有利于读者消化信息

《广告文案写作 32 秘境》一书中，文案专家 Chris O'Shea 对长文案的作用表述如下："我爱长文案。抓住某个人三分钟的注意力一定比在 30 秒里闪过六个销售重点要好。长文案让我能够一层一层地构筑起一个理由充分的论证。顺利的话，就能把读者引向我跟他或她提起的这产品比别的任何产品都好的无可避免的结论。"

消费者通过对长文案的阅读，遵循读者逻辑思维的程序，可以充分了解到产品的特点和性能，理解广告所营造出的氛围。优秀的长文案总能让读者顺利地消化广告中传递的产品信息，从而起到销售的作用。因此，大卫·奥格威也说："你传达得越多，你卖得也越多。"

三、长文案写作的常见类型

（一）故事型长文案：简单信息的生动诉求

故事型广告一般都出现在电视、广播等媒体，其实好的平面广告文案，也能生动地叙述故事的发生和展开。故事型的长文案一般通过讲故事的方式来将产品的特性融入其中，并且通过故事的展开赋予商品一定的内在戏剧性，自然地将产品诉求点带出，从而使信息接受者在阅读故事的同时对产品信息留下深刻的印象。故事性内容可以增加文案的吸引力、趣味性，更重要的是可以让产品诉求重点自然地出现在故事中，令人信服地传达信息，避免生硬推销。

同时，故事型文案绝不能仅仅是讲故事，故事只是产品信息的载体。产品的信息才是故事诉求的重点，千万不能喧宾夺主，为讲故事而讲故事。如果读者仅仅记住了故事，忘掉了广告诉求的信息就得不偿失了。也要注意，长文案的故事不能无限制地讲下去，故事也不能太复杂、太悬疑，而是要在有限的文字内巧妙地将产品信息自然融入到故事的讲述过程中就可以了。具体可参见以下这则保德信人寿保险公司平面广告文案：

标题：智子，请好好照顾我们的孩子

正文：日航123航次波音747班机，在东京羽田机场跑道升空，飞往大阪。时间是1985年8月18日下午6点15分。机上载有524位机员、乘客以及他们的未来。

45分钟后，这班飞机在群马县的偏远山区坠毁，仅有4人生还，其余520人，成为空难记录里的统计数字。

这次空难，有个发人深省的地方，那就是飞机先发生爆炸，在空中盘旋5分钟后才坠毁。任何人都可以想见当时机上的混乱情形：500多位活生生的人在这最后的5分钟里面，除了自己的安危还会想到什么？谷口先生给了我们答案。

在空难现场的一个沾有血迹的袋子里，智子女士发现了一张令人心酸的纸条。在别人惊慌失措、呼天抢地的机舱里，为人父、为人夫的谷口先生，写下给妻子的最后叮咛："智子，请好好照顾我们的孩子！"就像他要远行一样。

你为谷口先生难过吗？还是你为人生的无常而感叹？免除后顾之忧，坦然地面对人生，享受人生。这就是保德信117年前成立的原因。走在人生的道路上，没有恐惧，永远安心，如果你有保德信与你同行。

(二)产品剖析型长文案：提供丰富的产品信息

产品剖析型长文案写作过程中要把向受众阐明的事实、数据、材质特性及技术性能等逐项分条地加以交代，通过具体的原理和条件向读者详细讲解和说明事物的原理与必然效果，并通过解说排疑进行有目的的诱导与劝服。

同样也要注意，产品剖析型这类近似专业技术性的报告型文案，往往在其罗列的大量数据和事实的背后，是更多地体现着它们可以给消费者事业的方便与利益，而不是着眼于报告中的事物本身。著名广告人大卫·奥格威创作的题为《在时速60英里时，新型"劳斯莱斯"轿车的最大噪声来自车上的电子钟》的长篇文案即是典型之作。

案例：大卫·奥格威的劳斯莱斯广告文案

标题：在时速60英里时，新型"劳斯莱斯"轿车的最大噪声来自车上的电子钟

次标题："什么原因使得'劳斯莱斯'成为世界上最好的车子?"
　　　　一位知名的劳斯莱斯工程师说："说穿了，根本没有什么真正的戏法——这只不过是耐心的注意到细节。"

文案：

1. 行车技术主编报告："在时速60英里时，最大噪声是来自电子钟。引擎是出奇的寂静。三个消音装置把声音的频率在听觉上拔掉。"

2. 每个"劳斯莱斯"的引擎在安装前都先以最大气门开足7小时，而每辆车子都在各种不同的路面试车数百英里。

3. "劳斯莱斯"是为车主自己驾驶而设计的，它比国内制造的最大型车小18英寸。

4. 本车有机动方向盘，机动刹车及自动排挡，极易驾驶与停车，不需司机。

5. 除驾驶速度计之外，在车身与车盘之间，互相无金属之衔接。整个车身都加以封闭绝缘。

6. 完成的车子要在最后测验室经过一个星期的精密调整。在这里分别受到98种严酷的考验。例如：工程师们使用听诊器来注意听轮轴所发的低弱声音。

7. "劳斯莱斯"保用三年。已有了从东岸到西岸的经销网及零件站，在

服务上不再有任何麻烦了。

8．著名的"劳斯莱斯"引擎冷却器，除了"亨利·莱斯"在1933年去世时把红色的姓名第一个字母RR改为黑色外，从来没更改过。

9．汽车车身之设计制造，在全部14层油漆完成之前，先涂5层底漆，然后每次都用人工磨光。

10．移动在方向盘柱上的开关，你就能够调整减震器以适应道路状况。（驾驶不觉疲劳，是本车显著的特点。）

11．另外有后车窗除霜开关，控制着由1360条看不见的在玻璃中的热线网。备

图5-2　劳斯莱斯广告

有两套通风系统，因而你坐在车内也可随意关闭全部车窗而调节空气以求舒适。

12．座位垫面是由8头英国牛皮所制——足够制作128双软皮鞋。

13．镶贴胡桃木的野餐桌可从仪器板下拉出，另外有两个在前座后面旋转出来。

14．你也能有下列各额外随意的选择：做浓咖啡（espresso coffee）的机械、电话自动记录器（dictating machine）、床、盥洗用冷热水、一支电刮胡刀等。

15．你只要压一下驾驶者座下的橡板，就能使整个车盘加上润滑油。在仪器板上的计量器，指示出曲轴箱中机油的存量。

16．汽油消耗量极低，因而不需要买特价汽油，是一种使人喜悦的经济车。

17．具有两种不同传统的机动刹车——水力制动器与机械制动器。"劳斯莱斯"是非常安全的汽车——也是非常灵活的车子。可在时速85英里时宁静地行驶。最高时速超过100英里。

18. "劳斯莱斯"的工程师们定期访问以检修车主的汽车，并在服务时提出忠告。

19. "班特利"是"劳斯莱斯"所制造。除了引擎冷却器之外，两车完全一样，是同一工厂中同一群工程师所制造。"班特利"因为其引擎冷却器制造较为简单，所以便宜300美元。对驾驶"劳斯莱斯"感觉没有信心的人士可买一辆"班特利"。

价格：本广告画面的车子——在主要港口岸边交货——13550美元。

假如你想得到驾驶"劳斯莱斯"或"班特利"的愉快经验，请与我们的经销商接洽。他的名号写于本页的底端。

劳斯莱斯公司　纽约洛克非勒广场10号

(三)议论型长文案：鲜明观点地深入阐述

在许多企业和产品广告中，如果要传达某种特定的观念，不妨尝试议论型长文案，鲜明亮出自己的观点，并将它阐述充分。议论型长文案往往通过率先提出论点或问题，而后提出论据和展开必要的逻辑性议论或论证，最后得出一些发人深省的观念性结论及广告主的最终主张，以此征服消费者的心智。

议论型广告文案创作过程中需注意观念的提出和阐述两个方面，首先观念的提出要有个性和影响力，不能四平八稳。没有鲜明特色的观点，往往流于空泛，成为没有说服力的口号。其次，观念的论述同样需要有说服力，提出有力的论据，通过层层递进，以深刻的逻辑和见解打动消费者，给人以理性思维的感召与雄辩。如果观念性内容缺乏深入阐述，犹如蜻蜓点水，同样难以在消费者的头脑中留下深刻印象。

案例：卡迪拉克汽车广告

标题：出人头地的代价

正文：在人类活动的每一个领域，得了第一的人必须长期生活在世人公正无私的裁判之中。无论是一个人还是一种产品，当他被授予了先进称号后，赶超和妒忌便会接踵而至。

在艺术界、文学界、音乐界和工业界，酬劳与惩罚总是一样的。报酬就是得到公认；而惩罚则是遭到反对和疯狂的诋毁。当一个人的工作得到世人的一致公认时，他也同时成了个别忌妒者攻击的目标。假如他的工作很平庸，就没有什么人去理会他；如他有了杰作，那就有人喋喋不休地议论他；

嫉妒，不会伸出带叉的舌头去诽谤一个只有平庸之才的画家。

无论是写作、画画，还是演戏、唱歌或从事制造业，只要你的作品没有打上杰作的印记，就不会有人力图赶超你，诽谤你。在一项重大成果或一部佳作已完成的很长一段时间里，失望和嫉妒的人仍会继续叫喊："那是不可能的。"

外界人早已将惠斯勒（Whistler）称颂为最伟大的艺术大师之后，艺术领域中仍然流言纷纷，将自己的艺术大师说成是江湖骗子；当人们成群结队到音乐殿堂 Bayreuth 向瓦格纳（Wagner）顶礼膜拜时，而一小撮被他废黜或顶替的人却气势汹汹地叫嚷："他根本就不是音乐家"；当众人拥向河边观看轮船行驶之时，少数人仍坚持说富尔顿（Fulton）绝不可能造成轮船。

杰出人物遭到非议，就是因为他是杰出者，你要是力图赶上他，只能再次证明他是出色的；由于未能赶上或超过他，那些人就设法贬低他和损害他——但只能又一次证实他所努力想取代的事物的优越性。

这一切都没有什么新鲜，如同世界和人类的感情——嫉妒、恐惧、贪婪、野心以及赶超的欲望——一样，历来就是如此，一切都徒劳无益。

如果杰出人物确实有其先进之处，他终究是一个杰出者。杰出的诗人、著名的画家、优秀工作者，每个人都会遭到攻击，但每个人最终也会拥有荣誉。不论反对的叫喊声多响，美好的或伟大的，总会流传于世，该存在的总是存在的。

（四）业务通讯型长文案：丰富信息的新闻式表述

人们喜欢新闻胜过喜欢广告，因此当广告需要传达丰富信息，而这些信息又与社会发展和公众生活密切相关时，可以借用新闻的表达方式，将文案写成新闻通讯。自然，这样的文案必须以客观公正的态度赢得读者的信任，而不能是直白的自我赞许。

案例：这世间你不能没有的三样东西——布鲁斯、芝华士、你自己

已经不记得了，到底是从什么时候开始的？反正都市人习惯了。

习惯了在镜子里看见自己，那个西装革履、须面光洁、笑容灼灼的自己。也在别人的瞳孔中寻找自己，成功向上或者努力成功向上的自己。

好像还挺满意，因为他们乐此不疲：为领带打得方不方、胡子刮得光不光而和镜子展开了一系列的深切会谈，最终达成一个双方满意的自我去面对世界了；他们也为别人眸光的一线艳羡和妒恨而窃喜雀跃，这岂非是证明自己的最佳方式？

可是，内心也偶尔会闪过一丝疑惑吧，事情真的就是这样吗？

都市人执著于寻找自我又忙着实现自我，误以为镜中那个"某先生"，或者 ABCD 随便哪几个英文字母搭出来的名字就是自我，也陶醉于别人眼里那个"应该前途无量"的自我，却离真正的自我越来越远了。

那么，真正的自我又在哪里呢？信不信由你，必是要到夜阑人静时，在布鲁斯悠扬的旋律和芝华士醇冽的酒香中，才会慢慢现形。

布鲁斯有这样的魔力。因为它是生命力强劲的黑人的声音，是摇滚的根之所在，是西方世界里无所不在的音乐组成；更因为它本来就是一个游离于白人社会之外的民族寻找自我的方式：即便辛苦劳作已成为唯一的生存状态，即便生活赋予了他们更多的悲苦，却不能妨碍他们发掘生命的乐趣，找到真正的自我——坚韧朴实向往自由欢乐——并让布鲁斯作为这个自我的反映流传开来。

就算在美国大萧条和世界大战时，布鲁斯从密西西比河三角洲和德州农场走入城市走近白人，也没有让复杂的都市环境改变了纯朴野性的内涵；相反，作为一种音乐风格，布鲁斯以不变的单纯表现力，影响了整整几代音乐人，也是因了它的存在，诸多流行音乐才成为今天的格局：爵士继承了它的即兴自由，灵魂音乐和节奏蓝调展现它的色调和形式，摇滚则呐喊着它对自由生活的热爱和摆脱束缚的渴望。

有人说布鲁斯是最像"人的语言"的音乐，那也只是因为创造它的人们找到了最真实的自我。

而芝华士呢，这同样是一个民族寻找到自我之后的极致表达方式。是 15 世纪的苏格兰人，身着彩色格呢短裙、吹着嘹亮彻响风笛，生活于高纬度的山落间，身旁是山谷的清新空气和纯净无染的山涧泉水，如此贴近大自然，使他们懂得在山风泉眼中寻找自我——于是有了威士忌的产生。

像所有美好的事物一样，它有传说：公元 5 世纪，一些僧侣来到苏格兰高地传教。他们给当地人带来了《圣经》，也带来一种叫"生命之水"的液体，僧侣们叫它"阿爪维他"，而苏格兰人不仅喜欢上了这种饮料，还用自己的语言称它"威士忌比西"，后来演变为"威士忌"，更开始学着酿造。这是威士忌这个名字的由来。

而不管传说怎样，苏格兰人确是用大自然的惠赐创造这传世佳酿的：

土壤生长出的优质大麦，湿冷的气候，清澈的泉水，优质泥炭都是制造优质威士忌不可缺少的因素，神秘地左右着威士忌的品位。

应该相信的，那最后封存在橡木桶里的，一定不仅仅是醇烈的威士忌，还有苏格兰人对生命的理解和对大自然的感激吧！也所以，没人能否认苏格兰拥有世界上品质最好的威士忌。

到今天，布鲁斯不朽了，芝华士传世了，但这些其实都不是重点。至少它们的造物主并不是为了不朽和传世才创造的，只是循着生活的本意去发现生命中真实的一切，并藉由这种或那种方式把那个快乐的悲痛的感激的自己表达出来。

而今天的都市人恰恰忽略身边的乐趣和真实的感觉太久了，才会失落了自我。那么至少今夜不要，因为布鲁斯在，芝华士也在，所以就把音量扭到 Max，再把厚厚的杯底也淹没，用他们寻找自我的方式去重新体验一遍自我吧。

让一种心领神会的感觉牵引着，把真正的自我从窒息的领带和无穷尽的工作压力中释放出来。至于这个自我是谁，重要吗？

你可以是密西西比河畔的黑人，用高而尖的鼻音和反复的哼唱来表现内心的真实情绪。

而当芝华士渐渐融进你的血液时，你又可以是 15 世纪的苏格兰人，第一批用粮食发酵蒸馏出的生命之水终于从橡木桶中启封了，将第一口劳动成果尝在嘴里时的惊喜也同样传递给了你；

你更可以是你自己，用你喜欢的任何姿势在自己的空间中存在着，不刻意寻求什么，只想听一听被嘈杂的世界掩盖已久的心跳声。

这就是布鲁斯芝华士带给你的启悟：抛开镜中的虚影和别人眼中的幻象，把自己还给你自己。至于自己是谁？能否不朽或传世？且别理会，最要紧一个真正的自我正和布鲁斯芝华士一起，存在着，不是吗？

(五)知识型长文案：以有用资讯吸引阅读

人们对不了解的事物总是怀有好奇，适当提供知识是所有类型的长文案减弱消费者抵触、吸引阅读的有效手段。在一些特别目的的广告中，文案还原成可以纯粹提供知识性信息，迂回地达到广告目的。

案例：波旁酒文案

与顶级的加拿大威士忌相似，只是这瓶波旁酒是由肯塔基制造的。

很像肯塔基的骡子，古板、固执、爱踢人。

它来自肯塔基的一个仓库的三层楼，那是一个天堂。

现在在城里也能享受到的酒。

如果叫它押韵的名字，那会是五弦琴协奏。

它不只是以肯塔基的小溪命名，它是由那溪水中的水制成的。

那是从肯塔基的一座山后流来的美丽小溪。

像孕育它的大山一样古老。

平滑、深沉、世间少有，像我们用来酿造的那条小溪一样。

从肯塔基的桶中直接手工装瓶、打封。

喝起来像看到肯塔基的落日。

它在古老的肯塔基故乡是一个橡木桶。

第一瓶波旁酒问世时别的波旁酒只有一半高。

第一瓶波旁酒问世时美国的历史才开始上演。

第一瓶波旁酒问世时美国的历史还只被当做时事事件。

第一瓶波旁酒问世时肯塔基还被称为西部。

比那些年轻而又傲慢的波旁酒更顺口。

1796 年，我们的波旁酒是最好的"中央热力设备"。

我们的配方从 1796 年沿用至今，千万不要把它和冰镇薄荷酒等同视之。

写信来，我们将免费告诉你如何使用冰镇酒桶。

从 1796 年开始一直如此(未包括 19 世纪 20 年代那段暂时的不愉快)。

如果你一时想不起它的名字，请问问查斯特·亚瑟当总统时问世的第一瓶酒吧。

都 110 岁了，还天天被关着。

如果我们能够更"落伍"更"陈旧"，我们会想办法的。

我们"落伍"了吗?

遥远的过去吹来一阵疾风。

给父亲一些比他那条裤子还有用的东西。

第一瓶波旁酒面世时，告示板尚未面世。

这瓶特酿的波旁酒是由牛拉着开始铺货的。

上市 50 年才有冰块!

来一瓶用 9 年时间酿造而来的美酒。

听听它是怎么酿成的?

你有 9 年的时间吗?

藏在旧仓库的橡木桶里 9 年，我们的时间保证。

9 年的时光已流逝，它刚刚面世。

漫长的 9 年在桶中，一瞬的光彩在杯中。

大陆漂移比这种酒的酿造还要快。

母系社会产生了威士忌，父系社会将它酿成波旁酒。

我么只能慢慢做，别无他法。

风儿雕刻山峰，时间雕刻波旁酒。

每个月的 15 号，我们会把编号 1394 - M 的橡木桶

向左旋转 15 度。我想你应该知道。

年轮增加了，冰川融化了，而我们的波旁酒还在等。

（六）阅读材料型长文案：提供阅读的乐趣

不讲产品，不讲有用的资讯，而只把文案写成为读者提供乐趣的读本，也是写作长文案的一种思路。

案例：旅行者保险公司平面广告文案

正文：当我 28 岁时，我认为今生今世我很可能不会结婚了。我的个子太高，双手及两条腿的不对头常常妨碍了我，衣服穿在我身上，也从来没有像穿到别的女郎身上那样好看。似乎决不可能有一位护花使者会骑着他的白马来把我带去。

可是终于有一个男人陪伴我了。爱维莱特并不是你在 16 岁时所梦想的那种练达世故的情人，而是一位羞怯并笨拙的人，也会手足无措。

他看上了我不自知的优点。我才开始感觉到不虚此生。事实上我俩当时都是如此。很快的，我们互相融洽无间，我们如不在一起就有怅然若失的感觉。所以我们认为这可能就是小说上所写的那类爱情故事，以后我们就结婚了。

那是在四月中的一天，苹果树的花盛开着，大地一片芬芳。那是近 30 年前的事了，自从那一天之后，几乎每天都如此不变。

我们不能相信已经过了这许多岁月，岁月载着爱维和我静静地度过，就像驾着独木舟行驶在平静的河中，你感觉不到舟之移动。我们从来未曾去过欧洲，我们甚至还没去过加州。我认为我们并不需要去，因为家对我们已经够大的了。

我希望我们能生几个孩子，但是我们未能达成愿望。我很像《圣经》中的撒拉，只是上帝并未赏赐我们奇迹，也许上帝想我有了爱维莱特已经够了。唉！爱维在两年前的四月中故去。安静地，含着微笑，就和他生前一样。苹果树的花仍在盛开，大地仍然充满了甜蜜的气息。而我则怅然若失，欲哭无泪。当我弟弟来帮助我料理爱维的后事时，我发觉他在那么体贴关心我，就

和他往常的所作所为一样。在银行中并没有给我存了很多钱，但有一张照顾我余生全部生活费用的保险单。

就一个女人所诚心相爱的男人过世之后而论，我实在是和别的女人一样心满意足了。

四、长文案的写作技巧

(一)以明晰逻辑引导阅读

条理不清、内容缺乏组织的长文案很难具有可读性，而且文案中不同信息会相互干扰。重要的信息内容很可能在混乱的逻辑顺序中被次要信息所淹没。因此，在长文案写作过程中，首先要明确逻辑顺序，将信息内容以清晰的逻辑进行合理的组织，顺应消费者的接受心理，方有可能使得消费者耐心阅读下去。

(二)组织合理的结构

长文案写作过程中，如果不分段落、不加小标题是非常危险的。没有任何提示的长文案只会使得受众无所适从，严重影响到他们的阅读兴趣。因此，在结构处理上，长篇广告文案的正文部分常运用这样三种形式。

(1)以自然段落展开。即在一整篇方案运用各自然段展开不同内容、不同方向的叙述，而且段落之间的起承转合也需特别注意。

(2)分设小标题展开。即在一整篇文章中，虽有统一明确的诉求目标，但由于信息内容多样而丰富，所以采用在彼此间有紧密联系，但在具体内容方向有差别的若干单元之前加设小标题，以便使长篇文案的文理更加清晰，逻辑更加分明，也使受众不易产生冗长和繁杂的感觉。

(3)印刷(版式)空间的分割展开。虽然这种长篇文案在写作时是在一个主标题下不设小标题的整篇文案，但在印刷媒介上刊发时，却依据其内容信息的分项或表现方向的不同，而在空间的排列上使之以一定的条块形式分割开(或插入图形、相片等内容)，使受众阅读时，产生明晰、便捷和轻松的效果。

标题：穿"哈撒韦"衬衫的男人

正文：美国人最后终于开始体会到买一套好的西装而被穿一件大量生产的廉价衬衫毁坏了整个效果，实在是一件愚蠢的事。因此在这个阶层的人群中，"哈撒韦"衬衫就开始流行了。

首先,"哈撒韦"衬衫耐穿性极长——这是多年的事了。其次,因为"哈撒韦"剪裁——低斜度及"为顾客定制的"衣领,使得您看起来更年轻、更高贵。整件衬衣不惜工本地剪裁,因而使您更为"舒适"。

下摆很长,可深入您的裤腰。纽扣是用珍珠母做成——非常大,也非常有男子气。甚至缝纫上也存在着一种南北战争前的高雅。

最重要的是"哈撒韦"使用从世界各角落进口的最有名的布匹来缝制他们的衬衫——从英国来的棉毛混纺的斜纹布,从苏格兰奥斯特拉

图5-3 "哈撒韦"衬衫广告

德地方来的毛织波纹绸,从英属西印度群岛来的海岛棉,从印度来的手织绸,从英格兰曼彻斯特来的宽幅细毛布,从巴黎来的亚麻细布……在穿了这么完美风格的衬衫后,会使您得到众多的内心满足。

"哈撒韦"衬衫是缅因州的小城渥特威的一个小公司的虔诚的手艺人所缝制的。他们老老小小的在那里工作了已整整114年。

您如果想在离您最近的店家买到"哈撒韦"衬衫,请写张明信片到"G. F.哈撒韦"缅因州·渥特威城,即复。

(三)以长短句搭配控制节奏

长文案撰写过程中,连续使用一种句式会使得整个版面显得没有变化,影响受众接受心理。如果连续使用长句子,会使文案节奏过慢,显得沉闷;而连续使用短句子,会使得文案节奏过快,令读者感到紧张。为留住读者,文案写作时应该有意识地采用长短句子搭配,简洁明快和舒缓从容之间交替互换,保持良好的阅读节奏感。如美国著名的撰稿人 David Abbott 为 Chivas Regal 芝华士而写的长文案。

案例：芝华士长文案

正文：

因为我已经认识了你一生

因为一辆红色的 Rudge 自行车曾经使我成为街上最幸福的男孩

因为你允许我在草坪上玩蟋蟀

因为你的支票本在我的支持下总是很忙碌

因为我们的房子里总是充满书和笑声

因为你付出无数个星期六的早晨来看一个小男孩玩橄榄球

因为你坐在桌前工作而我躺在床上睡觉的无数个夜晚

因为你从不谈论鸟类和蜜蜂来使我难堪

因为我知道你的皮夹中有一张褪了色的关于我获得奖学金的剪报

因为你总是让我把鞋跟擦得和鞋尖一样亮

因为你已经 38 次记住了我的生日，甚至比 38 次更多

因为我们见面时你依然拥抱我

因为你依然为妈妈买花

因为你有比实际年龄更多的白发，而我知道是谁帮助它们生长出来

因为你是一位了不起的爸爸

因为你让我的妻子感到她是这个家庭的一员

因为我上一次请你吃饭时你还是想去麦当劳

因为在我需要时，你总会在我的身边

因为你允许我犯自己的错误，而从没有一次说"让我告诉你怎么做"

因为你依然假装只在阅读时才需要眼镜

因为我没有像我应该的那样经常说谢谢你

因为今天是父亲节

因为假如你不值得送 Chivas Regal 这样的礼物

还有谁值得

附录一：奥格威写作长文案的经验①

1. 在大标题和正文之间插入副标题可以提高读者读下去的兴趣。

2. 用大一些的字排正文的第一个词和第一个字母一般能多吸引百分之三十的读者。

---

① 大卫·奥格威著：《一个广告人的自白》，中国友谊出版公司 1991 年版，第 113～114 页。

3. 开头一段的字数最多 11 个字，开头一段太长会使读者望而生畏，其实所有的段落都要尽可能地短，段落长了令人生厌。

4. 在正文第一行下面两三英寸的地方加进一个小标题，然后在通篇文案中使用小标题。

5. 把文案的版面分栏，文案的应比报纸的栏宽一些，每行的字数排得越少，读者也就越少。

6. 小于 9 号的字大多数人读起来有困难。

7. 用衬线体铅字排版比用粗体无衬线体易于阅读。

8. 我小时候，一般广告正文的编排都是方方正正、齐头齐尾的。后来我发现齐头散尾更能吸引读者，但是每一栏的末一行却不可以这样，这一行散尾缺字会使读者在此停住而不往下读。

9. 长文案的重要段落要用黑体或斜体排成，以增加多样性，避免版面单调。

10. 不时加进插图。

11. 用箭头、弹形记号、星号和边注等符号帮助读者往下读。

12. 如果有许多各不关联的事要讲，你千万不要用许多令人生厌的连接词。就像我现在做的这样，一样一样编上号就可以。

13. 千万不要把你的广告正文排成阴式版面（黑底白字），也不要把文案排在灰色或有色的底上。

14. 如果在段落间加上有指导性的说明，读者数平均会增加百分之十二。

附录二：奥格威谈如何创作有销售力的平面广告

长文案还是短文案？

我个人所有的经验说明，就大部分产品而言，长文案比短文案更有助于销售。我所做的长文案只有过两次，一次是某种平价雪茄，一个是某平价威士忌。

以下是 9 个成功的例子：

1. 已故的刘易斯·恩格尔为美林写了一篇长达 6450 字的广告。广告在《纽约时报》登载后收到 10000 份反馈——虽然广告根本没有回执单。

2. 克劳德·霍普金斯创作的喜力滋啤酒文案事实确凿，长达 5 页。喜力滋在几个月之内销售从第五位跃居第一位。

3. 我写的好运人造奶油广告，700 个字，销售状况喜人。

4. 我写的第一个波多黎各广告有 6000 字(署名贝尔德斯利·拉姆尔,实际上是我写的)。14000 名读者寄回奖券,许多人在波多黎各开办了工厂。

5. 壳牌的系列报纸广告每篇都有 800 字,26% 的男性阅读了半数以上的广告,壳牌的市场份额连续 7 年下滑后实现大逆转。

6. 我的同事弗朗西斯·X·侯顿为美国信托写了长达 4750 个字的广告,大获全胜。

7. 我为奥美公司写的广告用了 2500 个字,广告吸引了许多新业务。

8. 我创作的世界野生动物基金会广告有 3232 字。

9. 创作摩根担保银行系列广告时我用了 800 字,银行获益匪浅。

我还能给你举出无数其他的例子说明,长文案的确能让收音机响个不停,尤其是那些奔驰汽车的广告。不仅在美国,在世界各地都是如此。

通过研究零售商广告的效果,查尔斯·艾德华斯博士总结出:"你表达的事实越多,销售的产品也越多。"广告里包含的相关的商品信息增加了,广告成功的几率自然也会增加。

直销广告的创作者深知,简短的文案不利于销售。在片段测试中,长文案的销售力超过短文案。

但我必须警告你,你如果希望人们阅读长文案,就必须写好。每一段文字尤其要抓住读者。有个旅游点的开头是这么说的:"度假是每个人都向往的乐事。"如果开头说的是这种大白话,而且写得这么烂,没什么读者会读下去。

一位哈佛大学的教授在他系列讲座的开始就来了"见血封喉"的一招,他说:"恺撒·博基亚因为爱他的姐姐而谋杀了他的姐夫,而他们父亲的情人是谁呢?教皇。"

第三节　系列广告文案及其写作

发布广告的一个重要功能就是要引起人们对产品或者品牌的注意和持久的关注。但是,一个广告在浩如烟海的商业信息传播中,要引起人们的注意却是如此之难。要引发人们的兴趣,首先,广告要有精妙的创意,抓住读者的注意力资源;其次,也要有适当的重复,才能够引发人们的关注。但是,重复多了,也会引起受众的反感甚至厌恶。解决的策略之一,就是发布系列广告。

系列广告既能对广告的核心信息进行多角度和全方位的诉求,又因为它的变化性和创新性,满足受众的接受心理,获得较好的效果。因此,近年来系列广告创作成为广告文案写作的一个新的趋势,也成为文案人员必须要掌握的一个基本功。

一、什么是系列广告

所谓系列广告是指基于广告核心创意基础之上,延伸出的主题和风格相同,而在画面和文案上有所变化的一系列广告作品。系列广告通过不同的变化形式对核心广告创意的表达可以形成一种合力与气势,使广告的诉求重点更加突出和鲜明,从而达到不一样的广告传播效果。如闻名世界的绝对伏特加系,海王银得菲"喷嚏尴尬"系列,南国奥园"运动就在家门口"主题系列,以及百威啤酒不变的"蚂蚁"系列等。

系列广告与单一的一则广告相比具有创意的延续性、时空的扩展性、多种媒介项目的差异性,也正因为如此,它远比单一广告在品牌传播中的效果更持久、更有效。

二、系列广告文案与单独广告文案的不同

单独广告文案与系列广告文案的传达形式既是广告文案刊播的两种投放形式,也是广告活动的实际需要与广告策略相结合的产物。所谓单独广告文案,是指传达一个主题及规定的文案内容,并用一种风格、画面创意(包括版式),作一次性刊播或反复刊播的独篇文案,或者在反复刊播时仅在版式上作些变动。这种单独文案基本上包含了该主题广告的全部内容和广告意图。

系列广告文案的产生与运用的目的在于:便于使广告主把一个广告目标下的若干个不同的诉求方向(及诉求要点),或是把一个广告主题通过若干个不同的诉求方向(及诉求要点),或是把一个广告主题通过几种不同的表达角度以及表现方式与风格加以渐次地表达,从而使广告呈现出了强烈而鲜明的风格化和个性化,使之得到更为明细、全面而深入的表达。

系列广告文案的写作也具有与单篇广告文案写作不同的特点,主要表现在:

(1)单篇文案只需要考虑自身的完整性,而系列文案则需要考虑整个系列的完整性。

(2)单篇文案只需要考虑与已经发布过的广告的联系,而系列文案不但要考虑与已经发布过的广告的联系,还要考虑各个单篇之间的联系。

(3)单篇广告文案尽量地追求自身的完美,而系列文案则需要注重单篇

之间的均衡。如果在系列广告中只有一个单篇"大出风头",而其他单篇都难以企及,那么系列广告的力量也就无从发挥。比如以下五则系列招聘广告(图5-4)。

妖篇:麦肯不要人,专要人妖!
魔篇:麦肯不要人,专要色魔!
鬼篇:麦肯不要人,专要吝啬鬼!
怪篇:麦肯不要人,专要丑八怪!

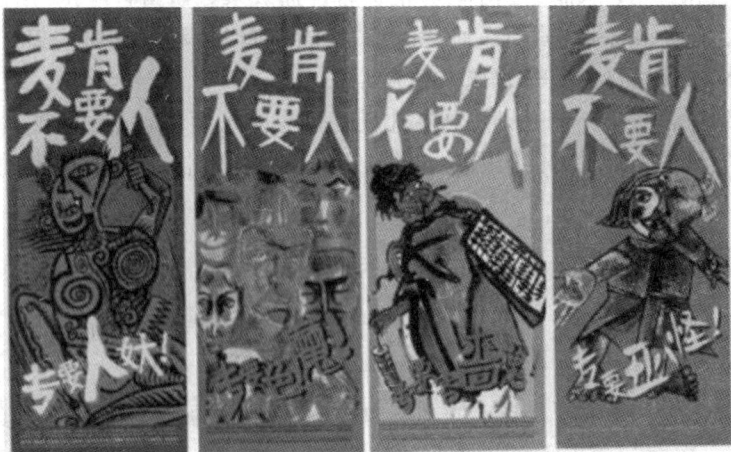

图5-4 麦肯·光明广告公司系列招聘广告
(《现代广告》2001年"创意无限"大赛金奖)

三、系列广告的优势

(一)系列广告有利于提升品牌形象,增强品牌魅力

单一的广告要成功地树立品牌形象,需要有良好的创意、设计和制作,并且还需要有相当时间的培养,提高广告的出现频率似乎是唯一的办法,但是消费者很容易就丧失新鲜感,再看就会生厌,再好的广告创意也会变得一文不值。于是广告主常常很轻易地就变换广告形象、广告风格和广告主题,常常用新的广告形象来代替已经成功了的并且还不断有使用价值的形象,结果是半途而废、前功尽弃,更重要的是浪费了大量的人力和物力。而系列广告就不同,其独特的创意主题和表现的"多样化""多元化",往往能起到事半

功倍的效果。

首先，系列广告的"主题"是富有创意的。一个好的创意主题可以诞生许多在风格上一致的广告系列，你无法掌握它会变成什么样子，但它留给人们的是更多的想象空间。我们来看看"哈姆莱特"系列广告：在一个电视广告中，主角把新女朋友逗得开怀大笑，她的手亲昵地摸到了他的头上，谁知竟然把他的假发扫到了盘子里。另一个广告更简单，先见到一个男人急急忙忙入野外的厕所大解，接着一只小狗从厕所里跑出来，嘴里叼着厕纸越跑越远，这样的时候郁闷的男人们该如何自处？只好一笑来一支让你神怡的"哈姆莱特"雪茄。两支广告有一个统一的主题：人生难免有不如意，幸好还有哈姆莱特。如此简单的一句话，广大受众在欣然一笑之余还可以发挥自己的想象力，幽自己一默，笑对人生的同时也记住了哈姆莱特的品牌形象。

其次，系列广告能通过统一的主题、相似的风格从不同的角度，以不同的表现方法，通过不同的媒体，传达给品牌所定位的不同的广告人群。系列广告通过表现的多样、多元，通过广告的不断接触和想象的不断灌输使受众更容易理解和接受广告信息，从而使品牌形象得到不断的积累。以"找借口吃 Church's 炸鸡"为主题的系列广告，第一支描述老爷爷在家脱光衣服，让家人觉得他很尴尬，不让他坐下来共进晚餐，事实上老爷爷的诡计得逞了，他可以尝尝炸鸡的味道，正合他的口味。第二支描述小孩偷香烟抽，故意让父亲看到，父亲一怒之下不让他上桌吃饭，正合小孩之意——Church's 炸鸡，正合他的口味。这个系列广告出于同一个主题，通过不同的故事主角，完全不同的两代人，针对不同的消费者定位来进行品牌传播。

系列广告不仅有一个核心创意做坚强的后盾，同时还不断变换它的表现方法和表现形式，经常给消费者以新鲜感，同时又保持了以往广告的风格，这样就为积累品牌形象起到了重要的作用。

（二）系列广告有利于品牌文化的塑造与传播

广告不仅提供产品信息，同时也潜移默化地塑造一种品牌文化或者价值观念。文化的积淀、价值观念的形成不是一朝一夕的事情，很多系列广告的主体就带有文化的色彩和内涵，例如广州南国奥园"运动就在家门口"就在传播一种运动文化，一种运动的、健康的生活理念。同时又由于系列广告的多样化，使得系列广告在文化积淀方面发挥了独有的优势。

系列广告的文化传播一般出现两种结果，其一是文化渗透，这里最成功的例子莫过于绝对伏特加系列广告。该系列超过数百张之多，而每一张广告正是从一个创意点出发，以伏特加瓶子外形为设计元素展开联想，努力把自己的酒瓶子定格在全世界各国各民族悠久、优秀、为人熟知的文化象征上，创造出了很多既突出这些国家地方特色的建筑、特产等特有的文化，又使绝对伏特加的瓶子外形与其巧妙融为一体的成功案例，也打造了伏特加特有的品牌形象。

其二，通过系列广告的不断灌输和标新立异可以确立一种新的文化内涵，可以塑造新的生活方式和价值观念，从而塑造独有的品牌个性。利用系列广告塑造品牌个性的例子很多，最具有代表性的是台湾意识形态广告公司的一系列惊世骇俗的作品，带点戏谑、带点调侃，又多了点哲学意味。它的一系列意识形态广告无论从风格上，还是从文案或者艺术表现上都保持着高度的统一。例如一春装上市广告"有了胸部之后，你还需要什么？脑袋，到服装店里培养气质，到书店展示服装……"，画面描绘的是在书店的环境中，一个神色冷峻、看起来充满睿智的老年男子坐在椅子上，后面是穿着漂亮合适的女人在他的周围迈着优雅的步伐走动，一种浓厚的文化氛围油然而生。旁白简单而又富于哲理，冷调的画面处理，不同平常的表现方式，独树一帜的画面构想。又如中兴百货意识形态系列广告，表面看起来凌乱不堪，缺乏联系，内容也匪夷所思，服装千奇百怪，但它们有着内在的联系和统一的风格，有的通过别具一格的内心独白，时空的跳跃多变，以及广告表现的无逻辑性表现出现代人心理的复杂性，有的则完全表现人物潜意识的活动，用意向性的符号、图案表现人物的内心世界。中兴百货的系列广告并不是同一主题的，但是它仍然是一个系列，关于新装上市，关于服装折扣，关于企业形象，关于服装文化，关于消费观念等主题一起演绎了这个系列的广告。它们有着相同风格的创意表现，宣传的是同一风格的文化现象。正是由于这一独具个性的系列广告的表现，中兴百货塑造了自己特有的品牌个性，而其后现代主义的表现也确立了一种另类文化，独属于中兴百货的品牌文化。

（三）系列广告能让产品品牌的定位更加深入人心

作为从同一个主题发展成的系列广告有自己的定位，定位是在消费者有限的需求心理空间寻找一个有效的位置，要做好广告，首先要了解消费者，消费者是理性兼感性的，呐喊式的单一的广告已不足以吸引、打动他们，相反，循序渐进、潜移默化的主体灌输，一般能引起共鸣。感冒药市场竞争激烈，已经有各种定位的感冒药充斥了整个市场。感冒相当烦人，头痛、鼻塞、喷嚏，感冒并不可怕，可怕的是因为感冒而误了大事。"关键时刻"的感冒是消费者最敏感的，而"快"则是感冒药制胜的关键。于是，海王围绕"关键时刻，快、快、快"的主题展开了广告创意演绎。"剃头篇""求婚篇""中奖篇"

等一系列电视广告在电视台播出，"关键时刻，怎能感冒"漫画专栏出来了，《虎口历险记》、《倒霉的小鸟》、《我怕女护士》等漫画广告让人看后忍俊不禁，"把你的喷嚏寄给我"征集系列广告创意的活动开展了，同一主题的系列广告在不同的时空以不同的方式演绎着。海王把系列广告的魅力发挥到了极致，海王也因此一举成名。

（四）系列广告有利于保持品牌的青春与活力

品牌和产品一样，都有自己的生命周期，有的品牌风光两年就烟消云散，有的品牌历经百年仍然保持青春活力。一个品牌要保持青春有很多种方法：创造新的符号，改变品牌定位，也可以推陈出新推出新产品，或者改变传播口号，或者更改品牌名称，又或者来一次有创意的新的整合营销推广重新包装。种种方法的目的无非是想品牌形象不老化，魅力不减弱。但是每一种方法都需要投入大量的人力物力，而且也并不是每一种方法都能成功，要承担一定的风险。

而系列广告同样可以使品牌保持青春活力，且它只需要一个核心的创意、一个统一的主题，就可以在不同的时期、不同的地点，针对不同的消费者采取不同的表现手法和表现方式，还可以延伸不同的创意表现。通过这样，系列广告可以经常给消费者以新鲜感，同时也能达到保持品牌青春的效果。例如畅销世界各地的可口可乐和百事可乐，它们有自己的定位，每年都根据这个不变的定位变换不同的广告词。几乎所有的长盛不衰的品牌，其品牌主张都在随着时代的变迁而不断地演化，可口可乐在一百多年来的发展史上，它的品牌主张不断地以新的面貌出现，并给产品注入新的文化内涵，从最初的"请喝可口可乐"到 20 世纪 20 年代的"停一停，轻松一下"到 20 世纪 80 年代的"挡不住的感觉"到"活出真精彩"，其品牌主张都把握着时代的脉搏，表达着社会和消费者的心声。

四、系列广告的特征

（1）风格一致：一套系列广告中的所有作品的构图、色调、画面形象，以及文案的语气、句式、结构都具有鲜明的共性，整套广告呈现出统一的风格。

（2）表现变化：在一致的风格下，不同作品画面，文案的具体表现又有所差异，每一作品都具有自己的力量，有各自的诉求点，吸引受众的关注。

（3）内容关联：系列广告所有作品传达的信息都有密切关联，或是相同信息，或是并列性信息。

（4）刊播集中：系列广告的不同作品往往短时间内同时、相继、轮流刊播于同一个媒体，或者以相同形式同时发布于几个同类媒体。如下列黑松汽水系列优秀广告文案：

黑松汽水之一

标题：工作灵药

正文：热心一片

　　　谦虚二钱

　　　努力三分

　　　学习四味

　　　沟通五两

　　　以汽水服送

　　　遇困境加倍用之

广告语：用心让明天更新

黑松汽水之二

标题：生活灵药

正文：水一杯

　　　糖二三分

　　　气泡随意

　　　以欢喜心喝之

　　　不拘时候

　　　老少皆宜

广告语：用心让明天更新

黑松汽水之三

标题：爱情灵药

正文：温柔心一颗

　　　倾听二钱

　　　敬重三分

　　　谅解四味

　　　不生气五两

　　　以汽水服送之

　　　不分次数

　　　多多益善

广告语：用心让明天更新

五、系列广告的策略

（一）形式系列策略

在一定时期内，有计划地发布数则广告，这些广告设计形式相同，但内容则有改变，这种广告手段便是形式系列策略。例如，在"力士"系列香皂的电视系列广告中，选用了三位香港女明星，以宣传三种适合不同肌肤的美容香皂。广告设计形式相同，但内容略有差别，在一段时间内连续在电视台播放，使消费者连续加深广告印象，增加了企业的知名度。

（二）主题系列策略

企业在发布广告时，依据每一时期目标市场的特点和市场营销策略的需要，不断变更广告主题，以适应不同广告对象的心理需求，这就是广告主题系列。

（三）功效系列策略

这是一种通过多则广告逐步深入强调商品功效的广告策略。这种策略或是在多则广告中，每一则广告强调一种功效，使消费者易于理解和记忆；或者结合市场形势变化，在不同时期突出宣传某一用途。

（四）产品系列策略

这种广告宣传策略，是为了适应厂商系列产品的经营要求而实施的。产品系列广告应密切结合系列产品的营销特点进行。系列产品具有种类多、声势大、连带性强等特点，广告宣传中，在有限的时间和媒体容量里不可能全部列举。因此，可采用产品系列广告策略。

六、系列广告文案的类型

多则不同表现内容的广告文案，可以较为全面地、多角度地表现广告信息，满足受众对广告信息深度了解的需求；而表现相同广告信息的多则广告文案，可以反复地体现广告信息而使广告得到有效的传播。一般来说，根据系列广告作品中广告文案所表现的信息内容之间的关系，可以把系列广告文案分为三种类型。

（一）信息并列的系列广告文案

信息并列的系列广告文案，可以多角度地、全面地传递广告信息，让受众从各个侧面了解到广告主欲告知的方方面面的广告信息。信息并列的系列广告文案，一般有两种表现。

一种是将广告主体的各个方面分解成不同的侧面，在每一则单个广告文案中表现其中的一个侧面，或者将同一品牌的不同系列产品做并列表现。广告受众在连续的阅读或接收的过程中，通过各个侧面信息了解到一个全面的广告主体或同一品牌的不同产品特征。这是单纯处于并列关系的系列广告文案。如以下伊利牛奶的系列广告，通过"口感"、"功效"、"产地"几个侧面的系列广告表现，突出了"青青大草原，自然好牛奶"的品牌个性与特色(图5-5)。

广告文案一:

广告标题：咕咚咕咚、呼噜呼噜、滋溜滋溜

广告正文：无论怎么喝，总是不一般香浓！这种不一般，你一喝便明显感到。伊利纯牛奶全乳固体含量高达12.2%以上，这意味着伊利纯牛奶更香浓美味，营养成分更高！

广告口号：青青大草原　自然好牛奶

广告文案二:

广告标题：嘎嘣嘎嘣、咔嚓咔嚓、哎哟哎哟

广告正文：一天一包伊利纯牛奶，你的骨骼一辈子也不会发

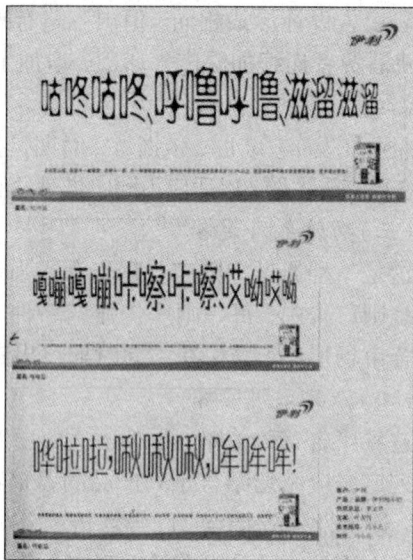

图5-5　伊利牛奶系列广告

出这种声音。每1100毫升伊利纯牛奶中，含有高达130毫升的乳钙。别小看这个数字，从骨骼表现出来的会大大不同！

广告口号：青青大草原　自然好牛奶

广告文案三:

广告标题：哗啦啦，啾啾啾，哞哞哞

广告正文：饮着清澈的溪水，听着悦耳的鸟鸣，吃着丰美的青草，呼吸新鲜的空气。如此自在舒适的环境，伊利乳牛产出的牛奶自然品质不凡，营养更好！

广告口号：青青大草原　自然好牛奶

另一种是在系列广告中的第一则广告文案里采用总括性的信息表现，而在以后的几则广告文案中，又分列出不同的侧面来表现，将后面多则广告所表现

的信息总括在一定范围内。如以下联想昭阳系列笔记本电脑系列广告文案。

工,则必合规矩;技,则华彩飞扬。工专而技巧,蔚然成其大器。
以天下之技而工者,堂皇中正
以人杰之技而工者,畅达圆熟
以性灵之技而工者,玲珑巧致

此笔记本电脑系列平面广告,将其笔记本电脑与经典建筑形象巧妙地结合在一起。文案第一则,采用总括的信息表现突出其工艺的精良和审美的品质。第二、三、四则广告从不同的侧面表现信息突出了产品"中正"、"圆熟"、"玲珑"的特点,可以反复地体现广告信息而使广告得到有效的传播。

(二)信息递进的系列广告文案

信息递进的系列广告文案,有的是对广告信息进一步的深入发掘,可以使受众一步步地、由浅入深地了解广告信息;有的是完整地反映企业、产品和服务在各个不同时期一步步的发展状况和现实存在,使受众能跟随着广告的系列表现了解广告主体的发展状况。这样受众对广告信息能有一个全面的了解,也使广告主和受众之间能够达到一种长时间的沟通,在沟通中受众对广告主体的有关情况产生兴趣,如1010job网站的系列广告(图5-6)。

（a）

（b）

图5-6 1010job网站广告

（三）信息同一的系列广告文案

信息同一的系列广告文案，是根据广告主体的特征，进行同一信息诉求的不同表现形式的广告文案。这种表现，可以将一个广告信息进行反复的、不同角度的表现，使同一信息的诉求深入拓展，可以避免广告文案表现的空泛和乏味。

如盖天力系列广告文案就采用了同一信息的多角度表现方式，形成一个风格独特的广告系列。

盖天力系列广告之一：

三个球一次进篮，你做得到吗？

——补钙也一样，少量多次更科学！

投篮一次进几个可不行，补钙也一样。人体对钙的吸收能力有限，摄入高剂量钙，会在小肠管腔产生高浓度钙，使钙的吸收趋于饱和。

钙的吸收率和剂量呈负相关。即当钙浓度达到饱和时，摄入量越大，吸收率越低。因此，把每天的服用剂量分为较小的剂量分次服用，是增加钙有效吸收利用的简便方法。

盖天力十年坚持"少量多次"补钙原则，使人体每次服下的钙能大量地吸收，还能避免长期高剂量补钙可能造成的不利影响，因而更科学。

少量多次　科学补钙

盖天力系列广告之二：

两壶水一次浇完，花受得了吗？

——补钙也一样，少量多次更科学！

两壶水一次浇完可不行，补钙也一样，人体对钙的吸收能力有限，摄入高剂量钙，会在小肠管腔产生高浓度钙，使钙的吸收趋于饱和。

钙的吸收率和剂量呈负相关。即当钙浓度达到饱和时，摄入量越大，吸收率越低。因此，把每天的服用剂量分为较小的剂量分次服用，是增加钙有效吸收利用的简便方法。

盖天力十年坚持"少量多次"补钙原则，使人体每次服下的钙能大量地吸收，还能避免长期高剂量补钙可能造成的不利影响，因而更科学。

少量多次　科学补钙

盖天力系列广告之三：

一天的饭一顿吃完，你受得了吗？

——补钙也一样，少量多次更科学！

一天的饭一顿吃完可不行，补钙也一样。人体对钙的吸收能力有限，摄入高剂量钙，会在小肠管腔产生高浓度钙，使钙的吸收趋于饱和。

钙的吸收率和剂量呈负相关。即当钙浓度达到饱和时，摄入量越大，吸收率越低。因此，把每天的服用剂量分为较小的剂量分次服用，是增加钙有效吸引利用的简便方法。

盖天力十年坚持"少量多次"补钙原则，使人体每次服下的钙能大量地吸收，还能避免长期高剂量补钙可能造成的不利影响，因而更科学。

少量多次 科学补钙

七、系列广告文案的构思方式

系列广告文案的主要构思方式分为横向开拓和纵向拓展两种不同的构思方式。

（一）横向拓展构思方式

横向拓展构思方式，就是运用横向拓展的思维方法对系列广告文案的主题表现、内容表现进行横向拓展的构思方式。

横向拓展构思方式，可以从广告主体的各个侧面、各个角度来进行，可以就同一种品牌的不同产品的横向表现来进行，也可以从一个信息点来进行放射性的横向拓展。如南方周末系列广告：

笛子篇

标题：静有所听

正文：在这浮躁的年代，

　　　静，也是一种责任。

　　　在静中，聆听最细微的声音；

　　　在静中，思想得到最真实的感悟。

　　　南方周末，思想人生，思想新闻。

广告语：南方周末，深入成就深度。

荷花篇

标题：清有所见

正文：在这精彩的世界，

　　　清，也是一种坚持。

　　　清，真实得以沉淀；

　　　清，思想得以纯粹。

南方周末，思想人生，思想新闻。

广告语：南方周末，深入成就深度。

卵石篇

标题：恒有所得

正文：在这多变的未来，

　　　恒，也是一种信心。

　　　曾经，多少次的妥协换回失落；

　　　曾经，多少个梦想被遗忘。

　　　思想守恒，只因希望在路上。

　　　南方周末，思想人生，思想新闻。

广告语：南方周末，深入成就深度。

竹篓篇

标题：惑有所思

正文：在这忙乱的生活，

　　　惑，也是一种自我。

　　　惑，必有所思；

　　　思，必有所惑。

　　　一惑一思，

　　　无言中，思想找到理性的出口。

　　　南方周末，思想人生，思想新闻。

广告语：南方周末，深入成就深度。

(二)纵向深入构思方式

纵向深入构思方式是一种与横向拓展构思方式在构思途径上完全相反的构思方式。它的主要特征是由一个信息源点入手，然后一步步向纵深方向发展。

这种构思方式在实际运用中，可根据广告中企业、产品或服务的发展情况进行一步步的深入展开，来传递广告信息。如 Nike Women 运动鞋系列广告文案。

案例：Nike Women 运动鞋系列广告文案之一

标题：女人为了男人穿鞋

　　　男人教女人走路

正文：为了用更婀娜多姿讨好他

你穿上了高跟鞋

你含蓄地用欢迎鉴赏的态度在他目光可及之处来回游走

慢慢慢慢慢慢地走

走成了习惯、走成了行为、走成了思想……

走不出他的目光围栏

因为在你穿上高跟鞋的时候

就收起了双脚

走路成了一件陌生的事

所以，走不出路来的女人

只好安分守己地等着

男人教女人走路

案例：Nike Women 运动鞋系列广告文案之二

标题：你决定自己穿什么

正文：找出你的双脚

穿上它们

跑跑看、跳一跳……用你喜欢的方式走路

你会发现所有事物的空间都是你的领域

没有任何事物能阻止你独占蓝天

意外吗？你的双脚竟能改变你的世界

没错

因为走路是你的事

怎么走由你决定

当然

也由你

决定自己穿什么！

(三)纵横配合构思方式

有的系列广告文案，在构思时，不仅仅是用了横向拓展方式或纵向深入方式，而是两者配合运用。这两种方式的配合运用，可以使一则系列广告从广度和深度两方面对广告信息进行立体表现。

八、系列广告的广告文案写作步骤

(1)研究广告主体的广告目的、广告策略、广告计划等方面,在广告创意和广告表现的规定性的策划中,决定是否运用系列广告文案形式。

(2)在决定运用系列广告形式之后,对广告主体信息的各个方面要素进行有机的分类。分类的原则是信息层次的同一性和各个信息含量之间的均衡性。

(3)在决定系列广告文案的总信息和各个单则广告文案的分类信息决定的基础上,进一步决定系列广告文案的整体表现风格、语言特征以及它的画面构成,以形成一个系列整体。

(4)进入每个单则广告文案的具体创作过程。文案人员要运用语言符号,将前面所规定的信息传播任务、风格、特征等各个方面进行到位的表现。

(5)是在单则广告文案完成的基础上,进行系列广告文案的整体协调、配合和整合的过程。

术　语

长文案　短文案　系列文案

思考题

1. 你如何界定长文案和短文案?
2. 什么样的情况下适用长文案? 什么样的情况下适用短文案?
3. 你认为系列广告文案有什么样的作用? 系列广告的构思方式有哪些?
4. 现在是电子媒体的时代,你认为长文案是否过时?
5. 系列广告的类型有哪几种?
6. 长文案可以采用的表现手法有哪些?
8. 选择一种商品,练习写作长、短及系列广告文案。

第六章

报刊广告文案

教学目标

1. 了解报刊的历史，认识报刊广告。

2. 理解报刊广告的优势与不足。

3. 明确报刊广告的特点，报刊广告的各种形式及相应的文案特点。

4. 理解报刊广告的写作要点、写作要求。

5. 掌握报刊广告的写作方法、写作技巧。

第一节   报纸广告文案及其写作

16世纪中叶，航海大发现的时代。这个时代将地中海地区推向了当时世界文明舞台的中心。作为文艺复兴起源的地方，意大利有着丰富的文化资源和文化基础。地中海北岸的威尼斯城是当时的贸易中心之一，与地中海沿岸诸港及其他商业都市信息交往频繁，成为集中世界各地新闻的都市。这里的人们对新闻消息有着强烈的需求，在这里孕育并生产了新闻纸的最早市场。一种不定期发行的手抄新闻纸——威尼斯小报（*Venice Gazette*）应时而生，成为报纸最早的雏形之一。人们开始有组织地收集有关法庭、城市动态以及贸易信息等新闻，专门对王公贵族以及商人生产和发行这种手抄新闻。它在当时非常流行，后来改手抄为印刷，以加大发行量，从而扩大了发行覆盖的人群，人们称之为《威尼斯公报》。

同时，威尼斯作为当时世界上最为著名的海港之一，四方宾客云集。《威尼斯公报》随着往来的商贾、水手、游客、牧师被更大范围地传播，也将这种新闻的收集、发放形式带向了世界各地，影响了各地报纸业的发展。

随着对古登堡创新的机械印刷术的更加成熟的运用，报纸的发展也随之迎来了春天。报纸自意大利，沿欧洲西海岸北上：北非、利比里亚、英法、意大利、维京……在很短的时间内，报纸在欧洲流行开来。并且在其后的几百年时间里，伴随着殖民者的舰队游弋了世界。

中国的《邸报》被认为是世界最古老的报纸，但中国现代意义上的报纸却是舶来品。中国现代报纸的历史较为短暂。第二次鸦片战争之后，西方列强机构出于传教的目的，在中国开始建立报馆，当时的报纸多为宗教性质的，并无太多新闻性质。直到19世纪末，中国官办、民办的报纸才逐渐多了起来。1895年，即光绪二十一年，著名的维新变法派康有为、梁启超在北京创办强学会，并出版报纸《中外纪闻》（又名《万国公报》），这是早期的中国人所办报纸中影响力较大的。

经过了一个世纪，今天的中国报业发展已经不是用迅猛就可以形容的。据权威机构测定，北京每天的报纸印刷量超过了700万份。平均不到两个人就拥有一份报纸。以北京最为著名的《北京晚报》为例，其每日都有百万份的发行数额。2005年，全国拥有报纸近2000种，年用纸量也超过了三百万吨，这一数字达到了世界之最。

一、报纸广告概述

传统的"四大媒体"，即是"报纸、杂志、广播、电视"。它们为社会信息的传播发挥着极其重要的作用，在众多的传播媒介中占据了举足轻重的地位。其中报纸作为一种印刷媒介，历史相对久远，附于其上的广告同样如此，效用强劲，经久不衰，是最为常见的平面广告形式之一。它可以采用多种表现形式，诸如文案、插图、摄影、装饰性的图形，以及各种形式的综合等等。报纸传递信息用的主要是文字，文案形式是最古老、最基本的形式，也是报纸广告采用得最多的表现形式。人类语言的传达力量是无穷的，它可以传播有关商品的信息，它可以用文字的符号将产品描绘出来，甚至可以赋予它们超乎产品物质性本身的"形象"魅力。如：

诸暨高贵住宅区内的，超值住宅！
（广嘉·山水华园——吉利亮相）
广嘉·山水华园——山水之恋，都市生活
过去太多的人有那"都市情结"，
因为城市是繁华、便捷的象征。
而今太多的人又有那"山水情结"，
因为那里有他们想要的泥土芬芳。
而我们给您带来的是：
推开窗，鸟语花香，令人心旷神怡；
步出门，熙攘人群，都市生活唾手可得；
——一切尽在广嘉·山水华园！
广嘉·山水华园坐落在陶朱山麓，为诸暨最高贵住宅区，东临市南路，南靠福星路。自然环境幽雅，鸟语花香，空气清新，背靠青山，庭院流水，住在山水华园，既可享受清新的山水生活，又完全拥有都市生活之便利。
超值建筑，广嘉·山水华园，别墅般的享受，不一般的人生！

这则房地产广告赋予该楼盘高贵的文化气质，"都市"、"山水"，一张一弛，一显一隐，文案渲染建构了一种高雅脱俗的形象，将其附加在商品之上，激发人们的想象、憧憬，引发购买的欲望。语言文字在这里发挥了它的魔力。

报纸的特点之一就是它主要通过书面语言来传播信息，文字的功效大于用以点缀的图形。选择报纸这一大众媒介做广告，也就等于选择了以文案写作为主的广告表现形式。在注重图片运用的同时，广告的语言必须为适应产品、媒介以及受众的接受心理作出恰当的精心编排，才能使广告文案达到最佳的信息传播效果。

报纸广告文案结构相对完整，它往往包括广告文案的各种构成元素，标题、正文、随文、口号等。理解报纸广告文案的写作，可以说是理解其他媒体广告形式的文案写作的重要基础。

二、报纸广告的优势

相对于广播、电视、电影、杂志等其他广告媒体，通过报纸来发布广告在众多的方面具有优势。

首先是报纸发行量大，相对成本较低，因此费用低廉。相应的报纸广告的每千人成本也相对较低。虽然电视广告的功效好，但是制作和播放电视广告的费用也很高。有限的频道资源对数量众多的中小型企业来说，往往可望而不可即。利用报纸进行广告宣传，不失为一种性价比较高的明智之选。

伴随科技的进步，计算机排版、激光照排等技术的应用、使得报纸的出版速度大大加快，印刷质量相比过去有了很大提高，使得报纸广告可以更精细地表现和传达，也为创意拓展了发挥的空间；线条、色彩、图形、文字等是报纸的版面语言。现代报纸的印刷越来越精美，尤其是色彩丰富的高质量彩印报纸，能对广大的受众形成强烈的吸引力。

报纸发送新闻等社会信息，很注重时效性，传播信息按时、及时。例如，日报一天不间断地连续出版。当天的新闻事件，次日就可见报。这就为商家利用各种事件，及时进行戏剧化的广告宣传创造了机会。

报纸具有时效性的特点，但是它不像广播电视那样受播出时段的限制，广播电视要是增加新的内容的话，就会带来整体的时间段的大调整，也会把别的内容挤掉。报纸的制作简便，编排、印刷都很灵活，版面的利用有较大的自由空间，可以因信息传播的需要随时增加、减少或调整版面，增大或缩小广告的容量等，从而也具有了信息容量大的特点。

报纸的截稿时间很晚，在报纸开始印刷一两个小时送达稿子都可以保证印刷。体现编排灵活性的另一个特点就是对报纸稿件的修改、更换都较为方便。

报纸有自己的发行网络和渠道。报纸印刷后能通过有效的渠道迅速投递到受众手中。现代报业还可以利用卫星传输技术，将信息迅速向世界传递。

因此报纸的覆盖面可以非常广泛，通过对发布渠道的有效管理和利用，它（们）既可以覆盖很大的地域面积，使广告在受众的数量上得到保证，同时也可以覆盖多样化的社会群体、社会阶层。报纸类型很多，迎合了大量的、不同的受众群体，因此为灵活而富有创意的媒介组合留出了更大的空间。

从受众的接受方面来看，报纸的阅读具有很大的便利性。它可以为受众提供多种阅读方式，如略读、跳读、详读、精读等各种方式以及提供了反复阅读的可能性。受众可以根据自己的需要或快速阅读，或细细品味，或剪贴保存。报纸便于保存，可反复阅读，此时广告就有了反复宣传的效果。

社会对报纸的信任度很高。在老百姓一贯的传统认识中，报纸是"白纸黑字"，是用来播报"国家大事"、"重大新闻"的，在大众的心目中早已树立起了一种权威性。对媒体的信任很自然地转移到对媒体发布的信息的信任上来，无形中提高了读者对所刊登的广告的信任度。利用报纸来宣传企业，塑造形象，容易收到很好的效果。

三、报纸广告的不足

在看到报纸广告拥有其他媒体不可比拟的长处的同时，我们也绝不能忽视报纸的弱点、短处。"尺有所短，寸有所长"，优势是相对的，短处也是相对的。报纸广告的不足是相对于其他媒体广告形式的长处而言的。例如，报纸广告的制作、印刷越来越精美，可是它没有电视所提供的影像的视觉冲击力大，另外它也不能提供广播广告那样的听觉塑造的想象空间，与铜版纸印刷的杂志相比，报纸印刷也就算不上精致，色彩图案难以达到令人满意的效果，纸质、彩印技术等都有待进一步提高。

在我国，报纸的人均占有量不高，读报的人占总体人口的比例较小，使报纸广告覆盖的广泛性受到影响。其中一个重要的原因是报纸的阅读与接受，需要一定的文化涵养。它不像电视、广播，老百姓不管识字多少、文化水平高低，播送的节目都可以接受，都可以看懂、听懂。这也使报纸的受众群体的类型受到一定的限制，广告对那些不看报纸的阶层鞭长莫及。

报纸的多样性、丰富性不足，因而报纸的对象性、针对性较弱。在这方面，现在的报纸较以前已经有了很大的改进，报纸也越来越关注对目标受众的细分，对自身的区隔、定位也越来越受到报业的重视。在未来，报纸的多样性、丰富性也期待有所改观。

报纸讲求时效性，因而报纸广告的有效时间短。大多数日报只有一天甚至半天的广告效果，很快就失去了价值。而稳定的读者也只有几分钟到一两个小时的阅读时间，广告在其中所占的时间就更微乎其微。倘若读者跳过其中某个广告，它就很难再发挥效力了，因此报纸对广告文案的要求也就较高，它必须抓住受众的注意力。

另外，正是因为报纸广告相对低廉，准入门槛较低，这也导致了大量的广告涌向了报纸版面。其间广告的创意表现，格调等又参差不齐。报纸在一个版面上刊登若干广告，这些广告会相互影响，分散读者的注意力，降低注目率；另外受到大量广告的影响，报纸的可信度、权威性会降低，广告主的广告效果会受到其他广告的影响，广告效果产生的不可控因素也就更多。

以上只是通常的情况下，在实际的运作中，报纸广告的缺点还不只这些。不同的报纸有不同的风格和特点，其目标受众、发行范围、发行量、社会形象等都有很大的不同。报纸是一种弹性很大的广告媒介，需要有选择地、灵活地、有创造性地对待，才会让广告的效力最大。

四、报纸广告文案的特点

报纸是面向广大的群众的大众媒介，它必须迎合大众的接收偏好和接受水平。报刊广告的文案应考虑到大多数受众的文化水平和接受能力，使他们在阅读时不发生困难，在内容上也需要表现出一定的趣味性和接近性。报刊作为一种大众传播媒介总是与大众密切相关，向受众传递一些贴近他们社会生活的信息。报刊广告为引起消费者的兴趣也必须在内容上表现出趣味性和接近性，以适应大多数消费者的口味，如下面这则广告：

Diploma 奶粉：试图使他们相会？

标题：试图使他们相会？

正文：亲爱的扣眼：

　　你好，我是纽扣，

　　你记得我们已经有多久没在一起了？

　　尽管每天都能见到你的倩影，

　　但肥嘟嘟的肚皮横亘在你我之间，

　　让我们有如牛郎与织女般地不幸。

　　不过在此告诉你一个好消息，

　　主人决定极力促成我们的相聚，

　　相信主人在食用 Diploma 脱脂奶粉后，

　　我们不久就可以天长地久，永不分离。

不管什么类型的广告都始终要求不拘一格，别出心裁。报纸广告更是如此。乔治·葛里宾认为，文案人员应像躲瘟疫一样躲避陈词滥调、索然无味。有些广告之所以不引人注目，广告文案的平淡乏味是其中的重要原因。这固然是缘自广告自身对创造性的要求，另一方面，考虑到广告的载体——报纸这一大众传播媒介自身的特点，报纸广告文案自然也必须充分考虑读者面对大众传媒表现出的接受心理。报纸广告的生产过程带有大众传播产品一般具有的"制式"特点，很容易刻板化，形成相对固定的表达、表现形式，这是我们要极力避免的。相对的，这也就恰好成为广告文案经常出新、富于创意的原动力。否则，一则报纸广告很容易淹没在大量似曾相识的信息的海洋之中。

报纸应力求做到引人注目，表达明确，让受众一次接触即留下深刻印象。报纸文案对广告标题的要求特别高。乔治·葛里宾认为，一则广告文案的成功与否在于："这个标题是否使你想去读文案的第一句话？而文案的第一句话是否能使你去读第二句话，并且使你看完整个文案？一定要做到使读者看完广告的最后一个字再想去睡觉。"

艰涩的阅读会让受众退避三舍，对广告信息的注意更是建立在随意性阅读的基础之上。因此，报纸广告文案中的长句、复句、生僻词语、数据、表格等应使用得当。

报刊是一种视觉媒介，尤其是在印刷技术发展迅速、纸张品质精良的情况下，报刊广告中文案和画面几乎具有同等重要的地位。因此，在写作报纸广告文案时，要充分考虑文案和画面的配合以及文案与画面的比例。一些特定的广告信息用画面表达比用文字表达更有效果时，文案应给画面留下更大的空间。

五、报纸广告需要注意版面的具体运用

报纸广告要发布必然会占用一定的空间，也就是"版面"，因此，要促进广告效益的最大化，必须得考虑广告版面的运用：

(一)要研究广告版面的大小

报纸广告所占版面的大小，是广告主实力的体现，直接关系到广告的传播效果。报纸广告版面从大到小一般分为跨版、整版、半版、双通栏、单通栏、半通栏、报眼、报花等形式。实践证明，广告的版面越大，读者注意率越高，广告效果也就越好(当然不是绝对的)，因此，广告版面的大小与广告效果是成正比的。

（二）要研究广告位置的排放

所谓研究广告位置，就是研究报纸广告放在哪一版，什么位置效果最好。除专页广告（整版全登广告）没有位置问题外，其他版面形式广告均有位置的排放问题。同一则广告，放在同一版面的不同位置，广告效果是大不一样的。原因在于不同的广告版面获取的注意力不同。针对我国报刊受众阅读习惯，根据读者视线移动规律，报纸版面的注意值是左面比右面高，上面比下面高，中间比上下高。中缝广告处于两个版面之间，不易引起读者的注意。

（三）要讲究"情境配合"

报纸的每个版面，都有不同的内容和报道重点，如新闻版、经济版、法制版、文化教育版等等。报纸广告应根据广告产品内容的不同，放在相应的版面中。比如，各种企业或产品广告放于经济版；影视、图书、音像广告可放于文化教育版等。同类产品广告应排在一起，便于消费者选择；各种分类小广告可放于经济版下方。

广告的内容不同，版面不同，注意值不同，情境不同，广告文案撰写的角度、方式和手段均应作出适当的对应，力求扬长补短。

六、不同报纸广告版面的文案要求

报纸广告的常规版面大致可分为以下几类：跨版、整版、半版、双通栏、单通栏、半通栏、报眼、报花等。版面的面积越大，位置越显要，其价值和价格也就越高。究竟要选择哪一种或几种版面做广告，要根据企业的经济实力和营销传播目标等来决定，作出最经济和最有效率的选择。例如，一般来说，首次登广告，新闻式、告知式的广告宜选用较大版面，这样可以引起读者的充分注意；而后续广告，提醒式、口号式的广告，更侧重于强化和维持消费者的记忆，逐渐缩小版面，不失为一种经济有效的选择。不同的版面形式对广告的创作也构成了限制，文案的写作要考虑与版面的形式相适应。

（一）报花广告

报花广告的版面很小，形式比较特殊，一定程度上限制了广告创意的发挥。文案只能作重点式表现，选取最重要的信息来说，突出品牌或企业名称、电话、地址及企业赞助之类的内容。因此，报花广告一般采用一种陈述性的表述，不体现文案结构的全部。

（二）报眼广告

报眼，即横排版报纸报头一侧的版面。虽然版面面积不大，但位置十分显要，引人注目。如果是新闻版，它通常是用来刊登简短而重要的消息或内容提要。将这个位置用来刊登广告，显然要比其他版面所赢得的注意力水平要高，而且会自然地体现出一种权威性与可信度。与报花广告一样，由于报眼广告版面面积较小，容不下更多的图片，所以广告文案写作占有着核心地位，具有举足轻重的作用。特别应予以注意的是：

（1）要选择具有新闻性的信息内容，或在创意及表现手段方面赋予其新闻性。

（2）广告标题要醒目，最好采用新闻式、承诺式或实证式标题类型。

（3）广告正文的写作可采用新闻形式和新闻笔法。

（4）广告文案的语言要相对体现理性的、科学的、严谨的风格。

（5）广告文案需简短凝练，忌用长文案，尤其不能用散文体、故事体、诗歌体等假定性强的艺术性较强的形式，以免冲淡报眼位置自身本来所具有的说服力与可信性。

（三）半通栏广告

半通栏广告，一般广告版面较小，而且众多广告排列在一起，互相干扰，广告效果容易互相削弱，因此，如何使广告做得超凡脱俗、新颖独特，使之从众多广告中脱颖而出，跳入读者视线，是广告文案的写作应特别注意的：

（1）制作醒目的广告标题。标题字数要短，字体要大，新颖别致，有冲击力，能一下子抓住受众的注意力。

（2）用短文案。语言要高度凝练简洁，提纲挈领，突出重点信息，力求做到小版面多内涵。

（3）文案的写作要注意与编排的有机结合。最好能在编排先行、编排为主的制作意念中进行。

（四）单通栏广告

单通栏是广告中最常见的一种版面，符合人们的正常视觉，因此版面自身有一定的说服力。从版面面积看，单通栏是半通栏的 2 倍，这种变化也应相应地体现于广告文案的撰写中：

（1）广告标题的制作既可以运用短标题形式，也可以采用长标题形式；但为了与画面的编排相和谐，最好用单标题而不用复合标题。

（2）文案中可以进行较为细致的广告信息介绍和多方位的信息交代、信息表现；但正文字数不宜多于 500 个汉字，以免造成版面拥挤，影响编排效果。

（3）文案的结构可以有充分的运用自由度，可以体现文案最完整的结构类型。比如，贝克啤酒的一则单通栏报纸广告文案（图6-1）：

案例：禁酒令

正文：查生啤之新鲜，乃我酒民头等大事。新上市之贝克生啤，为确保酒民利益，严禁各经销商销售超过七日之贝克生啤，违者严惩，重罚十万元人民币。

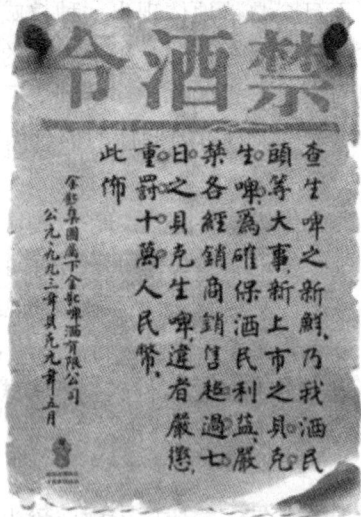

此广告文案借用了公文中"令"的写作形式和语言风格特点，将广告信息用规范的公文形式表现出来，产生了一种独特的说服力。整个广告文案句子结构简要，语言表达严正，使人感受到贝克生啤制造商推出这一营销新举措时的严肃、认真、深究的态度。同

图6-1 贝克啤酒广告

时，用如此严正的形式来表达，令受众领悟到创意者所提供的幽默玄机。会心一笑间，印象深刻。

（五）双通栏广告

双通栏广告在版面面积上是单通栏广告的2倍。这给广告文案写作提供了较大的驰骋空间，凡适合于报纸广告的结构类型、表现形式和语言风格都可以在这里运用。其文案写作应特别注意以下两点：

（1）可以诉求广告主体的综合性信息。

（2）版面编排可以放在次要地位，说服和诱导的重任基本上靠广告文案来完成。

（六）半版广告

半版广告根据报纸的规格大小分为250mm×350mm和170mm×235mm两种类型。半版与整版以及跨版广告，均被称之为大版面广告，是广告主雄厚的经济实力的体现。它给广告文案的写作提供了广阔的表现空间。

半版广告文案在创作时候应特别注意：

（1）运用画面表现的"大音希声，大象无形"的美学原理，努力拓宽画面的视觉效果。"以白计黑，以虚显实"，充分调动受众的想象力。

（2）文案写作既可以采用感性诉求，也可以进行理性诉求。可以运用适合于报纸广告的各种表现形式和手段，辅助画面、营造气势、烘托气氛、强化视觉冲击力。

（3）采用大标题，少正文文字，重点突出主题，以体现主体品牌形象的气势和形式吸引力。

（七）整版广告

整版广告根据报纸的规格大小一般可分为 500mm × 350mm 和 340mm × 235mm 两种类型。是我国单版广告中最大的版而，给人以视野开阔、气度恢弘的感觉。如何有效地利用整版广告的版面空间，创造最理想的广告效果，是广告文案写作的重要任务。目前，我们对整版广告的运用大体有三种用法：

（1）正文无图，或偶有插图，基本以文案方式出现。运用介绍性的文体对消费品系列或企业作较为详细的、全方位的介绍。

（2）以图为主，辅之以文。以创意性的、大气魄的画面以及精短的文案来进行感性诉求。这里，广告文案的点睛作用及文案与画面风格的协调，是值得重视的关键要素。

（3）运用报纸的新闻性和权威性，采用公益广告的形式来提升企业的形象。实践证明，这种用法效果最佳。因此，这种类型的整版广告越来越多。

（八）跨版广告

即一个广告作品，刊登在两个或两个以上的报纸版面上。一般有整版跨版、半版跨版、1/4 版跨版等几种形式。跨版广告很能体现企业的大气魄、厚基础和经济实力，是大企业所乐于采用的。

七、报纸广告文案的写作要点

（一）标题醒目

在现代报纸中，标题对于报纸广告来说，无疑是最重要的部分，因为它决定着读者读还是不读广告的正文部分。由于报纸广告的标题位置特殊，往往成为对广告受众影响最大、最为深刻的部分。如中兴百货的系列广告之一：

标题：中国不见了
正文：在世界创意的版图，中国消失了；
　　　在国际流行的舞台，中国缺席了；

在民族生活的美学，中国不见了；

中国的文化自尊，已经沉睡百年；

在文学、音乐、美术、建筑上杰作稀少；

在流行文化的领域，国际上完全没有

属于中国人创意的伸展台，

中国不见了，多么令人忧心。

值此之际，我们提出"中国创意文化"的理念

不只是新古典的改造传统

不只是后现代的勇于瓦解

而是根本我们要建立

属于中国视野的世界观：

中国人的创意、中国人的品位、中国人的自信。

在可预期的未来，世界重心将移向亚洲，

我们的雄心是重新规划世界流行的蓝图，

使中国台北成为全球风潮的新焦点，

国际创意的新都会。

1989 年 10 月下旬，中兴百货台北店重新改装

敬请期待，寻找中国。

(二) 突出重点

报纸广告的优势是可以运用较大的版面来介绍产品，但这并不是鼓励人们将所有内容都放到报纸上去，而是需要做到重点内容突出，否则读者很难知道你的诉求重点是什么。人们看报纸往往都是一目十行，不可能很认真地阅读所有内容，因此，一定要尽可能将广告的最重要的信息在整个广告中凸显出来，否则，读者会很快对阅读的内容失去兴趣，放弃阅读。如诺基亚2100 的广告文案：

标题：人人都想要的，诺基亚 2100

正文：想要一只又小又炫的手机，没问题！我们秉承科技以人为本的设计理念，为你带来轻巧的诺基亚2100。充满时尚感的简洁外形，令人一见钟情；玲珑相框，尽情挥洒你自己的风格；还有许多趣味功能，立刻让你沉浸其中，爱不释手！诺基亚2100，轻松拥有，美梦成真。

（三）多用简明易懂的语言

读者的文化水平参差不齐，阅读目的是随意性的，如果广告文案的内容晦涩难懂，人们就会随手翻过，不会花时间来推敲、思考。因此，要想尽可能地吸引人们的目光，语言一定要简明易懂，要使用人们日常生活中的语言，少用那些高深、专业的词语，让读者一看就懂。特别是介绍一些高技术含量的新产品时，一定要注意少用专业名词和术语，因为，读者大都不是专业人士，他们对于那些专业术语一无所知。如果使用一些专业术语，就有可能会失去较大多数的读者。只有让自己站在读者的立场上，用通俗易懂的语言来取代生僻的专业术语，才能增进读者对商品的了解，进而推动影响和助推受众的购买行动，将受众转化为消费者。如下面这则科龙冰箱平面广告文案：

标题：或许，精美的干花对干燥室早就艳羡不已

正文：科龙星云座，以独树一帜的专利技术——多功能干燥室，完全颠覆传统冰箱之概念，开创性地于冰箱中配备了可在 +1℃～+25℃ 自由调控的防霉防潮储物间，平时可作为干货、药品、胶卷、香烟的专用存放空间，而如有需要更可借助"分立四循环制冷系统"，自如转换成冷藏室。一个空间，两项功能，实属智慧科技的经典杰作。

广告语：梦想无界　科技无限

第二节　杂志广告文案及其写作

人们通常将报纸和杂志合称为报刊。最初的报纸与杂志并不像现在这样泾渭分明。报纸也可能有较长的发行期，报纸也会被装订成书的样式。随着时代的变迁，现在的报纸和杂志在内容和形式上已经变得截然不同了。报纸具备几个基本特征：以刊载新闻为主；定期连续印刷出版；面向公众发行；一般不装订成册。而杂志内容广泛，包罗万象，发行的周期相对报纸较长，而且是装订成册的。

世界上第一份中文近代刊物是由英国传教士米怜在 1815 年 8 月 15 日创办于马六甲的《察世俗每月统记传》。该刊以传教为宗旨，宣讲基督教义和伦理道德。雕版印刷，中国书式。鸦片战争之前，外国人所办的中文报刊基本

上都是杂志。从 1815 年到 19 世纪末，我国报刊种数的 80% 以上都是外国人创办的。1833 年，伦敦会传教士郭士立在广州创办了《东西洋考每月统记传》，这是中国境内的第一份中文杂志。与《察世俗每月统记传》相比，《东西洋考每月统记传》更重视现实社会，每期刊载中外新闻。

从 19 世纪 80 年代起，出现了中国人自己办的杂志。1915 年陈独秀在上海创办《新青年》月刊并吸引了一大批著名学者：胡适、鲁迅、李大钊、周作人、吴稚晖、钱玄同、刘半农、蔡元培、马寅初等，成为一份有着深远历史影响的杂志。

经过了一个世纪，中国的杂志取得了巨大的发展，它向着进一步的市场化迈进，已经成为广告媒体市场的独具特色的生力军之一。

杂志作为报纸之外的另一种平面媒体，传阅率高，又易于保存、查阅，因而广告文案有条件写得翔实、清楚。杂志广告印刷精美，并常有彩色图片，文案写作注意讲究文字与画面的有机配合。对印刷效果特别惹人注目的广告，文字的撰写要简洁、清晰、醒目，与画面的格调相一致。其刊登的专业性产品广告，应写得更为科学、准确，而且应该用职业语言，介绍产品性能，在读者心中唤起一种亲切感。同时也要注意，版式不同，文案的写作也有所不同。不同的页面形式对广告文案的写作提出了相应的限制和要求。我们在这一节中，探讨杂志广告文案的创作。

一、杂志广告的优点

与报纸广告类似，刊登在杂志上的广告也由文字图案等元素组成，诉诸于公众的视觉。它有如下的优点：

(一)保存周期长

杂志是除了书以外，比其他印刷品更具持久性的一种媒体。杂志的长篇文章多，读者不仅阅读仔细，并且往往要分多次阅读。这样，杂志广告与读者的接触也就多了起来。保存周期长，有利于广告长时间地发挥作用。

(二)传阅率高

杂志的受众并不仅仅局限于订阅、购买杂志的读者本人。杂志的传阅率较高，一本杂志通常会经手多人，被多人阅读，因此杂志广告的到达率会超过杂志的订阅率，广告效果往往会超乎预料。传阅部分的受众所占到达率在做媒体计划时需要做提前的调研、预期。

（三）读者对象明确

杂志种类繁多，从出版时间上看，有周刊、旬刊、半月刊、双月刊、季刊；从内容上看，有政治、军事、娱乐、文化、经济、生活、教育等。专业性杂志针对不同的读者对象，安排相应的阅读内容，因而就能受到不同的读者对象的欢迎。

（四）受众专业化

杂志的内容为迎合特定的读者对象提供专业化的内容，这也会将他们的受众细分化。具有相关的兴趣、专业知识的受众的注意力被吸引到杂志上来。

（五）印刷精致

杂志的封面、封底常彩色印刷，图文并茂。杂志有较确定的栏目，所刊登的内容比较稳定，还有一定的连续性，这些都能吸引读者的阅读，对于广告读者来说，效果尤为显著。广告作品往往放在封底或封里，印刷精致，一块版面常常只集中刊登一种内容的广告，比较醒目，突出，有利于吸引读者。

二、杂志广告文案风格的特殊性

杂志媒体具有知识性、娱乐性、专业化等特征，其目标受众群体相对明确，他们有稳定的收入和较高的文化水平。这些决定了杂志广告文案风格的独特性，即对象化、个性化和专业化等特点。

（一）对象化

每种杂志都有自己的目标受众群体——对特定事物抱有兴趣的读者，他们就是杂志广告的诉求对象。杂志广告的语言风格应针对他们而定，即符合他们的文化水平、欣赏兴趣、美学爱好和语言习惯，为他们所熟悉、欣赏，使他们感到亲切。比如，采用理性诉求还是感情诉求，语言表达高雅一点还是通俗一些，语言风格含蓄深邃好还是浅显直白好……都要针对不同的受众对象而定，这就是语言风格的对象化。

（二）个性化

语言的表达是广告创意和信息内容的体现。语言风格的个性化，就是指杂志广告文案的语言要体现出广告信息的个性化特征，并与目标受众的个性心理相吻合，使人感到新鲜、独特、不落俗套，令受众耳目一新。如此，才能使杂志的目标受众乐于接受，并深受影响。

（三）专业化

杂志广告的目标受众群体，均有一定的专业素养和文化水平，因而，在专业性杂志上作专业商品广告，采用专业化的语言风格，易于为专业目标受众所理解，不仅可以节省很多文字，而且有利于有的放矢，增强广告效果。比如，在电影杂志上作影视广告，在体育杂志上作体育用品广告，在妇女杂志上作化妆品或服装广告，在医学杂志上作医疗器械和药品广告等等，广告文案的语言均可选用相应的专业术语和专业化的语言风格，从而，以短小的文案传达出大量的信息。

三、杂志广告的各种制式

杂志广告的各种制式，指的是不同开本的杂志中，广告作品所占的各种版面和版位。制式类型大致有封面、封二、封三、封底、扉页，以及内页等。与报纸广告一样，杂志广告的不同制式，直接关系到广告效果。因为制式不同，广告的注意值或阅读率是不一样的：封面、封底的注意值最高，其次是封二、封三和扉页，再其次是低扉和正中内页，而普通内页的注意值最低。在同一版面中，读者注意值是大比小高，上比下高，横排版左比右高，竖排版右比左高。

四、杂志内页广告文案写作要求

杂志的全页、半页、1/4页、跨页、折页、多页等多种广告形式，一般都安排在杂志的全页中某个固定的页码或插页，可以统称其为内页版式。内页的各种版式广告应该充分考虑如何使自己从相邻的广告单元中脱颖而出，吸引受众的眼光。

这类广告的文案写作应注意以下几点：

(1)着重突出画面的视觉冲击力，文案以点睛之笔升华主题。

借助于杂志媒体特有的制作精美、重读率高、传阅率高等特点，内页各规格广告应充分发挥画面的艺术表现力，信息内容可几乎全部通过画面来体现。文案则少而精，只起画龙点睛的作用，使广告给人以含蓄、深邃之美感。

(2)图文结合，充分发挥文图并茂的视觉效果。

即以色彩鲜明、形象逼真的画面塑造品牌形象；文案以言简意赅的语言对画面信息作关键性的解释、提示或说明，并成为画面的重要组成部分(文案结合进图像中)。杂志广告的最大特点就是图文相结合。两者相辅相成，相得益彰，如这则杂志广告(图6-2)。

文案：人类不是对称的，为什么汽车要对称？

图 6 – 2　Cube 汽车广告

（3）大标题，详文案，以杰出的创意和不同诉求形式抓住受众的注意力。

杂志广告除了图文配合外，对有些信息内容也可以全凭文案进行传播。如招生、招聘、求职等广告，应以醒目的大标题吸引受众注意，再以较为详细的文案满足目标受众的求详求实、急于实践的心理。诉求形式不限，以符合杂志媒体特点和杂志特定受众群体文化素养为标准。

（4）各种较小版面的分类广告，要以引人注目的标题脱颖而出。这些分类的小广告，除了品牌名称或企业形象标志及随文外，别无其他，文案的写作十分简单，比较容易把握。

五、封面、封底等特殊制式的广告

封面、封二、封三、目录对页和封底等杂志版面，均属于特殊的指定版面。

（1）封面和封底的杂志广告，因其位置显著，注意值最高，效果也最好，因而对广告的版面设计和文案写作有特殊要求。

一般来说，封面广告基本以图形为主，强化视觉冲击力，文案最多只能表现品牌名称或是用简明的广告口号来突显品牌形象。封面的广告应全部以精美的画面吸引受众，画面信息应与杂志的专业性有一定的内在联系，并具有审美价值，使人于情感愉悦中接受信息。文案只能以品牌或广告名称，以及简洁凝练的广告语形式出现。

封底与封面同样重要，封底广告的要求与封面大致相同，也应以图形为主，文案为辅。但是可以根据需要适当增加一定的说明文案，值得注意的是，说明性的文案应在考虑到目标受众明确的前提下尽量通俗化。文案的语言不仅要考虑杂志的特定受众，而且要考虑杂志受众以外无意注意的其他受众，因而应淡化专业性，更接近于大众化。

(2)封二、目录对页和封三的杂志广告，受众注意值仅次于封面和封底，而高于内页，也是很重要的版面形式。由于翻阅杂志的读者大多数都是目标受众，具有一定的文化素养和专业知识，因此，封二、封三、目录对页的广告文案可以占据较大的位置，以多种表现手法来进行广告诉求。广告多以文图并茂形式加以表现，广告文案的作用更为重要。适于平面广告的各种文体、表现形式和表现手段，均可针对特定目标受众运用于文案写作。

六、杂志广告文案写作注意

首先，广告文案的结构不必拘泥于四要素（标题、正文、标语、随文）的固定结构，可以考虑用最简练的语言来表现丰富的广告内涵，如图6-3的例子：

文案：

To the parents of EURO 2004

Greek football team players：

（一些著名运动员的名字……）

Thank you …

… for not buying our products！

（感谢2004年欧洲杯冠军希腊队队员的父母们：幸好你们没用Durex！）

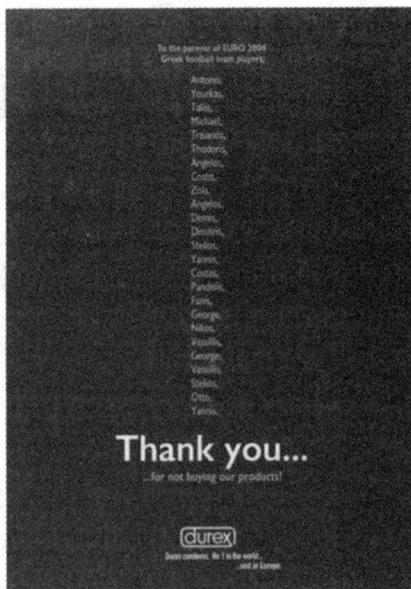

图6-3 杜蕾斯广告

另外一则同样言简意赅，意涵丰富：

文案：To all those who use our competitors' products：

Happy Father's Day.
（致所有那些使用了我们竞争对手产品的人
——父亲节快乐。）

其次，文案部分简明扼要，将吸引读者的任务交给图片去完成。

再者，文案的版面布置也应该做适当的调整，配合画面吸引读者的阅读兴趣。比如美国一家公司为新出品的燕麦片做的杂志内页广告，就很有特色。广告画面上一碟燕麦片旁，立着一尊世人熟知的维纳斯像，下面一句广告语："假如她有双臂的话……"在画面的右下角则是随文，以小字介绍了公司的名称和联系方法。维纳斯多少年来一直是全世界人民心中美的偶像，而且，围绕着她的断臂，各国雕刻家和社会学家都在进行科学认真的分析、猜测。当年完整的维纳斯，双臂究竟是什么姿态？这家公司的广告设计者出人预料地提出了大胆得近乎荒谬的想象：美丽的维纳斯的双臂，应该伸向他们公司生产的燕麦片！古老如梦幻般的"维纳斯"竟和现实而具体的"燕麦片"联系在一起，显得十分幽默与浪漫。在这种鲜明而巧妙的对比反差所形成的轻松诙谐的喜剧氛围中，精明的广告设计者轻而易举地将商品信息刻入了受众心中。

另外，杂志广告文案的写作还有一些细腻的地方值得注意：

用文案来提升广告画面的品位或与画面品位、气息相协调，同样的诉求点，文字的魅力可以赋予它不同的气息和品位。

仔细检查文案给出的信息，画面已经"说"出来的部分，文字就要删减掉；由于画面具有不可避免的多义理解，在诉求点不够自然突出时，文案需要对诉求点"点睛"。

不要指望在杂志广告中用文案来充满整个版面，如果是杂志"软文"，就要做得像文章而不是像"广告"。

杂志排版非常考究，如果杂志翻开，整体气息非常清新高雅大气舒爽，不要让杂志广告在这种气息下显得粗糙低俗格调不高，也就是说，杂志的文案以及整体的广告创意要和杂志的排版、编辑环境所散发出的氛围相融合，借力杂志，助推广告的效果的实现。

如下面的例子（图6-4）：

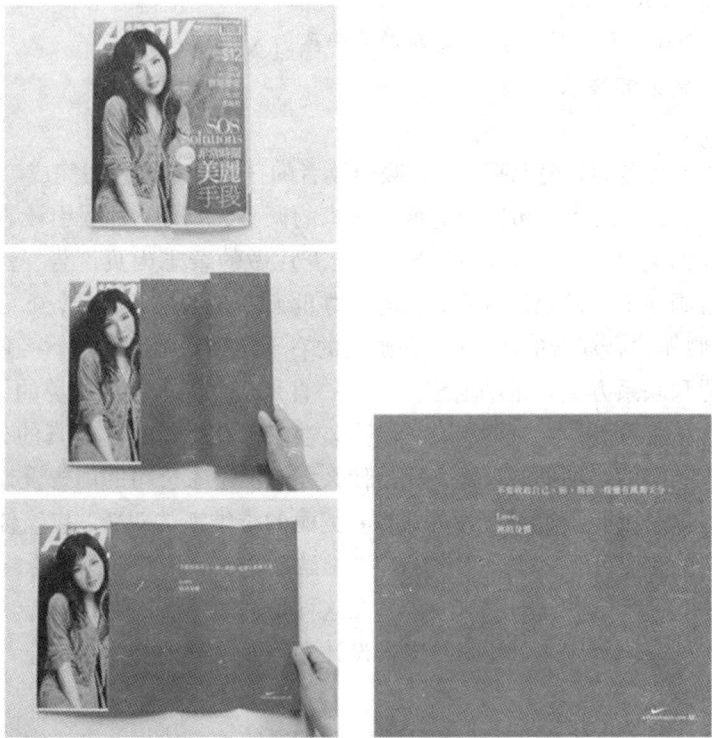

图 6-4　耐克广告

文案：

我更爱你不施粉黛的样子。Love，你的身体

文案：

不要收起自己,你,与我一样富有跳舞天分。Love，你的身体

七、杂志广告文案写作要点

杂志广告与报纸广告有许多的相似之处，用于报纸广告文案的写作技巧对于杂志广告文案的写作而言，很多地方是相同的。但由于杂志广告又具有自身的许多独特之处，从而导致了杂志广告又与报纸广告有很多不同的地方。

（一）图文搭配适当，充分发挥图片的作用

一般来说，杂志广告中的标题，其字体都较大，这样，正文就相对较少。报纸广告的标题虽然也很大，但其作用主要是吸引读者的注意力，并诱导读者去阅读正文，因此其正文内容较丰富，要求图文相互之间密切配合，和谐统一，并不存在谁更重要的问题。与报纸广告比较而言，文案与图片是杂志广告重要的表述手段，由于杂志自身的特点(印刷质量高、纸张质量好等)，图片更多承担了传递形象信息的任务，如果图片没有很好的文案做解说，图片的内涵就不容易使读者理解，可能造成不必要的误导。同时，如果杂志中出现了过多、过密的文案，则失去了杂志自身的特点，不能充分发挥杂志媒体的优越性。

(二)注意杂志广告文案的专业化

杂志广告的目标受众群体，均有一定的专业素养和文化水平，因而在专业性杂志上做专业商品广告，采用专业化的语言风格，易于为专业目标受众所理解，不仅可以节省很多文案，而且有利于有的放矢，增强广告效果。比如，在电影杂志上做影视广告，在体育杂志上做体育用品广告。

同时，在专业杂志上请相关的业内专业人士做专业陈述，利用名人广告诉求效应，广告文案的语言选用相应的专业术语和专业化的语言风格，人们会在崇拜心理和共同心态的作用下，跟从其消费。

这里有一则刊登在美国《体育周刊》上的广告文案范例：美国一家广告公司为 Nike 集团公司创作了一幅单页、四色的印刷广告。这个广告全幅刊登了体育界著名人士卡尔顿·费斯克的头像，并在版面的左侧以左边对齐的方式从上到下排列文案。文案每一行的长度都不一样，长的可占画面横向的1/3，短的只有两个单词。文案在画面上的视觉效果类似于电视广告的话外音，相当引人注目。其文案如下：

> 我，不要一刻钟的名声，
> 我要一种生活。
> 我不愿成为摄影镜头中的万人注目者，
> 我要一种事业。
> 我不想抓住所有我能拥有的，
> 我想有选择地挑选最好的。
> 我不想出售一个公司，
> 我想创建一个。
> 我不想和一个模特儿去约会。
> 那么我的确想和一位模特儿去约会。
> 控告我吧。

但是我剩余的目标是长期的。

一天天作出决定的结果，

我要保持稳定。

我持续不断地重新解释诺言。

沿着这条路一定会有

瞬间的辉煌。

总之，我就是我。

但这一刻，还有更伟大的，

杰出的记录，

厅里的装饰。

我的名字在三明治上。

一个家庭就是一个队。

我将不再遗憾地回顾。

我会始终信奉理想。

我希望被记住，不是被回忆。

并且，我希望与众不同。

只要行动起来。

在画面的右下方，则是对卡尔顿的介绍：Carlton Fisk，到目前为止，已在主联盟效力 21 年。

此广告就是采用了名人广告的诉求形式。用具有说服力的行业代表来引起目标消费者的高度注意和自觉的跟从。而这个注意和跟从是一种生活方式和价值趋向的注意和跟从，是行为方式的注意和跟从。卡尔顿在此既是一个舆论的领导者又是一个示范性的消费者。广告中产品的目标消费者是运动员和运动爱好者、运动崇尚者，以运动员中的佼佼者做广告模特，讲述出运动员的心声。

（三）文案的语言要符合杂志读者的品位和文化素养

目前我国杂志可分为三种类型，即专业性杂志、综合性杂志和休闲性杂志。专业性杂志的读者的知识水平和文化素养较高，在这类杂志上做广告，语言要典雅、庄重，具有一定的专业性，切忌庸俗、花哨、无文化。综合性杂志，涉及面较广，读者成分复杂，在这类杂志上做广告要考虑让不同层次的读者读懂文案，并善于把握不同读者的共同利益点。休闲性杂志的阅读面较广，这类杂志或以热门话题吸引人，或以独特风格吸引人，在这类杂志上做广告，语言要平易近人、通俗易懂。例如《三联生活周刊》的一则房地产广告：

当周围人都习惯以你为中心，想有片林子一个人静静地享受孤独么？

枫丹白露林边的家，给懂得享受孤独的人。

是的，你喜欢身边人都以你为中心的感觉。不过，你也喜欢独处的乐趣。

当电子邮件、电话、会议、饭局、聚会，让你身不由己的时候，也许你也渴望有一个地方，可以关掉手机，屏蔽一切与工作、应酬有关的事或人，一个人静静地待会儿。

来吧，朝阳公园东门边有一片枫丹白露林，没有城市烦嚣，只有轻轻的风响，密密的林子，斑驳的树影，幽幽的小径……有时，能享受一个人的世界是莫大的幸福。

东润枫景发现居住的真意

"以敏锐姿态反馈新时代、新观念、新潮流，以鲜明个性评论新热点、新人类、新生活"是《三联生活周刊》的办刊宗旨，其读者对象主要是受过高等教育、关心时代发展进程，不断从中寻找自己的新型知识分子。他们是在推动社会发展进步中起积极作用的主流人群，有较宽的视野，敏感于社会变革；有与时代发展同步的新观念；有自己的专业领域，会阅读专业杂志。因此在这类杂志上投放的广告格调要高，产品目标消费者与杂志的目标读者对象应该高度吻合。

（四）内容详尽具体，讲求实效

由于杂志这一媒体与报纸相比，具有更高的精读率和传阅率，所以，一般而言，杂志广告在内容上比报纸广告更加详尽具体。但详尽具体不等啰唆，要摒弃空话、废话和套话，把话说到点子上，也就是要讲求实效。

如《读者》杂志上的一则力士美容洁面乳广告：

展现生动美丽的一面

谁会喜欢木头娃娃那种硬绷绷、毫无生气的感觉呢？

人人都渴望拥有一张生动娇柔的面孔。全新的力士美容洁面乳，蕴涵天然成分，配方纯净温和，为您缔造娇颜，让你真正拥有生动娇柔的面容。

力士美容洁面乳，真正彻底洁净，而无须担心碱性成分刺激面部的娇嫩肌肤，并能有效促进皮肤的新陈代谢，使皮肤润泽而富有弹性。

均衡型：

● 含天然芦荟精华，纯净温和，能有效去除分泌过剩的油脂。

● 保持皮肤爽洁舒适，柔软细润。

保湿型：

● 含天然小麦胚芽油，营养滋润，保证面部皮肤特有的水分不流失。

● 使皮肤幼滑娇嫩，富有弹性。

全新力士美容洁面乳，给你面部前所未有的轻柔呵护！并展现生动美丽的一面，使你更有自信！

文案首先介绍了力士美容洁面乳的功效，然后又详细介绍了产品的两种类型（均衡型和保湿型），最后鼓动消费者去"展现生动美丽的一面"。全文既详尽具体，又切中要害。

相反，下面一则杂志广告相对而言就显得有些不得要领，缺乏实效：

我厂坐落在海滨城市——青岛市郊，交通方便，青岛栈桥、崂山，风景宜人，是全国闻名的旅游避暑胜地。

我厂制造塑料机械已有近二十年历史，技术力量雄厚，设备精良，工艺先进；产品质量精湛，在国内享有盛誉，畅销全国27个省、直辖市、自治区。

一个制造塑料机械的企业在广告中大谈"风景宜人"、"避暑胜地"，显然是离题万里，让人误认为是旅游广告。此乃广告文案大忌。

如果说报纸广告文案更强调语言的新颖独特和冲击力的话，那么杂志广告文案则更强调语言的实在、具体。

（五）将理性诉求和感性诉求推向极致

杂志广告的文案有两种重要的策略，一是利用其精读率高、容易保存的特点，进行详尽的叙述和论证，将理性诉求推向极致；二是利用其印刷精美的特点，以优美精致的画面抓住读者的眼球，并配以情绪化、个性化的文案，将感性诉求推向极致，如左岸咖啡馆的系列广告（图6-5）：

文案(一)

我在左岸咖啡馆

也在去左岸咖啡馆的路上

飞往巴黎的长荣左岸专机，空服员优雅地为每个人端上热咖啡

四周的景致与空气中的咖啡香，让人宛如置身左岸咖啡馆……

(a) 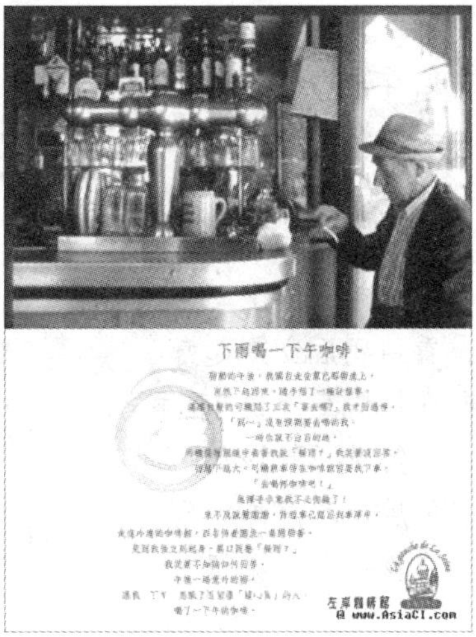　　　　　　　　　　　　　(b)

图6-5　左岸咖啡馆系列广告

文案(二)

下雨喝一下午咖啡

聊赖的午后

我独自走在蒙巴那斯道上

突然下起雨来

随手招了一辆计程车

满头白发的司机问了三次

"要去哪?"

我才回过神。

"到……"

没有预期要去哪的我

一时也说不出目的地

司机从后照镜中看着我说
"躲雨?"
我笑着没回答
雨越下越大
司机将车停在咖啡馆前要我下车
笑着说
"去喝杯咖啡吧!"
他挥手示意我不必掏钱了!
来不及说谢谢
计程车已回到车队中
走进冷清的咖啡馆
四名侍者围坐一桌闲聊着
看到我后立刻起身
异口同声地说"躲雨"?
我笑着不知该如何回答
午后一场意外的雨
让我一下午见识了
五个会"读心术"的人
喝了一下午的咖啡。

术　语

报纸广告　杂志广告　跨版广告　整版广告　半版广告
双通栏广告　单通栏广告　半通栏广告　报眼广告
报花广告　封面　封二　封三　目录对页　封底

思考题

1. 给出你自己的平面广告、报纸广告、杂志广告的定义。

2. 在平面广告中,怎样才算是图文结合? 图文结合的好处有哪些? 怎样才能做到图文结合? 给出你的意见。

3. 除了课本上提到的之外,报纸广告、杂志广告的文案写作还应注意哪些问题?

4. 选择某一种产品,尝试写作一则报刊广告,并把它发展成系列广告,说明其中你所运用的文案创作技巧,其中你有做了哪些创造性的应用?

第七章
广播电视
广告文案

教学目标

1. 了解广播电视的历史，认识广播电视广告。

2. 理解广播电视广告的优势与不足。

3. 明确广播电视广告的特点，广播电视广告的各种形式及相应的文案特点。

4. 理解广播电视广告的写作要点、写作要求。

5. 掌握广播电视广告的写作方法、写作技巧。

第一节　广播广告文案及其写作

1916 年 11 月，马可尼公司的无线电报务员戴维·萨尔诺夫向公司提出一项关于制造"无线电音乐盒"的建议，其中提到这项计划，将使这种产品成为普遍的家庭用品，并提议该产品上要安装几个不同的波段，以供使用者用按钮随意选择。4 年之后，萨尔诺夫的建议变成了现实——"收音机"问世了。人类进入了一个无线电广播的时代。

在随后的岁月中，收音机的种类在不断增多，外观在不断改变，内在的技术也在不断更新。1919 年，四极管；1922 年，第一台车内收音机；1924 年 6.6kg 的手提箱大小的便携式收音机；1937 年，五极管；1947 年，第一个点接触型晶体管……收音机的体积越来越小，价格越来越便宜，携带越来越方便，晶体管收音机走进了越来越多的寻常百姓家。无线电广播的发展也到了在广泛的大众中普及的阶段。

一个世纪过去了，即使人们已然浸泡在网络的时代，广播的身影依然深深植根于我们的生活，广播也正以变化着的角色，以变应变，迎接着新的挑战，以其独特的魅力在众多的广告媒体中占据极其重要的一席。

广播广告文案，是广播广告制作的依据，一般称为脚本，它是有别于报刊及平面广告文案的另一种文案体裁。广播广告的信息是通过声音来传播的，受众无法看见广告，只能听见广告。这种特殊的传播方式，使得广播广告文案写作有着自己的规律。

广播广告是诉诸人的听觉，具有费用较低、传播迅速、不受时空限制等优点。但广播广告也存在着听众分散、可选择性差、不可存留、直观性差、城市传播能力较乡村弱等缺点。广播广告主要以文案为主，语言文案是最重要的传播方式。同时，广播广告也综合利用音乐、模拟音响等辅助形式，来强化广播广告对人听觉的刺激，增强文案的表现力。

一、广播广告的优势与不足

广播广告具有诸多的优势：传输速度快，可以在同一时间把广告讯息传达给广泛的受众；制作简便，可以针对新近发生的事件作出快速反应，灵活地调整广告内容；收听方便，人们可以一边听一边做其他的事，比如驾驶汽车；广播广告可以针对特定的目标对象，进行个性化的诉求；广播广告以人的声音为主，具有一种类似于人际传播的效果，与报刊广告相比，更有人情味，容易消除消费者的抵触情绪；广播广告对于情绪的表现或抽象的表现，几乎能毫无阻碍地传达给收听者。电视或报纸由于图像或图案的存在，必须把这些具体化，反而不容易表现；制作和播出费用低廉，可以持久地进行品牌形象宣传；另外，广播广告的最大优势，就是可以给人以广阔的想象空间，能够表现原汁原味的生活。"我们在广播中看到的角色全靠想象力来辨别划分，想象力只知道理想化的角色分工。借助想象力，我们看到的不仅有恰如其分的人物，还有恰如其分的环境——风景、城市、乡村、街道、房屋、住宅等等。"

借助于声音，听众还可以通过广播联想到已经播出的电视广告的内容。

下面是一则由斯坦·费雷伯格几十年前制作的广播广告局的广告，形象地说明了广播的优势，其文案如下：

男子：广播，我为什么要在广播上做广告，没有图像，什么都看不到。

费雷伯格：听着，在电视上做不到的事情在广播里却有可能做到。

男子：有这么回事吗？

费雷伯格：好吧，看看这个。（清清嗓子）朋友们，我先提示一下，有一座700英尺，用掼奶油堆成的山。现在，我要让这座山滚滚流入已被抽干了水、灌满了巧克力热饮的密执安湖，在请加拿大皇家空军的战斗机从湖面上飞过，机上装着10吨糖汁樱桃，在2500名临时演员的欢呼声中，樱桃被投进了掼奶油。好了，现在是掼奶油山的提示音！

音响：巨大的隆隆声，接着是阵势很大的溅泼声。

费雷伯格：空军的提示音！

音响：（飞机的嗡嗡声）

费雷伯格：糖汁樱桃的提示音！

音响：（现场的啸叫声和低沉的溅泼声）

费雷伯格：下面是2500名临时演员发出的欢呼声。

音响：（人群发出的巨大的喧嚣声）

费雷伯格：好啦，现在，你想在电视上试一试这个效果吗？

男子：嗯……

费雷伯格：你看，广播真是个独特的媒体。它可以使人的想象力得以延伸。

男子：难道电视就不能延伸人的想象力吗？

费雷伯格：能，但只是21英寸，情况就是这样。

用广播来发布广告在一些方面也具有一定的劣势，如，广播传递信息像电视一样是转瞬即逝的，播报过后，信息不能够保存；受众收听广播随意性太强，对内容的关心程度低。广播广告全凭听觉，没有图像也没有画面，诉求的传达上受到一定的限制，等等。

二、广播广告文案的构成要素

广告文案的基本构成要素有标题、正文、随文和广告口号。而广播广告文案要根据广播媒体的特性来进行。广播最大特性是完全依靠声音来传播，消费者根据生活经验将其联想到一系列形象。广播中的声音一般分为人声、音乐和音响三种，典型的广播广告文案正是由人声、音响和音乐构成的。

（一）人声

人声就是广告中的语言。一般表现为播音员的播读或广告中人物的对话，有时也表现为旁白。人声实际上是以声音的形式出现的广告词，是广播广告的核心要素。

除了语言的内涵以外，人声还有音色、音调、力度、节奏等声音的表情特征。识别人声主要靠音色，不同的音色给人的心理感受不同，比如明亮的女声能让人感到青春的活力，浑厚的男声具有深沉的感觉。音调的高低可以表现人的情绪，力度的大小可以表现强调，节奏的快慢可以反映人的性格和心理状态。

因此，一个优秀的广播广告应该努力帮助听众认出说话者，并且看到他的长相、穿着，他是站还是坐在那里，甚至可以从中猜出说话者的职业、性格、爱好，等等。人声语言又可以分为广播语言和人物语言两种，在创作过程中应注意以下几个方面：

（1）通俗。生活化、口语化，在语言上的整体表现风格应该做到：

一是单音字改为双音词；二是将书面语改为口头语；三是避免同音不同义的词；四是将长句改为短句子，少用倒装句；五是名称要用全称而不用简称，少用缩略语；六是内容要浅显。

（2）简洁。一般一分钟内。每分钟在200～250个字。用短句子，词汇多用动词。

（3）生动。语言形象可感，讲究节奏韵律，注意塑造情境。运用修辞特别是比喻、夸张。

（4）注意语言的节奏。情感强烈的节奏就快，反之则慢。同时，表现在句子上有长短交错之分。整体广告，尤其是全部语言，还可以争取符合一定的韵律，有一条曲折的情感进展线索，注意高潮的发生。

（5）用好形容词和感叹词。文案整体浑然一体，无论在语句的恰当上，还是在情感的发展上，都要注重风格，创造美好意境，引导听众不知不觉中进入。

（6）语言最有效的技巧是重复。要对关键的语句——主要是标语，其次是品牌名称和联系方式，至少重复3遍，让听众记忆。

（二）音乐

在广播广告中，音乐是衬托也是信息表达方式，它包括乐曲、广告歌以及某些音响效果。它用在广告的开头，可以给听众一种心理上的准备，诱使听众注意。其主要类型有：标题音乐（专供配音，音带上附有标题，在节目开始时播放），背景音乐（也用来配音，有较强的欣赏价值），主题音乐（主旋律，贯穿广告；专门制作，也可选用）。

不是所有的广播广告都需要音乐，但是恰当地使用音乐，有助于显示情景，表现地域特色或制造气氛。广告歌要易记、给人强烈印象。它清新简练（常用熟悉曲调而填写新歌词）、突出主题（重复）、美妙动听（便于哼唱流行），令人产生印象并联想到广告中心内容。广告歌的特性有诱导性（广告中心内容的象征）、大众性（只要有听觉的人都能接受）、感染性和接近性。

一项调查发现，音乐在广告中承担这几种不同而又关键的任务：①为销售讯息营造有别于竞争对手的情感氛围；②加强特定的文案要点，塑造别具一格的品牌个性；③在销售表演的始终，赋予销售表演一种整体感；④为受众自始至终收听这条广告提供一个亲切的借口；⑤在广告发布较长时间后发挥免费广告的作用（例如，部分消费者哼唱或用口哨吹广告音乐）。

（三）音响

音响也叫音效，是指除了语言和音乐以外的一切声音。包括：自然声音、动物声音、物体声音、人活动声音。一般是指环境音响，如风声、雨声、汽笛声、嘈杂声等。除此之外，还有人或动物活动的声音，如脚步声、开门声、咳嗽声、笑声、哭声等。音响的作用在于传递广告信息，增强表现力和感染力，创造声音环境，甚至叙述一个事件，表达特定的思想感情，叙事性明显。音响具有强烈的空间感，"它可以在很短的时间内利用空间的层次创造一种情境、一种背景，它可感受、可理解，无须另外的解释。它又可以与解说产品的人声同时存在，一起发展，从而增加单位时间的信息量"。

音效具有强烈的暗示作用，常常可以代替语言的描述，令人侧耳倾听。

听众还可能在声音的刺激下，根据自己的经验，把感知的声音(例如鸟鸣、流水声)和物体(鸟、溪)等重新组合，在头脑中产生形象，实现试听联想。

三、广播广告文案要创造性地利用声音

广播广告是一种线性传播，听众无法回头思考、查询，要使听众一听就明白，一听就懂，就应该避免内容的空洞和抽象化、概念化，要善于运用口语或者生动具体的广告词语来进行表述。

(一)恰当应用广播广告中的有声语言

有声语言包括话语声、感叹声、笑声、哭声、吵嚷声、嘈杂声等。其中话语声是最主要的，也是构成要素中最重要的。

有声语言在广播广告中是举足轻重、决定成败的关键性要素，它必须具备如下特点：

(1)具体形象性。能够唤起受众的想象和联想，在听众脑海中形成画面或图像。充分发挥广播媒体"固有的温暖特性和陪伴功能"，通过亲切的话语，与受众心心相通，使信息平添真实感。

正文：
孙子："爷爷，怎么老喝茶。"读茶叶罐上的名称"云南真红茶"。
爷爷："真字上三点水应读滇(diān)。"孙子："云南滇红茶。"

这则广告针对广播广告有声音稍纵即逝、听着稍不留意就会遗漏要点和人们的听觉记忆普遍弱于视觉记忆等特点，巧妙地安排一个天真好学的孩童读错字，经他的爷爷纠正这样一个反复过程，来着重强调茶叶的商标。"滇"是云南的简称，不认识这个字的人很容易读成"真"字。广告运用爷孙俩的对话来做广告，饶有情趣，还显得合情合理，能够给人留下深刻的印象。

(2)轻松愉悦。让听众感到轻松愉快，能激起人们的欣赏兴趣。

(3)悦耳有节奏。每句话、每个字音都应悦耳动听，寓于节奏感和音乐美。信息代言人应与信息密切相关，其声音应与广告目标吻合、一致。

(二)巧妙地运用音响

音响也是广播广告文案重要的构成要素，它指的是除了有声语言和音乐之外的各种声音，是为塑造广告形象、体现广告主题服务的又一辅助手段。它主要包括以下两种类型：

(1)模拟大自然中的各种声音，包括海浪的声音、下雨的声音以及动物

的各种叫声等。

（2）各种自然物体运动摩擦发出的声音。如火车的"轰隆"声、人的脚步声、鼓掌声等。

显然，音响在广播广告中并非可有可无，它的作用也是很重要的：可以烘托环境背景，增强逼真性；创造运动感，平添生活气息；叙述消费品性能特点，强化听众感受；渲染情绪气氛，表达思想情感；用做比喻象征，深化信息内容等。因此，广播广告文案对音响的处理也应予以重视，恰当运用。

（三）不能忽视音乐的作用

广播广告中，音乐是十分重要的构成要素，它是通过旋律和节奏来传情达意，为表现广告内容服务的辅助性手段。但它不具备独立的确切的表意功能，不能单独传播广告信息，只能间接地为广告信息的传播起辅助作用。广播广告中悦耳动听、与语言的节奏和谐一致的音乐，能够唤起听众的情感共鸣，消除与听众之间的心理距离。特别是广播广告中的歌曲或民谣，可以调动听众的参与意识，强化广告信息，增进记忆，促进哼唱与流传，延续广告的传播效果。因而，音乐，特别是歌词的创作是广播广告文案不可忽视的重要因素。

音乐在广播广告中还起到增强广告的艺术感染力、沟通与听众感情的作用。在广播广告中配上音乐，能够引发听众的收听兴趣，并使之在不知不觉中记住广告的内容。资料显示，人在一定的音乐旋律的配合下，可以加深记忆力。某一个商品广告如果配上贴切、融洽的音乐，随着时间的推移，重复的音乐会在听众的脑海里留下深刻的印象，这就像电影、电视的主题曲一样，品牌化了。人们一听到熟悉的音乐就会十分自然地联想到是什么商品。需要说明的是，音乐本身并不具有推销的功能，只有与文案、音响配合在一起，才能真正说明问题。此外，在播放广播广告中的配乐时，还要注意控制音量，不能喧宾夺主，使人听不清楚宣传的内容。

四、注意广播广告文案三要素之间的配合

广播广告三要素（语言、音响、音乐）之间的结合有不同方式。比如：

（一）只有语言，没有音响和音乐

这是广播广告中常见的一种。其优点是简洁明了，制作简便，具有短、平、快的特点；缺点是容易显得单薄、平板，缺乏吸引力。

（二）音乐和语言相互配合

具体可分成以下几种形式：

（1）以音乐开头，然后与语言相混插；

（2）以语言开头，然后与音乐相混插；

（3）语言与音乐齐头并进；

（4）语言和音乐交替出现。

（三）音响和语言相互配合

这种配合分为以下几种形式：

（1）以音响开头；

（2）音响和语言交替出现。

（四）音响、音乐和语言的配合

这种配合分为以下三种形式：

（1）以音乐开头，穿插语言和音响；

（2）以音响开头，穿插语言和音乐；

（3）以语音开头，穿插音乐和音响。

所以说广播广告中的人声、音乐和音响三种要素，并非简单相加而是高度融合，共同塑造品牌形象，传播广告信息。至于三要素的组合方式则多种多样，要根据广告内容和作者的艺术追求而定。但必须遵循一条原则：寻求三要素的最佳组合方式，一切都为传播广告信息、保证广告效果服务。

五、广播广告文案的表现形式

广播广告文案的表现形式，是由广告内容决定的，同时也受广播媒体特点的制约。由于广告内容的丰富多彩、广告创意的千变万化，有声语言的博大精深，广播广告文案的表现形式也就色彩纷呈、不拘一格。诸如直陈式、对话式、故事式、小品式、戏曲式、说唱式、快板式、相声式、诗歌式、歌曲式、新闻采访式、讨论式，等等，都适用于广播广告文案写作。这些表现形式，均以有声语言为表现手段，而且声音是唯一的表现手段，从而形成了广播广告文案独有的表现形式的特殊性。

（一）直陈式

又称直接式、直截了当式。即首先将广告文案写好，再由播音员在录音间直接播出的广告形式。这是电台广告中最常见的，也是最基本的表现形式。其特点是简便、快捷、时效性强，而且价格低廉。缺点是形式简单，内容枯燥。但可在文案写作上下工夫，充分发挥语言的感染力和播音员的播音技巧，以及用音乐、音响的配合来弥补。这种形式可进行现场直播，所以又称"直播式"或"单人播送式"广告。

请看台湾统一企业公司在"父亲节"所做的广告。

案例：爸爸的脚步

爸爸的脚步，永不停止

曾经，我们携手走过千万步

逛过庙会，赶过集会

走过沙滩，涉过溪水

爸爸的脚步、陪我走过好长的路……

一面走、一面数

左脚是童话，右脚是盘古；前脚是龟兔，后脚是苏武

爸爸的脚步，是我的故事书

一面走、一面数

左脚一、三、五，右脚二、四、六；前脚是加减，后脚是乘除

爸爸的脚步，是我的算术

爸爸的脚步，是我的前途

为了孩子，为了家

爸爸的脚步，永不停止……

今天，让我们陪爸爸走一段路

赠送《健康养生特辑》。即使不能亲身随侍，也请打个电话，写封信，表达对爸爸深深的感恩之情。

这则广告正文是以极其生动细腻的描述，刻画了父亲在孩子心目中的崇高地位，从而激发起人们最淳朴的情感。文案读来恰似一篇散文，描绘真切感人，给读者留下十分鲜明深刻的印象。

(二)对话式

即通过两个或两个以上人物的相互交谈，将信息内容介绍出来的一种方式。这种形式比较生动活泼，富于生活气息，再加上音乐和音响的烘托，能够创造特定的情绪和氛围，吸引听众的注意力，激发其强烈的兴趣。例如下面这则促销广告：

案例：服饰俱乐部招会员

甲：哇！×××服饰俱乐部又有新活动了哦！

乙：是啊，有青春之夜服装表演会及欢乐大抽奖哦！

甲：6 月 22 日前，凡在×××服饰专卖店一次性消费 200 元的顾客都会加入×××服饰俱乐部，并被邀请参加 6 月 25 日的青春之夜服装表演会，现场还将有欢乐大抽奖！一等奖是一份价值 3000 元的奖品哦！

甲乙：我们赶快去加入×××服饰俱乐部吧！

这种对话形式比较容易吸引听众的注意力和收听兴趣，是一种较为普遍的广告形式。

（三）故事式

即通过精心构思有头有尾的小故事或情节片断，来传播信息内容。故事式类似于小小说，通过播音员播讲出来。其特点是故事生动有趣，能够引人入胜，使听众通过娓娓动听的故事，接受广告内容，并对产品产生好感，从而成为产品的消费者或潜在消费者。

比如，以下一则广播公益广告《身残志坚》的"听太阳篇"文案，是由武汉大学广告系创意、中央人民广播电台制作的公益广告，荣获 1997 年度全国公益广告大赛广播类金奖。

（海浪声，舒缓的音乐起）

（女声旁白）凌晨，一个快要失明的少女来到海边，想要最后看一眼海上日出，一位伫立在礁石上的老人出现在她模糊的视线里。

（少女声）老爷爷，你也是来看日出吗？（老年男声、温和地）我是来听日出的。

（少女声）听日出？

（老年男声）我的眼睛 30 年前就看不见了。

（少女声）可日出您也能听得见吗？

（老年男声，充满激情地）你听。（音乐转为激昂）太阳出来时，大海，对它欢呼着，我虽然看不见，但我心里却感觉到了。

（乐声渐强，随着男声结束，达到高潮）

（少女声，兴奋地）老爷爷，我听见了，我听见了，太阳走过来了！（男声旁白）只要我的心中拥有太阳，生活就永远充满希望！

该广告通过一位即将失明的少女与一位盲人的对话展开故事情节，巧妙地借"听日出"引出了寓意深刻的故事。伴随着舒缓的音乐声，出现了两位盲人：一位小姑娘，一位老伯。盲人老伯用耳朵来"听"日出。在好奇心的引导下，小姑娘发现这个所谓的"听"只是一种象征的说法。这看似离奇却十分真实的故事，突出了盲人老伯身残志坚、热爱大自然的思想感情。在老伯精神的感召下，小姑娘也和他一起听"日出"，学会了战胜困难、欣赏自然，去创造生命的辉煌。在人们看来，一般情况下，日出是只能用眼睛看的，而这则广告以独特的视角和与众不同的创意，用"逆向思维"来创造"听日出"的情境，表现残疾人自强不息的精神。

（四）戏剧式

戏剧式指的是将一定的故事情节或者冲突的生活情景编成戏剧，通过演员演播，将广告内容表述出来。其特点是文艺性强，曲调多为听众所熟悉，容易为听众接受，从而可以拓展出广阔的销售市场。如《时代》周刊的一则广告：

——对不起，先生，半夜三更您在这儿干什么？

——看见你太高兴了，警官先生。

——我问您在这儿干什么？

——我住得不远，那边，第四栋楼……门口正在修路。

——先生，别废话了，请回答我您在这儿干什么？

——哎，别提了。我本来已经上床睡觉了，可是突然想起白天忘了买本《时代》看看。

——您穿的这是什么？

——衣服？睡衣呀，走的时候太慌张了。我老婆的睡衣，很可笑。

——上车吧，我送你回去。

——不行，没有《时代》周刊我睡不着觉，躺在床上得看看"电影评论"、"现代生活掠影"这些栏目……

——好好，快点吧，先生！

——试着看过其他杂志，都不合胃口，你知道《时代》发行情况在上升吗？

——不知道，我知道罪案发生的情况。

——像我这样的《时代》读者多得很，比如温斯顿·丘吉尔，你呢？快快，不好了，快停车，你总不能让我因为穿着老婆的睡衣去酒吧就把我送到警察局吧？

——您到家了，下车吧。

主持人：《时代》周刊，轶闻趣谈。买一本，度过良宵。看一遍，安然入眠。

这是《时代》周刊创作的一则幽默性广播广告剧。巡夜的警官先生碰到一位因走得慌张而误穿了太太睡衣的男士，并误把他当成醉鬼。在这场误会性的对话中，广告设计者不失时机地通过"假醉鬼"的嘴巴，将《时代》周刊的内容（"电影评论"、"现代生活掠影"）、信誉（没有《时代》周刊我睡不着觉）、发行量（《时代》周刊发行情况一直在上升）和读者群（像我这样的读者很多，比如温斯顿·丘吉尔）等，做了不露痕迹的宣传和鼓吹。内容充实，举例具有代表性，使听众在领略到夸张性的戏剧效果的同时，对《时代》周刊产生了信任。

（五）快板式

即以快板这种为听众所喜爱的艺术形式，来传播广告信息。快板，又称"顺口溜"、"练子嘴"、"数来宝"等。这种形式的广告文案需将广告内容写成快板词，一般以7字句为基础，可根据需要增删，要押韵，间插说白。分单口、双口和三人以上群口三种形式。形式灵活，气氛热烈，听众可在娱乐中接受信息，消除听广告的抵触心理。广告语言生动、形象，朗朗上口，成为了大江南北最为受众喜爱的广告语之一。

创作快板式广告要注意掌握以下几点：

第一，快板词以七言句子为主，也可三言句、五言句。语言要形象、新鲜、活泼，节奏感强，音节响亮；

第二，可以一韵到底，亦可中途换韵，还可以随时插入念白；

第三，不要直接介绍商品，要把广告信息与情节设置巧妙地结合起来。

第四，内容要集中，段落不宜过长。

（六）相声式

即以相声这种为广大群众喜闻乐见的曲艺形式来传播广告信息。它以说、学、逗、唱为艺术手段，以风趣、诙谐、引人发笑为艺术特色，长于讽刺幽默，也善于歌颂新生事物。这种形式的广告文案需写成相声小段，再请演员演播，使听众于笑声中接受信息传播。形式有单口相声、双口相声和三人以上群口相声三种，其中二人对口相声更为普遍。比如这则"×××电吹风"广播广告文案：

甲：问您个问题。

乙：你问吧。

甲：你喜欢吹吗？

乙：你才喜欢吹呢！

甲：你算说对了，我的年纪就是吹出来的。

乙：是呀！

甲：我会横着吹，竖着吹，正着吹，反着吹，能把直的吹成弯的，能把美的吹成丑的，能把老头吹成小伙儿，能把老太太吹成大姑娘啊！

乙：嗬，都吹玄了！

甲：我从家乡广东开吹，吹过了大江南北，吹遍了长城内外，我不但在国内吹，我还要吹出亚洲，吹向世界！

乙：你这么吹，人们烦不烦哪？

甲：不但不烦，还特别喜欢我，尤其是那大姑娘、小媳妇，抓住我就不撒手哇！

乙：还是个大众情人！请问您尊姓大名啊？

甲：我呀，×××牌电吹风。

乙：咳！绝了！

这则广播广告，由于采用双口相声形式，把看来枯燥乏味的信息内容表演得妙趣横生、幽默轻松，使听众打消了收听广告的抵触心理，百听不厌，于欢笑中强化了对广告内容的记忆。

六、广播广告文案的特殊要求

针对广播广告的特殊性，其文案表现出以下几个方面的特殊要求：

（一）力求形成第一印象

广播是一种非持久性的媒介，传播内容非常迅速，因此广告内容一定要将信息一次到位地传递给听众，让听众可以马上就了解到广告宣传的内容。这就要求文案必须集中宣传重要的信息，突出品牌或是产品的功能性，并做富有吸引力的传达。

（二）文案语言简单明了

正是因为广播是一种非持久性的媒介，传播内容非常迅速，所以，广播广告文案应该单纯明确，只需要简单说明，不要过多地解释信息，比如品牌、产地等。

（三）增强广播广告的趣味性

很多情况下，听众在收听广播时，都是一边从事其他的工作，一边收听广播。对于广播的内容只是可有可无地进行关注，将广播的内容更多地作为了一种消闲的声音背景，因此，广播广告的内容必须利用音乐、音响、语气、情感等一切可能的手段，来增强广告的趣味性和吸引力。

（四）篇幅适当

如果不考虑背景音乐和音响，正常情况下，按照每分钟200字的普通话语速，30秒广播广告最多可以容纳100个字的文案；15秒广播广告最多可以容纳50个字的文案；5秒广播广告最多可以容纳20个字的文案。当然，这只是一般规律，文案写作的时候还应该考虑品牌个性和具体的表现形式及要求。适当的篇幅，可以给听众回味、思考的余地，如果不考虑篇幅，那种由播音员急匆匆地从头到尾、不给听众一点喘息时间的广告，很容易引起听众的反感，广告的效果自然也就大打折扣了。

七、广播广告文案的写作要点

广播广告文案的写作，不仅要"写"，而且还要综合考虑音效、音乐的配置，以及总体的合成等因素，是一个系统的工程。

（一）为听而写

广播广告文案既不是为"读"而写，也不是为"看"而写。收音机是不同寻常的，你的眼睛不能看见它所说的，但你的心可以。有的广告词用于书面广告效果很好，但如果大声地读出来，听起来效果就不大一样了。广播广告作为仅凭声音传递信息、诉诸人的听觉的广告，其文案写作必须树立"适听"观念。为"听"而创意，为"听"而写。

广播广告应该善于挖掘利用广播媒介"听"的特性，提供丰富的听觉素材，包括有趣的对话、生动的音响，并且将"听"广告与诉求对象日常生活中的听觉经验结合起来，引导他们认真地"听"，让广告更有吸引力。

（1）广播广告文案的撰写要充分发挥汉语的丰富表现力，要让听众字字听得清，句句听得懂，使听众正确理解创意。这就必须掌握有声语言与书面语言的差异。

（2）广播广告文案的语言要认真精选，反复推敲，避免使用谐音词、同义词或多义词，以及容易产生歧义和误导的词语。比如，"向前"看，容易听成"向钱"看，"伤风"容易听成"商风"等等，必须将之换成准确且无误的词语。

（3）对广播广告商品要有所取舍。广播广告应选择一些与人民群众的物质和文化生活密切相关，容易说得清楚、听得明白的商品。对于有些单纯用声音不易解释清楚的商品，则不适宜广播广告文案撰写。如有些高科技消费品，符号多，或外文字母多，仅凭声音很难分辨。

（4）广播广告语言要有亲和感，充满人情味，关心消费者利益，使听众一听就喜欢，越听越爱听。为增加真实感和形象性，人物对话式和人物独白式的广播广告应该引入生动、真实、可信的人物形象，而不是那种一出场就摆出推荐产品架势的人物。以虚假、造作的人物生硬地介绍产品，是许多广播广告的通病。即使不是面对面的交流，人声也能将讲话者的形象、个性、情绪、感情色彩等传达给听者。广播的这种优势，是一般媒介所无法比拟的，广播文案应该充分利用人声的这一特点，表现人物真实的感情和个性色彩，并通过它们来感染听众。请看下面这则公益广播广告文集：

标题：澳门回归(母亲篇)
正文：(轻缓音乐垫底)
(女儿)：妈妈！
(妈妈)：嗯？
(女儿)：你看，地图上这个字念"门"，这个字又念什么？
(妈妈)：念"澳"，合起来就是——
(合)澳门。
(女儿)：澳门在哪里呢？
(妈妈)：澳门啊，你看就在中国的这里，在祖国妈妈的心里呀！
(女儿)：在心里，是不是就像我在妈妈的心里一样？
(妈妈)：对啊！孩子永远都在妈妈的心里。
(男)：12 月 20 日，澳门回归祖国。
九九归一，普天同庆。

广播文案用女儿和妈妈的对话展现母亲深爱孩子的骨肉之情，孩子依赖母亲的赤子之情，以此象征着祖国大陆与澳门之间水乳交融、无法割舍的情感，表现了祖国永远挂念澳门、澳门急切盼望回归的主题。

(二)通俗易懂

广播广告稍纵即逝，因此一定要讯息单纯，以免听众不知所云，或听了后面忘了前面。语言要通俗化、口语化。谐音词很容易被混淆，例如"富含……不含……"

(三)句式灵活

广播广告的语言应该是人们生活中通常使用的语言，而人们的话语通常都是不完整的，这并不影响双方的理解。如果广告中都是完整的、没有任何语法错误的句子，反而会缺乏人情味，影响真实性。

（四）引发想象

如果文案能够在接收者心中建立起亲切而动人的画面，就会对听众的记忆产生有利的影响。这就要求使用具体、形象、生动的语言，并借助于音乐和音效来达到这种效果。最好在开头就利用语言或音乐、音效描绘背景。

（五）讲求节奏

广播广告的语言，最忌讳的就是冗长和呆板。多用双音词，可以提高语气的清晰度，多用成语、谚语、歇后语可以强化记忆；多用韵母相同或相近的字押韵，能使广告语言起伏有序。

（六）适当重复

要反复强调品牌、客户的名称。广播广告字数不能太多，技巧就是把它融合到你的整个广告中，尽量做得自然得体。对于关键讯息更不能一带而过，除了要通过加重语气来强调外，也要适当地重复。

（七）强调主信息，突出品牌形象

这里的主信息，指的是品牌。广告最直接的目的，就是塑造品牌形象，唯有声音的反复强调，才能加深听众印象。"卖的不是商品而是商品所具有的形象"，这是广告创作中的名言。因为广播听众无法直接见到产品和产品被使用的情境，广播广告更应该注重通过营造氛围引发听众的想象，让产品的形象在诉求对象头脑中丰满起来。

（八）注意停顿

一般来说，30秒的广告不超过120个字，否则播音员就没有时间停顿，或忽略抑扬顿挫，使文案失去了色彩和生动性，听众也没有反应的时间。适当的停顿所留出的空白时间能给广告增加色彩、清晰度和语言的浓度，还能制造悬念，迫使人们侧耳倾听。

（九）引入"说者"与"听者"的互动，避免生硬推荐

为了避免面向诉求对象说教，广播广告可以同时引入"说者"和"听者"的角色，让听众旁听他们的交谈。这是对话式广告常用的形式。但不能让"说者"生硬突兀、强词夺理地介绍产品，而让"听者"扮演一个好听众，应该在两者之间加入真实可信、具有创造性的互动，使对话精彩、有趣。

标题："福苑"装的是哪家的热水器？

正文：

（问）："看报了吗？福苑高层公寓开始发售，它专供海外华侨、外籍华人和港、澳、台同胞永久置业，每平方米654美元。"

（答）："岂止是看呢，我还细细研究过了。它配套设备齐全而高级，电话电源、空调、卫生洁具、柚木地板，铝合金窗、燃气热水器……"

（问）："热水器是哪家的产品？"

（答）："我专门打电话问过市房地产实业公司，"福苑公寓132户全都安装上海三菱电器总厂生产的申花牌对流平衡式热水器。"

（发问的人自言自语）："噢！虹城侨汇公寓、西康外汇公寓都装有申花热水器呢！"……

这是上海早期一则热水器的广播广告稿，广告以对话的方式引出当时新建的福苑高层公寓——这一人们所注目的豪华工程——所用的热水器是哪一家的问题，巧妙地引发出来，达到一种类似名人效应的名"物"效应。人们既然对"福苑"饶有兴趣，那么对它所配置的各种设备（当然包括电器的品种），自然也不无好奇心，于是广告策划者便据此巧妙地提出了标题中的问题。接着，广告正文采取对话的形式，把广告所要广而告之的内容铺陈出来，语言简洁，非常贴近生活实际。问话者直截了当："看报了吗？"答话者不仅是借机发挥："岂止是看呢！"还道是无意却有意地把"热水器"三个关键性的字眼置于句末，这样，那个问话的提出"热水器？哪家的热水器？"这一问题，便是顺理成章的事了。

（十）鼓励行动

广播广告的渗透性和灵活性使它成为很有效的提醒性媒体。尤其是在人们开车前往购物场所的时候，就更是如此。因此，广播广告文案应该用有力的结尾，制造一种高潮，诱人行动。

第二节　电视广告文案及其写作

远距离观看"television"是人类长久以来的梦想。如何实现这一梦想呢？人们经过多次探索，找到了一种方法，即把组成画面的元素分解，然后采用电的方法传输，在接收端再恢复原来的图像。为了实现这个想法，世界上最聪明、最有韧性的头脑付出了巨大的努力。

1926年1月26日，贝尔德在伦敦作公开表演，轰动了英国和世界。贝尔德在前人研究成果的基础上，制造出了第一台真正实用的电视传播和接收设备。他的试验成果表明了电视的真正诞生。贝尔德因此被称为"电视之父"。贝尔德发明的机械电视把电视画面从英国伦敦发射传送到美国纽约。这一重大成就，证明图像是能够通过无线电远距离传送的。自此以后，电视作为一种技术上比较成熟的新型传播媒介，开始进入社会，进入人们的生活。

1936年，英国广播公司在伦敦以北的亚历山大宫建成了英国第一座公共电视台，11月2日正式播放电视节目。一般公认为1936年11月2日英国广播公司电视节目的开播是世界上第一座电视台的开播。

电视是图、文、声、像兼备的视听媒介，与纯粹视觉的媒介如报纸、杂志不同，与纯粹听觉的媒介如广播也不同。它具有在时间中流动的空间形式的"版面"，提供时空相结合的流动的声音和画面相结合的节目，给人以多重的、综合的感官体验。当电视作为一种广告发布的媒介时，本身也就具有了诸多方面的优势，同时也给电视广告文案的创意和写作提出了不同于其他媒介的新要求。

一、电视及电视广告

（一）电视

电视节目诞生于1936年，这种试听结合的媒介一出现就显示出巨大的魅力。各种各样、丰富多彩的电视节目极大吸引了观众的注意力，随着电视科技的发展，又出现了更多的选择空间和更好的媒体传播形式：

（1）有线电视。主要覆盖城市地区，提供大量可选频道的一种付费电视形式，通过特定的有线电视接收线路提供信号来源。目前又出现有线数字电视的新形式：有线数字电视从节目录制、播出、传输和到接收全部采用数字编码技术，比原有模拟电视画面更加清晰，音质更加优美，内容更加丰富。用户除了可以收看到全国各地上星卫视节目外，还可享受影视频道、时尚频道、音频广播、电视节目指南等节目以及央视、上海文广等众多的节目平台提供的专业化、个性化的付费节目。

（2）无线电视。一种电视信号传输方式，通过电视塔以无线电波方式播出电视节目。这种节目在画面质感上不如有线电视，更比不上目前的有线数字电视，但它是电视发展最早的一种信号传输方式，目前在广大农村还很常见。

（3）卫星电视。卫星电视指通过特定的地面卫星接收设备，接收人造卫星转播过来的电视信号，实现更多节目收视的一种电视接收方式。目前家庭用户接收受到限制。

（4）图文电视。指通过特定的数字数据处理，在电视屏幕上显示出静止的文字图形图画，常常以杂志形式出现，服务内容已发展到新闻、气象、旅游、市场、金融、股票、交通、体育、文化娱乐、广告、各种通告等等,这是一种经济、实用、方便的新型信息服务手段。

(5)分众视频。是一类数字户外媒体,它以液晶电视视频的形式在商业楼宇、星级酒店等地方连续滚动播出视频广告信息的媒体形式,一般出现在楼盘电梯等位置,是一种新型的独占的电视联播户外型广告媒体。

(二)电视语言

电视使用动态的影像来传递信息,因而具有一套不同于其他媒体的独特语言。电视所使用的语言主要由以下三部分要素构成:一是视觉部分,包括屏幕画面和字幕;二是听觉部分,包括有声语言、音乐和音响;三是文法、句法——蒙太奇(镜头剪辑技巧)。电视语言具有如下的特点:

(1)具象性、直观性。电视总是以具体的画面形象来传情达意,传递信息。

(2)运动性、现实性。摄影机具有客观地记录现实的作用和“物质现实的复原”功能,因而影视画面的基本特征是“活动照相性”,可以使观众产生一种身临其境的现实感。

(3)民族性、世界性。影视语言不仅具有鲜明的民族性特征,而且是一门世界性语言,可以成为各国人民交流思想、传递信息、沟通感情的工具。

(三)蒙太奇

蒙太奇是法文 montage 的音译,原系建筑学术语,本义为构成、装配。前苏联电影界首先将其借用到电影方面,意为电影(包括后来的电视)镜头的剪辑和组接。蒙太奇包括剪辑且离不开剪辑,但蒙太奇又不是剪辑。剪辑只是把镜头素材中的冗长、拖沓的部分剪掉,使影片更加集中,有强烈的戏剧效果;蒙太奇是一种美学原则,它贯穿在从编导的艺术构思到摄影、录音、剪辑等整个制片过程中,它通过剪辑,将录下的镜头按生活的逻辑组织起来,使上下镜头之间产生新的关系和意义,是电影、电视艺术特有的叙述方式,更是电视广告的基本特征。如一则电视广告有这样的画面:

第一个镜头是:湛蓝湛蓝的像大海一样的天空,上面飘着奇形怪状的洁白洁白的云朵;一望无际的草原,没有房屋、人类,只有一群健壮的奶牛在安详地吃着绿草。

紧接着切出第二个镜头:一位佳人端着一杯鲜奶,缓缓喝下,脸上露出满意的笑容。最后打出鲜奶的商标。

此广告只有音乐,没有一句广告词,但通过上述两个镜头的组接,给消费者传达了这样的信息:这个品牌的牛奶来自没有污染的大草原,是地地道道的绿色食品。真是此地无声胜有声。看了这样的广告,不由得令消费者心动。蒙太奇在这里发挥了作用。

总之,蒙太奇是电视结构的基本手段,它可以在镜头与镜头之间建立起新的意义或象征的关系,表达单个镜头所没有或不够鲜明的情绪或观念。因此,电视广告创作在构思时必须考虑怎样运用蒙太奇的技巧,让观众留下深刻的印象,要通过镜头的剪辑逻辑排列去表现商品的概念,创造广告艺术的美的境界,实现有效率的诉求。

(四)电视广告片与蒙太奇

因电视广告不同于其他影视作品,它要求用尽可能少的画面,充分传达信息,故蒙太奇语言便显示出它独特的"经济性"来。跨越时空的画面转换,将不同的信息充分地演绎出来。另外,蒙太奇语言具有很强的节奏感,内在的节奏表现在创意的点子用什么意念来传达,外在的节奏则表现在展示广告自身特殊的节奏形式。如1991年万宝路贺岁片节奏舒缓,展现气势;1993年贺岁片节奏就较紧张,张弛大,有快、慢的变化。

再有,蒙太奇语言应用于电视广告,更明确地传达商品的信息。电视广告必须带有信息的明确性,不像其他影视作品所具有模糊性、主观性,因为它并不是演绎作者的主观感受,而是演绎商品的信息,信息须传达清晰,避免歧义、误导。

电视广告是视听结合、声形兼备的广告形式,其中画面是主要因素,善用画面是电视广告的关键,电视广告的很强的形象思维能力,应该用蒙太奇思维进行工作,在头脑中"勾勒"画面形象、镜头处理及音效配合,如下面这则南方黑芝麻糊电视广告文案,同时参照表7-1:

时间:约20世纪30年代,一个夜晚

地点:江南小镇街巷

人物:小男孩(主人公)、挑担卖芝麻糊的妇女、妇女的小女儿、过路群众

镜头长度:(略)

表7-1　"南方黑芝麻糊"广告脚本

序号	景别	镜头运动	画面内容	广告词(台词)	音乐
1	全	下移	卖黑芝麻糊的妇女,挑担向街巷深处走去,她的小女儿跟随其后	妇女叫卖声:"黑芝麻糊哎!"	音乐起
2	特		芝麻糊担子上的油灯有节奏地摇动	男声:"小时候一听见芝麻糊的叫卖声,我就再也坐不住了。"	
3	近		深宅大院门前,一个小男孩使劲拨开粗重的樘栊,挤出门来,深吸着飘来的香气	妇女叫卖声:"黑芝麻糊哎!"	
4	近	右摇　拉中	女孩用木棍搅动芝麻糊锅芝麻糊担子妇女从锅中舀芝麻糊盛在碗内递给一位老太婆		
5	特		锅 热气		
6	特		男孩搓手、舔唇,迫不及待的样子		
7	大特	下移	勺倾,热乎乎的芝麻糊流出,碗接		
8	大特		男孩喝芝麻糊		
9	特		女孩窃视		
10	近	摇	妇女接过碗	左下角叠字幕:南方黑芝麻糊	
11	特		男孩舔碗		
12	特		女孩掩嘴善意地笑		
13	近	下移	妇女给男孩又加一碗芝麻糊		
14	大特		男孩留恋、回味热气自右入画	叠字幕:一缕浓香　一缕温暖	
15	特		包装精美的黑芝麻糊	男声:"南方黑芝麻糊"	
16			商标、商品名、厂名		音乐止

(五)分镜头脚本、故事板、文学脚本

电视广告脚本是在广告创意后,将画面和声音用语言文字的形式描述出来,它将广告创意的基本内容、风格与特色准确地表达出来,充分调动人的想象力,可在头脑中勾画和描绘电视广告作品的概貌,尤其是为导演进行二度创作确定一个文字依据。它要求不仅对画面进行描述，而且对镜头语言也进行限定，包括不同的景别及镜头的推、拉、摇、移等运动。它是电视广告作品形成的前提和基础，对未来作品的质量和传播效果具有举足轻重的影响。

当电视广告脚本写作完成之后，为了让广告主、制作公司及广告制作人员、演员看懂，以便于沟通，通常还会将广告脚本以故事板的形式绘制出来。

电视广告的故事板是具体表达电视广告创意的故事图画，是借助美术手段对广告创意所做的图画和文字的说明，又称广告创意效果图或故事画纲。故事板近似于电影拍摄过程中的分镜头草图或场景的效果图(图7－1为黑泽明经典电影《影武者》的几张分镜头脚本)，制作效果类似连环画，在拍摄制作电视广告之前往往会由专人来绘制电视广告的故事板。

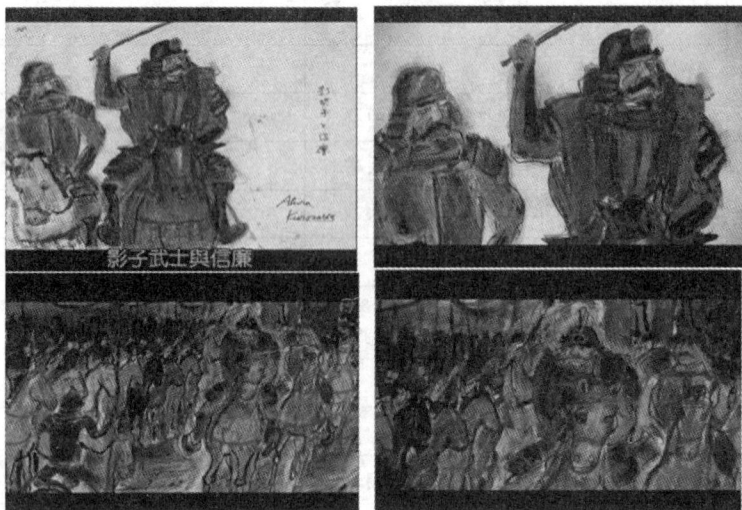

图7－1　《影武者》故事板示例

绘制故事板的主要目的是为了沟通，故事板是目前沟通电视创意最主要的方式之一。相比于抽象的文字语言符号，图文并茂的电视广告故事板更加直观有效，有利于缩短理解上的差距。如图 Gillette Mach3（吉列锋速3）的广告故事板(图7－2)：

法国环境保护广告动画（Respire 呼吸）故事板（部分）(图7－3)：

如果说电视广告的故事板是广告分镜头脚本的后一个环节的话，那么电

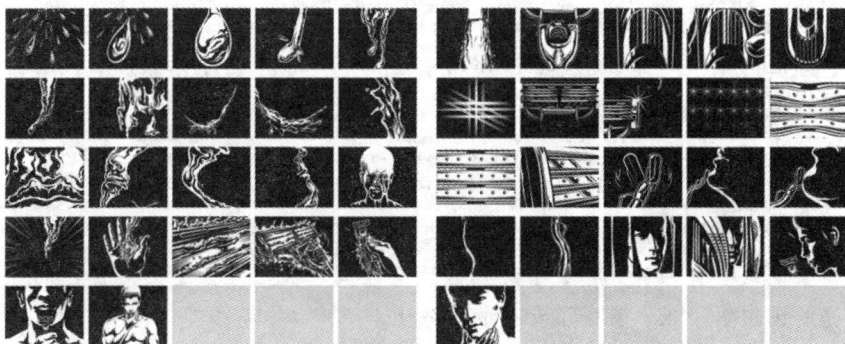

图 7 - 2　吉列锋速 3 的广告故事板

STORY-BOARD MICKEY 3D "Respire" planche N°1
André Bessy, Jérome Combe, Stéphane Hamache

图 7 - 3　法国环境保护广告动画 (Respire 呼吸) 故事板

视广告的文学脚本则是它的前一个环节。文学脚本，即剧本型脚本，它类似于电影的文学剧本，用文学化的语言将创意构思的场景、画面有声有色、栩栩如生地描述出来，使其带有浓厚的画面感，让人沉浸其中，借由文学化的语言理解广告文案撰写人员的创意构思，广告的调性和特色。如下面的文学脚本：

案例：芭芭拉围巾电视广告

陈旧的城市风景，字幕：1948 年，上海。一个中国小姑娘，手执用糖稀吹成的凤凰图案(这是吹糖匠人的杰作，现在已经差不多失传了)向一个白人小孩挥手。

一起游玩，一起吃糖稀(麦芽糖)玩具甜品。

两个人撑着木船，两岸风光怡人，两个人走在铁路上，长长的铁轨上的小孩子使人感觉孤独无依，小女孩捂着嘴做咳嗽状。男孩连忙把自己的一个漂亮的围巾解下来，围在了女孩的脖颈上。

一个新的城市风景画面，字幕是：今天(现时)，上海。

一个白人老者的饱经风霜的面孔和深情地寻找着什么的目光。

一个上了年纪的中国女人，优雅，善良，淳朴，同样的饱经沧桑。她带着一个年龄仿佛 1948 年的她自己的女孩子，她的目光与白人老者的目光相遇了。

是微笑还是悲伤？是矜持还是超然？老女人的表情深若幽潭。从口袋里拿出了完好如新的绒毛围巾给自己的孩子(女儿还是孙女?)围上了。

英国——该是英国吧——老人看到了这条围巾，潸然泪下，同时也显示出了欣慰的笑容。

小女孩说了一声"拜拜"。这是全片唯一的"台词"，此外，只有抒情的钢琴小品乐曲伴奏。

这时，荧光屏上出现了字幕："The beautiful things in life never change."

这是著名作家王蒙看到芭芭拉(Burberrys)围巾的广告后写出来的文字，他将这一"精练、完美、动人、内涵丰富简直无与伦比"的广告描述出来，是一篇自然天成的电视广告脚本，这则广告充满了人文精神和终极关怀。

二、电视广告文案的特殊性

电视广告文案是广告文案在电视广告中的特殊形式。如前所述，要由以下几部分要素构成；视觉部分(包括屏幕画面和字幕)；听觉部分(包括有声语言、音乐和音响)。由于电视广告文案在写作过程中除了运用一般的语言文字符号外，还必须掌握影视语言，运用蒙太奇思维，按镜头顺序进行构思，这颇似电影文学剧本的写作，因而也称为电视广告脚本。

电视广告的各种构成要素：素材、主题、艺术形式、表现手段以及解说词等，都是广告创意的重要组成部分，这一切都必须首先通过电视广告脚本的写作体现出来，从而使电视广告文案显示出有别于其他广告文案的特殊性。

它与报刊等平面广告文案的性质有明显的区别：它并不直接与受众见面，因为它不是广告作品的最后形式。只不过是为导演进行再创作提供的详细计划、文字说明或蓝图，是电视广告作品形成的基础和前提。因此，对未来广告作品的质量和传播效果具有举足轻重的作用。

（1）电视广告文案与平面广告文案、广播广告文案最大的不同，就是使用的叙事语言不一样。电视广告的叙事语言是视听语言，也就是电影的叙事语言。它需要运用蒙太奇思维，按镜头顺序进行构思。它不仅仅是对白和解说，而是要用流动的画面来讲故事。如下面这则曾经夺魁的广告：

画面：坐在长沙发上，一男青年正对着你看（他是在看电视，电视在画外），人物为正面表情，下同。

男青年旁多了一个女青年。

中间又出现了一个活泼可爱的小男孩。

这对男女垂垂老矣。沙发上又多了他们的儿媳和两个孙子。

广告词：这就是索尼。（标版出）

电视广告脚本包括既相连接又各自独立的两种类型：一是文学脚本，二是分镜头脚本。文学脚本是分镜头脚本的基础；分镜头脚本是对文学脚本的分切与再创作，用于对广告片的具体拍摄。电视广告脚本是电视广告创意的文字表达，是体现广告主题，塑造广告形象，传播广告信息内容的语言文字说明，是广告创意的具体体现，因而，它是现代广告文案写作的重要组成部分。

（2）电视广告文案的非独立性。电视广告文案从构思到创作不同于一般印刷广告文案写作和广播广告文案写作，电视广告文案本身是无法独立存在的，必须与其他表现手段相结合，相互配合使用，才能发挥电视广告传播的最大优势。如果过于强调电视广告文案的独立性，则会造成文案与画面脱离，从而会破坏广告效果。所以，电视广告文案的创作者应该充分认识到广告文案非独立性的特点，写作时一定要围绕与画面等因素的融合来进行构思。如云南白药集团的广告：

旁白：云南白药百年的历史，就是中华民族战胜伤痛的历史……

　　字幕(配画面)：一九一七年　讨袁护法

　　　　　　　　一九三八年　台儿庄战役

　　　　　　　　一九六三年　中国工业

　　　　　　　　一九八一年　中国体育

　　　　　　　　一九九八年　抗洪救灾

　　旁白(配字幕)：如果伤痛在所难免，

　　　　　　　　云南白药在你身边

　　旁白：百年品质，国家保密配方。(标版出)

　　(3)电视广告文案的非独立性决定了广告内容的非完整性。电视广告的传播性与广播广告文案大致相同，即通过声音传播，以口耳相传的方式进行交流，其文案的各部分之间的区别无法在听的过程中清楚地辨别，往往融为一体，而且电视广告的时间很短。一般来说，电视广告文案每秒不能超过2个字。如果在这么短的时间里还要严格区分正文、随文，势必将文案分割得支离破碎、杂乱无章。现在的很多电视广告都没有标题，有些正文也很简单，有的干脆将标题、随文都舍弃了(在电视广告文案中，较少出现随文，即使需要出现随文，也往往以字幕的形式出现，而不作过多的解说)。单纯从文案上看，电视广告文案的表述是不完整的，但是，这也正是电视广告文案不同于其他广告文案的地方。它的主要特点就在于，文案始终服务于看和听，人们在观看电视广告的时候，不可能完全专注于屏幕上的文案，也不会像广播广告的听众那样将注意力集中在听觉上，观众往往是边看边听。所以，电视广告文案的作者一定要注意观众"边看边听"的特点，使文案创作适应电视画面的需要。

　　请看下面这则电视广告：

　　画面：(全景)一辆汽车在画面中急速奔驰，(背景音乐)有节奏的"嘀哒嘀哒"电子钟声。

　　广告词：我们的汽车在奔驰时，除了电子钟的声音，别的声音都听不到。

　　这是福特汽车的广告。单纯从画面中看，这种汽车的质量究竟怎么样，无法作出判断，而只有配合文案"别的什么声音都听不到"，只能听到电子钟有节奏的"嘀哒嘀哒"声，才让我们充分领会到这种汽车的平衡舒适和安全快速，仿佛我们自己正置身于这种汽车的行驶之中。这正是该广告的高明之处。

从上述例子我们可以清楚地知道，电视广告文案与一般的文案广告不同，不能单独靠文案来完成广告诉求的任务，只有与画面、音乐以及其他手段有机结合才能顺利完成广告诉求。

三、电视广告文案的时间规格

电视广告可以被不同的划分方式分成很多的类别。如：

按照投播的形式可以将电视广告文案分为提供节目广告（如冠名广告、特约播映等）、报时广告、字幕广告、插播广告、电视购物等多种类型。

另外，目前，电视广告片按照时间规格，又可以划分为 5 秒、10 秒、15秒、30 秒、60 秒等等。我们在选择电视广告文案的表现形式时，不仅要依据广告策略、广告信息内容、广告目标受众等情况，而且还要与时段的选择产生对应。

（1）一般情况下，5 秒时段的电视广告片，其目的通常是为了加深受众对广告信息的印象，强化受众对广告主体特定形象的记忆。因此，一般采用瞬间印象体的表现形式。以一闪而过，却具有某种冲击力的画面，与简洁凝练的广告语相结合，来表现企业形象或品牌个性。如"鹤舞白沙，我心飞翔"、"喝孔府宴酒，做天下文章"、"金利来，男人的世界"、"好空调，格力造"等。

（2）10 秒和 15 秒时段的电视广告片，其广告目的是要在短时间内，对广告信息作单一的、富于特色的传播，突出企业形象或品牌个性，或独具的"卖点"。因此，适合采用名人推荐体、动画体、新闻体，以及悬念体、简单的生活情景体等表现形式。如李媛媛作的"朴欣口服液"广告，赵本山作的"泻痢停"广告等，都曾由 30 秒的长广告片中剪辑过 15 秒的广告片。

（3）30 秒时段的电视广告片，可以从多角度表现产品的功能、利益点。适于采用名人推荐体、消费者证言体、示范比较体、生活情景体，以及简短的广告歌曲形式等。如"南方黑芝麻糊"广告、"孔府家酒"广告、"脑白金"广告等。

（4）60 秒时段的电视广告片，可以表现更丰富的广告内容。可以采用广告歌曲体、生活情景体、消费者证言体、示范比较体等较为完整的表现形式。

（5）60 秒以上 120 秒以下形象广告。

基本长度为：60 秒、90 秒、120 秒。

适合展示企业形象，提升企业知名度、美誉度和亲和力，特别适合不便直接促销或直接做销售广告的产品或服务，以及具有一定知名度的企业，希望从企业形象入手提升品牌的企业。

(6)60秒以上180秒以下的演示性(说明性)广告。

基本长度60秒、90秒、120秒、150秒、180秒。

进行产品演示或说明,推介新产品或新服务、新概念。

四、电视广告文案的表现形式

电视广告文案常见的表现形式有如下几种:

(一)故事式

故事式广告文案是将广告诉求通过故事或故事的引导自然表现出来的一种文案创意写作手法。故事式的关键是这个故事不仅和产品能够天然关联,而且故事本身要富有吸引力。

(二)问题解决式

问题解决式一般都是先提出问题然后紧接着给出解决的方法,这种提出的问题有的是真实的问题,有的是虚假的问题。真实的问题如斯达舒广告提出的"胃痛、胃酸、胃胀,就用斯达舒",对于一般的病患者而言,这是真实的问题。还有一种虚假的或虚构的问题。

解决问题的方式不能刻板,并不生硬到只有一种表现形式,它可以和其他的任何一种表现进行结合,糅合更多的有趣手法是非常重要的。

问题解决式一般适用于对产品功能性的诉求,对于树立形象或从事公益性等其他宣传而言,显然这种方式帮不上多大的忙。另外,问题解决式一般不适用于那些众所周知的,不必再进行强调的普通问题。

(三)证言式/代言式

在广告中证言式也得到了频繁的运用,自夸不如人夸,证言式由于证词来源于别人之口,会让广告产品的优点显得更加真实可信。

证言式中的证人可以是行业专家、消费者、名人,也可以是荣誉授予单位等,证言式广告最大的优点是能有效增加产品的可信度。因而,这种方法最核心的地方也是"证词"的可信度和说话人表现出来的可信度。

为了避免观众产生证言不可信的想法,需要给证言人提供适合他的言辞。例如,让一位体育明星指出产品中含有某种特殊的专业成分从而达到某种功能或效果,显然是不适合的。

广告文案人员在创作时必须给我们的角色最佳的最适合出自他的口中的、最自然顺畅的文案,而不是让他来破坏自己的形象,说一些不得体的话,让人觉得他来是为了拿广告费。

证言式可以采用两种途径思考，一种是先决定要说什么内容或什么方面的话，再来选择说这样话的最适合的人选，这是一种内容决定的方式；二是先看好一个特定的人选，再来为他特地提供适合他说出的广告语言，这是一种机遇决定的方式。

在提供证言式的人选中，有的是塑造特定的角色，这种角色不管是真实的还是扮演的，都必须做到真实感和可信度。自然、诚恳、富有亲和力和可信力是证言角色应该具备的素质。

（四）演示式

演示式即在电视中使用产品，将产品的表现演示给受众看。对产品的演示方式通常有以下几种：

①产品的多用途：利用产品的新颖之处、更多用法和有趣用法来吸引观众。

②使用中的产品：演示产品如何使用，使用的示范以及有何用处。

③前后比较：演示产品在使用前的状况和使用以后的变化，看产品起到的效果。

④极端实例：用极端的演示来证明产品可靠质量。

⑤比较试验：展示相对于竞争对手的优势。

演示性广告关键在于演示得清楚、明白、可信。在众多广告中，演示性广告的可信度和销售力都是相当高的，关键在于如何把握演示的现场真实感。

广告中的演示手段越来越丰富，先前不少广告还停留在真正像做试验那种样式的演示上，当前的演示增加了更多的科技手段，使产品的效果显得越发动人逼真甚至不可思议，在演示效果上更追求视觉的完美感受，如明显的增高效果，立竿见影的拉伸效果，诱人的滋养润泽效果等等，已经不仅仅是演示如何使用及使用效果的问题，更多的是如何引起视觉羡慕的问题了。

（五）音乐式

利用音乐艺术来进行广告的一种表现方法，音乐可以是声乐也可以是器乐。从众多的实践上看声乐要多于器乐，当然，声乐也离不开器乐的伴奏。声乐的歌声为广告的诉求提供了传达信息的潜力。音乐式中还可以包括歌谣和童谣、曲艺等等。

跟广播广告的音乐式相比，电视广告的音乐式还增加了视觉表演的成分，这种视觉的吸引力如果安排得足够好，能给观众带来更大的吸引力。

音乐式电视广告除了用优美的音乐曲调把歌词唱出来，用优美的视觉画面来表现之外，通常的做法是将广告的歌词用字母显示出来，在清晰准确的传达信息方面是广播广告所不及的。

（六）动画式

现在很多广告都采用动画和真人真场景相互结合的方法展开，在表现上显得更丰富更有视觉魅力。

（七）生活场景式

生活场景式广告有时以戏剧性的形式出现，有时直接再现某种场景或可能的场景，目的是为广告传播创造一种适合的情境。

生活场景模式的广告有很大的开发空间，毕竟，众多的产品还是人们在生活中消费的，消费就有消费的场合或可能的消费场景。

不一定消费场景对所有的产品都具有推销力，食品可以展示食用时美味的享受，药品就不适合展示服药的场景，而在于服药后的功效；汽车可以体现驾乘的乐趣，化妆品就不在于化妆本身的乐趣而在于化妆后的效果等等。

当然，电视广告的表现手法还有幽默式、艺术表现式、美女、动物、孩子(3B)推销式、品牌提醒式等等，一切根据实际情况进行选择确定。

五、电视广告文案的写作原则

在电视广告文案写作中，运用不当的话，常会出现一些错误。如：模棱两可、用语啰唆及为创意而创意等。

描述具体内容而不是用笼统和含义不明的词汇，文案人员心目中某词汇的含义和观众心目中的含义可能有所差异甚至相去甚远。言简意赅很重要，电视广告文案的表达是严格受时间限制的，如果内容冗长乏味，用语啰唆，必然使观众厌倦，无从达到广告目标。创意永远是为广告目标服务的，如果只为了写新奇词汇和句子而使观众费解或分散了观众对广告诉求重点的注意力，这样的广告文案是不可取的。一般来说，根据广告的优点和弱点，电视广告文案写作人员要充分把握以下写作原则：

（一）把握创意原则

电视广告的图像和文案都是实现广告创意的工具，文案人员只有充分把握广告创意，才能保证信息传达的正确性，然后才能谈得上广告的精彩、灵活等其他要求。

（二）诉求单一原则

在简短的时间内，电视广告要实现与观众沟通的目标，就必须对传达内容有选择，抓住重点信息重点诉求。广告文案要掌握诉求单一的原则，要求文案人员对写作主题、诉求对象有明确的把握，写下的所有语言都服务于广告主题，清晰明了，引导受众注意力，达到广告目标。

（三）图文配合原则

电视广告文案人员要了解影视语言的特点，把文案运用在最必要、最合适的地方。电视广告中的动态画面长于表现形象、场景、过程、营造氛围，而文案长于表达画面无法直接表现出的信息，彰显某种观念，启示观众思考。所以应该注意图像和文字的分工相互配合完成信息的传达。一般情况下，视觉语言是广告的主导因素，文字是作为画面的提示、补充信息出现的，电视画面中已经明白显现的内容绝不要再做无益的解释，文案宜简洁，千万不要喋喋不休、冗长多余，这会分散观众的注意力，甚至使人生厌。

（四）音画对位原则

顾名思义，电视的画面内容与广告文案要在时间上或者在受众的接收上实现同步，密切配合。否则，音画不对位，各讲各的，不仅不能保证广告片的流畅性，效果甚至会是滑稽荒唐的。这就要求文案人员在撰写文案时，要时刻注意"为听而写"，如人物的对话容量多大、旁白的时间多长更合宜等等。

（五）灵活性原则

根据媒体投放策略，广告片可以被剪辑成时长不同的版本，所以在写作文案的时候，要考虑到这一点，从而使广告片保持沟通效果，至少不至于不知所云。

六、电视广告文案的写作要求

电视虽称为视听艺术，但主要还是视觉艺术，它是通过许多连续不断的画面来描写生活的，它的艺术形象是直接反映事物运动形态的视觉形象，画面上所表现的内容，都是能给观众以直观的可见的视象，这就决定了电视广告文稿所叙写的内容要能鲜明地体现出视觉形象，具有具体、实在的形象性，以便转化为银幕形象。

电视广告所独具的蒙太奇思维和影视语言，决定了电视广告文案（脚本）的写作既要遵循广告文案写作的一般规律，又必须掌握电视广告脚本创作的特殊规律。具体要求是：

（1）电视广告文案的写作，必须首先分析研究相关资料，明确广告定位，确定广告主题。在主题的统帅下，构思广告形象，确定表现形式和技巧。

（2）按镜头段落为序，运用语言文案描绘出一个个广告画面，必须时时考虑时间的限制。因为电视广告是以秒为计算单位的，每个画面的叙述都要有时间概念。镜头不能太多，必须在有限的时间内，传播出所要传达的内容。

(3)电视广告是以视觉形象为主，通过视听结合来传播信息内容的，因此，电视广告文案的写作必须做到声音与画面的和谐，即广告解说词与电视画面的"声画对位"。

(4)电视广告文案的写作，应充分运用感性诉求方式，调动受众的参与意识，引导受众产生正面的"连带效应"。为达到此目的，脚本必须写得生动、形象，以情感人，具有艺术感染力。这是电视广告成功的基础和关键。

(5)写好电视广告解说词。它的构思与设计，将决定电视广告的成败。

广告词的种类包括画外音解说、人物独白、人物之间的对话、歌曲和字幕等等。每一则电视广告，可根据创意和主题的需要，只取其中一、二类，不一定包罗万象，贪多求全。广告词的作用：弥补画面的不足，即用听觉来补充视觉不易表达的内容；揭示和深化主题；进一步强化品牌或信息内容。

七、电视广告词的写作要求

(1)写好人物独白和对话，它的重要特征是偏重于"说"，要求生活化、朴素、自然、流畅，体现口头语言特征。比如下面这则葡萄酒的广告：

正文：

男招待：您好，先生，您一个人？

先生：一个人。

男招待：您要什么？

先生：马莉科蒂。

男招待：对不起，我们没这种酒。

先生：酒？马莉科蒂很漂亮，她跟个野小子跑了。

男招待：这个……

先生：你不要骂她，她还是很多情的。

男招待：好吧，来点儿修女，你也会多情的。

先生：什么？来点儿修女？修女有什么用？她们只嫁给上帝。

男招待："修女"是一种酒，"修女"牌葡萄酒，香醇可口。美酒美女，差不多嘛！

先生："修女"牌葡萄酒？也好也好，但愿修女都像美酒那样讨人喜欢，感谢上帝！

　　这是外国的一则电视广告剧，这则广告围绕日常对话，通俗易懂，为一般观众所接受。设计者利用听众的猎奇心里，创造出某种疑问或期待(马莉科蒂小姐的故事)，当听众饶有兴趣地循着线索猜测下去时，剧情又以一种误会("修女"与马莉科蒂的比较)陡转，展开另一种情节，最后出人意料地为听众解开谜团(所谓的"修女"原来是"修女"牌葡萄酒)，从而产生了喜剧性效果。整套故事有冲突、发展、高潮和结果，构思巧妙，编排新颖，使人不能不对此产品留下深刻印象。

　　(2)对于旁白或画外音解说，可以是娓娓道来的叙说，或者抒情味较浓重的朗诵形式，也可以是逻辑严密、夹叙夹议的论述。

　　如一条阿根廷的一家彩票公司的广告：

　　广告一开始，一个时针指向六点钟的闹钟滴滴滴地响个不停，聒噪得令人心烦，画外音说道："为了生活，每天必须六点钟起床，难道要这样持续一辈子吗?"

　　然后出标板：购买××彩票，提前过优裕的退休生活。

　　(3)注意字幕的宣传作用。在丰富多彩的电视节目中，字幕在多数节日中只起着解说、注释的作用。但在电视广告中，字幕往往有着十分重要的作用，其一，是呈现产品的品牌开逐步强化，这是电视广告中常用的手法；其二，是标明生产厂家和联系方式、地址；其三，是在广告片中需要重点强调的地方，及时地打出字幕；其四，参与画面的构图，而这恰恰是一直以来电视广告所忽略的。

　　以字幕形式出现的广告词要体现书面语言和文学语言的特征，并符合电视画面构图的美学原则，具备简洁、均衡、对仗工整的特征。如：

　　标题：以后再也用不着牙齿了!

　　(电视广告画面：一位乐呵呵的老人拿着一瓶新型啤酒，屏幕下方字幕打出一行字来："以后再也用不着牙齿了!"老人说完了一笑，露出缺了颗门牙的嘴。)

　　这是美国一则不用开瓶器的新型啤酒广告。成功的电视广告，不仅要为观众提供必要的消费信息，还要让他们感兴趣，获得某种美的感受，在愉悦中记住有关信息。这则广告在幽默趣味和创意方面寻找出路，通过缺了门牙的老人说出诙谐亲切的广告语，重点突出反映了这种新型啤酒饮用方便的特点。

（4）重点写好广告词中的标语口号，要求尽量简短，具备容易记忆、流传、口语化及语言对仗、合辙押韵等特点。

电视广告文案的写作要充分考虑与电视广告整体的画面以及文案、音响之间的关系。在电视广告中，单看画面或者单听声音，都是不完整的。只有声画合一，才能表达较完整的意思。比如美的空调广告，为了突出其静音的效果，画面中一台开启状态的空调正处于工作状态，背景没有一点声音，只有旁边的一个声音探测器的显示分贝一直在低分贝的数值上闪烁。光看画面，看不清楚这是什么品牌的空调，也不一定完全明白广告的意思，广告结尾加入了解说语："美的空调，原来世界可以更美的！"广告语点明品牌名称，一下子就营造出美的空调创造的舒适、温馨的环境，让人仿佛置身其中，同时，也成功地将品牌形象印入了观众的脑海里。下面是一支西班牙贝茨广告公司 1997 年为某品牌精华护手霜所作的广告：

　　广告一开始，一名女性骑着一辆车链没打油、嘎吱嘎吱响个不停的自行车，然后，她下车，打开一瓶精华护手霜，在车链上抹了一些，然后上车骑走了——但车链仍旧嘎吱个不停。

　　出广告语："精华保湿，不含油脂。"

整个广告没有对白，没有画外解说，也没用音乐，只有自行车链没打油而发出的嘎吱嘎吱的声响，这个广告令人叫绝。

（5）关注观众的兴趣。在进行电视广告文案的创作时，要把自己想象为目标受众，要充分考虑到受众的兴趣所在，考虑广告是否可以在脑海里留下深刻的印象，是否将广告用通俗易懂的语言表述出来，是否使用了过于专业的术语和冗长的语句。而要达到满意的效果，可以在广告中采用设置悬念、营造意境、利用对比等手法来达到宣传效果。只有运用创造性的思维去创造新的表现手法，才能推陈出新，夺人眼球。当然，无论哪种新的表现手法，都必须符合广告产品的特点，符合媒体的传播特点。有一条香港地铁的广告是这样的：

　　三十秒广告的前二十几秒，是一个一直亮着红灯的交通信号灯，画外是不停歇的汽车喇叭声，使观众不由想起开车或坐车遇上交通拥堵时的情形。

　　然后出标板：搭乘地铁，说到就到。

电视广告文案一定要仔细斟酌，认真推敲。电视广告是一种瞬间的艺术，文案虽短，却需要面对千家万户，稍有疏忽，就可能贻笑大方。

电视广告的长度有时间限制，在如此短暂的时间里，要清晰、明确地传达商品信息的确是一件相当困难的事情，而广告除了传达商品信息外，还应该让人难忘，有没有一个突出的高潮记忆点至关重要。而高潮记忆点在片中往往只有几秒钟，有时甚至只有瞬间的一个镜头，犹如华丽晚礼服上的一颗钻石胸针，是整个片中的"亮点"。

电视广告片中的记忆点会让原本平淡的情节生动起来，立体起来。如果再在记忆点上加上诉求点，则不但能给观众留下深刻印象，还会清晰地达到诉求目的。如国外某品牌巧克力的广告，为了突出它可以增加能量的特性，设置了这样的场景：

一位白人老兄在山间公路上跑步晨练结束后，用双手撑着路边的一辆保时捷跑车，活动腰身。一个黑人哥们儿一边吃着该品牌的巧克力，一边摇头晃脑听着摇滚歌曲开车经过，远远望过去，黑人哥们儿看到白人老兄在用力推那辆车，于是，车开到那位老兄旁边时，他二话没说下车走向前用力一推，就把保时捷推下了悬崖，然后一副"帮忙"不用谢的神情开车离去，白人老兄对这突如其来发生的一切非常茫然……

出标板：××巧克力使您力气倍增。

术　语

广播广告　音效　电视广告　故事板　广告脚本　文学脚本

思考题

1. 报纸、杂志、广播、电视的优势、劣势分别有哪些？

2. 尝试做一张 4×2 的表格，简明地罗列和对比传统的广告"四大媒体"的优势和劣势，从中你有什么新的发现？

3. 你认为广播广告文案具有哪些独一无二的特征？电视广告文案呢？

4. 广播、电视广告的构成要素有哪些？

5. 广播电视广告还需要注意哪些问题？给出你的意见。

6. 选择某一产品，选取适当的形式，为其作几则广播、电视广告文案。与你的同学或朋友分享你的创意，向他们展示你的文学脚本、分镜头脚本，有什么新的心得、体会？

第八章

其他媒体广告
文案写作

教学目标

1. 认识网络、直邮、软文广告。

2. 理解网络、直邮、软文广告的优势与不足。

3. 理解网络、直邮、软文广告的特点，相应的文案特点。

4. 理解网络、直邮、软文广告的写作要点、写作要求。

5. 掌握网络、直邮、软文广告的写作方法、写作技巧。

第一节　网络广告文案及其写作

随着网络媒体的迅猛发展，以其为载体的网络广告发展态势也颇为喜人，引来越来越多广告主的青睐。作为一种新兴的媒体，网络与其他传统媒体相比具有许多得天独厚的优势，例如时效性强、传播范围广、信息的多媒体化、传播模式灵活、互动性强等。因为传播媒体对于广告形态有很大的制约性，因此，网络广告也拥有与传统媒体广告所无法比拟的诸多优势和特性。

一、网络传播的特点

（1）数字化。互联网时代的媒体一般都是数字化传播的媒体。与传统媒体相比，数字媒体有显著的优点。数字信号不易被干扰或更改，可以提高传送质量；当信息被数字化编码时，可以大幅度节约电波频率资源。

（2）交互性。互联网具有较强的交互性，用户可以自由上网发布信息，寻找信息。网络媒体具有反馈渠道，供受众选择自己喜欢的信息内容和进行及时反馈。网络更是一个信息与娱乐的"超级市场"，人们遨游其中不但可以通过超链接获得任何自己感兴趣的内容，还可以在聊天室里与千千万万素不相识的人言说自己的心声，在 BBS 上发表自己独到的见解。

（3）多媒体化。多媒体是使用数字压缩和网络技术将广播、电视、电话、传真、电子出版、计算机通信等各种信息媒介连成一体，对声音、影像、文字、数据等进行高速处理并提供给用户的双向信息系统。多媒体加网络，实际上已经成了信息高速公路的代名词。后现代媒体融合了多种媒介的功能，能够一机多用。

（4）海量信息。数字压缩与存储技术的应用，使网络媒体具有海量的信息，并具有无限的扩充性。

（5）高速成长。互联网受众人数每年都在成倍增长，而且他们受教育程度较高，相对富裕，具有相当的购买力。

（6）受众细分化。互联网通过特定方式，如电子讨论组、电子新闻组、娱乐网站等，构成虚拟社区，将兴趣相近的人吸引到一起，使其成为一种适合于进行细分化市场营销趋势的新媒体。

由此可以看出，互联网技术带来的变化具有深远的影响。网络媒体已经成为集人际传播、组织传播和大众传播于一体的开放传播平台，网络传播成为一种新型的开放、自由、多元的传播模式。网络广告的吸引力不仅在于其惊人的增长速度和较低的成本，更在于较强的交互性、高购买力的受众以及更加准确的到达率。因而，有相当多的广告主和广告公司看好网络广告的前景。

二、网络广告的策略与文案的写作风格

网络广告的策略基本有两种形式：定向传播策略与交互传播策略。根据其不同特点，文案的写作要求也有所不同。

（一）定向传播的广告策略和文案写作风格

定向传播是指对某些特定的目标受众进行有针对性的传播。

（1）在互联网上，有些企业通过一些特定机构购买潜在消费者名单，利用电子邮件、电子新闻组等方式，向潜在消费者发布广告信息。这种做法与直邮广告比较相近。好处在于针对性强，广告投入较少浪费，但如果运用不当，极易引起受众的反感，甚至导致企业声誉受损。因而，准确选择目标受众，把广告发给希望得到有关信息的人是这种广告策略成功的关键。

（2）把生动的网络广告放在能吸引某些特定细分市场的站点上，对提高企业或品牌知名度非常有效。尽管网络广阔，但还是可以细分成很多部分，这些细分的受众有特殊的兴趣与需要，给定向传播提供了更精确的传播途径。比如，一则关于跑鞋的广告放在提供与跑步相关的网站上，化妆品的广告放在女性网站上，会有较精确的到达率。

（二）交互式广告策略与文案写作风格

互联网突破了传统媒体单向传播的局限，为受众与媒体间的双向交流提供了可能。受众不再是被动的接受者，他们也可以发布信息，可以主动寻找信息，对信息作出回应等。

（1）在各娱乐性、综合性网站上发布的图标广告、旗帜广告以及其他广告形式，可采用设置悬念或诱导性、号召性语言与形式，引发访问者的点击与参与。很多广告主运用网络广告并不满足于仅仅提升品牌的知名度，传播品牌形象，还希望能吸引受众进行更深接触，因而将广告与企业主页相链接，这就要求提高点击率。以此为目的的广告，在文案写作中就应注意设置悬念，不把信息说尽；或者设置参与性内容，引起访问者兴趣，拉近他们与品牌的关系。

（2）有时，主动搜寻相关信息的受众会利用搜索引擎或门户网站的链接，而到达企业的主页。对于这些访问者来说，由于有明确的目的性，深入而详细的信息会有较大的影响力。

宝洁公司是较早认识到网络价值的大广告主之一。他们不仅建立了几十个专题网站，而且通过网络广告与其他活动相配合，推出了"润妍"洗润发系列产品。公司运用 Flash 动画制作技术配合新颖的创意表现形式，创作了"润妍"的网络广告，并选择了在综合门户网站、区域性门户站点、知名女性网站进行投放。据统计，由网络广告的点击而进入"润妍"品牌网站并成为其注册用户的人数达 15000 人左右。

通过独具创意的网络广告投放，宝洁公司达到了预期的广告目的及效果。一方面，提高了产品的知名度，增加了"润妍"品牌网站的访问量与注册用户数；另一方面，增加了线下推广活动(润妍女性俱乐部、润妍女性电影专场)的参加人数。达到一种从线上向线下的推广，成功创造了一个网络塑造品牌的典范。

三、网络广告的类型

网络广告从产生到现在已经形成了各种各样的形式。基于网络传播方式的不同，网络广告大致可以分为以下几种类型：BBS 广告、E-mail 广告和 Web 广告等。

（一）BBS 广告

BBS 的全称是 bulletin board system，是电子公告牌系统的简称，所以 BBS 广告又被称为电子公告牌广告。BBS 是一种以文本为主的网上讨论组织。在 BBS 上设有很多讨论区，通过文案的形式可以在网上发表文章，可以与别人讨论感兴趣的问题，可以与网友通信，还可以相互聊天。这种轻松的环境吸引了大量的网络爱好者，使 BBS 的信息量不断增加。随着受众的增加，它的商业价值也不断显示出来。于是有关商品、就业、旧物交易的信息就多了起来。

（二）E-mail 广告

E-mail 广告义被称为电子邮件广告，以向网络用户发放邮件的方式传达自己的商业信息。所以这种广告形式是直邮广告的网络版。其优势是针对性比较强，到达率比较高，广告效果比较好。缺点是阅读率不高，直接转换成为消费行为的比率不高，而且涉及到网络隐私权的保护问题。基于电子邮件的广告主要有三种形式：直接电子邮件、电子邮件列表和电子刊物。

其中直接电子邮件广告是由广告主以电子信件的方式向电子信箱的所有者发放的广告。这种广告形式比较简单，而且针对性比较强，广告主可以根据掌握的电子信箱的地址发放不同的广告内容。但是目前电子邮件广告的这种优势不仅没有被好好利用，而且出现了滥用的现象。广告主为了推销产品，不管消费者愿不愿意，只要知道 E-mail 地址就发放广告。这种未经允许就进入私人信箱的做法很自然地引发了人们的厌恶心理和隐私被侵犯的排斥心理。如何做好宣传，又不令人反感是广告主在发布广告时应该好好考虑的问题。

电子邮件广告是一种带有一定强制性的广告形式。太多太滥都会引起受众的不满，不仅不能带来广告效果，还有可能产生负效果。所以对于没有绝对把握的广告主来说，邮件广告的少与精是非常必要的。但是，同时我们应该看到这种广告形式又是一种十分有效的信息传播方式，其前提条件是广告必须经过网民的允许，而且提供的内容也是网民感兴趣的。

（三）Web 广告

Web 广告又被称为万维网广告，是目前使用最多的网络广告形式。Web凭借自身无与伦比的优势吸引了大量的广告客户。Web 站点既可以视为一条广告，也是一个"门市"，顾客、潜在顾客和其他利益相关者可以在此找到更多有关企业及其产品和服务的信息。万维网通过多种传播手段和无限信息量的传送以及 24 小时在线和信息的交互性交流，在与传统媒体的竞争中争取了大量的受众来到电脑屏幕面前。因为 Web 广告是挂靠在各种网站上的，它只能靠自己的广告内容来吸引受众，网络受众拥有很大的自由度：是广告受众在寻找广告，而不是广告直接寻找受众。这对广告的品质是一个极大的考验。质量太差、不合受众胃口的广告就会被冷落。

目前，Web 广告主要有网幅广告、文案链接广告、弹出式广告、在线分类广告和其他的广告形式。

（1）网幅广告。

网幅广告是最常见的广告形式，它既可以使用静态图形，也可用多帧图像拼接为动画图像。现在我们谈论网络广告时，最先想到的就是网幅广告。网幅广告是粘在网页上的一种广告形式。因其多在页面上方显眼的位置，所以网幅广告又被称为页眉广告或标题广告；又因为网幅广告一般都是条形的，所以又被称为旗帜广告。如阿里巴巴的网络广告（图 8 - 1）。

网幅广告往往只是提示性广告，内容不多，但是具有冲击力，能够吸引网民的兴趣。所以，网幅广告的设计或是运动的，或是色彩鲜艳的，或是比较有趣的文案。网民一旦感兴趣就可以直接点击，从而可以了解更详细的广告信息。网幅广告就是一个窗口，能否吸引广告受众打开这扇窗户是网幅广

图8-1 阿里巴巴旗帜广告

告效果大小的关键。据统计，网幅广告现在在 Web 广告中占大多数，已经成了最有效的广告推销工具。一般来说，对于网幅广告，各个网站都制定了详细的尺寸大小标准。

（2）按钮广告。

指在网页中以按钮的形式发布广告，最常用的尺寸有四种：125×125，120×90，88×1，120×60（单位：像素）。按钮广告定位在网页中，尺寸偏小，表现手法较简单。

（3）文案链接广告。

文案链接广告也是比较常用的广告形式。通过文案的相互连接，了解更新、更详细的广告内容。顾名思义，文案链接只是文案的超级链接，不像网幅广告那样有相应的图画动画等创意。文案链接广告一般是按照天数来收费，也有的按照点击率收费。

（4）弹出式广告。

弹出式广告又被称为插入式广告，这是一种强制性的广告形式。当用户打开一个网页的时候，同时弹出另一个窗口，上面或是文案或是图画，像一个网幅广告，有时也是文案链接广告，这就是弹出式广告。它可以分为弹跳广告，即插页式广告和隐性弹出式广告。弹跳广告指当用户打开网页，广告以窗口的形式自动跳出，如用户感兴趣可点击该广告查看详情，如不感兴趣则可关闭该窗口。隐性弹出式广告通常隐藏于浏览网页背后，只有用户离开所浏览的网站时才会弹出该广告的窗口。此类广告具有创意空间大、信息传递完整等特点。

（5）在线分类广告。

顾名思义，在线分类广告指的是网站将各种广告信息综合起来，按照产品和服务的类别进行分类，向网民提供各种各样的广告信息。在线分类广告是比较专业的广告形式。因为大量的广告信息被聚合起来后将是非常巨大的一笔资源。

在线分类广告凭借网络本身的诸多优势，对传统报纸的分类广告形成了极大的冲击。因为在线分类广告通过网络搜索、数据库功能、快捷的更新，争取到了很多的用户。

当然网络广告还有很多其他的形式，如：

（1）互动游戏广告。

互动游戏广告主要有两种。一种是在网页游戏开始、中间、结束的时候，广告都可以随时出现；另一种是根据广告主的产品要求，为之量身定制一个属于自己产品的互动游戏广告。游戏广告可以通过网络、游戏和广告的组合，直接影响消费者的消费行为，其超乎寻常的需求量会让消费者对游戏上瘾，从而扩大广告的影响，加速广告的传播。

（2）墙纸广告。

指网络服务商在其网站中根据各式各样的墙纸，为对此感兴趣的用户提供免费下载，而同时在内容页面的背景上放入广告主的产品或服务信息。

（3）赞助式广告。

包括内容赞助、节目赞助和节日赞助等。广告主可根据自己所感兴趣的网站内容或网站节目进行赞助。

（4）时段广告。

指网络服务商实行买断经营的方式，在其网站的每一个网页上发布一个或几个广告主的广告。在买断时间广告中，广告主可以在不同的页面，以不同的形式进行，可以是连续的，甚至可以是一个完整的故事。

四、网络广告的特征

人们认知网络的最大特性就是网络的交互性和多媒体的特性。进入网络世界，看到的是由画面、文案、声音共同组合而成的五彩斑斓的世界。在这一点上，它给广告人提供了无限创意的空间，既可以选择一般印刷媒体所采用的文图混编的模式，也可以通过动画演示像电视媒体一样用生动的画面来吸引受众，还可以加入音乐，将受众的听觉积极调动起来。

（一）多媒体性

互联网的存在是建立在无数台个人电脑连接的基础上的，它能够多方面、多层次地将信息发布整合，创造出了一种新兴的传播媒体形式。同时，广告投放商可以随时获得用户的反馈信息，建立完整的客户资料。网民也不再只是被动的接受广告,而可以有选择地接受或对之作出反应。

（二）丰富的表现手段使视听效果更佳

网络广告可以综合运用文字、声音、动态影像、静态画面、动画、表格、三维空间、虚拟视觉等功能,充分表现创作者的创意,达到完美的统一,给消费者以传统媒体广告所无法企及的震撼效果。网络广告制作成本低、时效长及其高科技形象,将使越来越多的工商企业选择网络广告作为重要国际广告媒体之一。

（三）及时性

相对于一般印刷媒体和电视、广播来说,广告发布的及时性是广告投放商最为关注的问题,也直接影响着产品的销售情况。网络的自由链接的特性,使得互联网几乎成为了一个没有任何界限的广告发布媒体。人们可以在第一时间了解产品广告的内容,并作出相应的反馈。网络媒体的实时性使网络广告的更新更加方便。由于网络媒体可以随时更改信息,因此,网络广告的广告主如果需要更新产品价格、补充或删减广告内容、调整广告表现形式,都可以在很短时间内完成,把最新的广告信息最快地传递给消费者。

（四）广告效果的可预测性

与传统的媒介广告到达率相比较,网络媒体上的广告效果测算要简单得多。受众对某一条广告的点击率,以及在点击后的实际购买率,包括受众查阅信息的分布范围和时间等,都可以通过网络服务器查找。实际上,网络广告最为关注的就是点击率,这点正是影响网络广告文案写作的重要因素。

（五）无限制性

一般印刷媒体以及广播几乎都受到时间和空间的限制。比如:上海的读者不能看到北京晚报的报纸广告;电视广告不能在一天24小时都不停地播放。而在网络上,这些都不成为问题,无论何时何地,打开相同的网页,网络广告都能在受众面前及时出现。

（六）受众自主选择

相较于报刊、广播、电视等大众媒体广告及户外、直邮、POP等小众媒体广告,网络广告的接受没有强迫性,消费者有更多的自主选择权力,可以根据个人的兴趣和喜好选择是否接受以及接受哪些广告信息。由于消费者是心甘情愿地主动选择,从而避免了传统广告在信息传递方面的强迫性和被动性的局限,增强了广告的有效到达率。

（七）交互性

与传统媒体高的单向线性传播方式不同,由于网络媒体交互性强、反馈及时的特点，网络广告可以实现信息在受众与媒体间的双向传播，消费者在主动选择接受广告信息后，还可以根据自身的需要及时对广告信息作出回应，甚至与广告主进行沟通和交流，从而产生显著的促销效果。由于信息时代信息传递和查询功能的空前提高，商业企业的无形资产不是拥有多少客户，而是客户和营销人员之间的高度信任。传统的销售渠道中间环节过多，既增加了广告成本，又减慢了商品信息传递的速度，难以满足飞速变化的市场需求。而利用网络广告可将产品信息几乎在生产的同时，就可同步传递到用户网中，等于在同一时间对无数受众做了广告宣传。

五、网络广告文案的写作要求

（一）标题醒目

网络上的信息是"海量"的，因此，消费者只会选择真正感兴趣的网络广告点击进去浏览。访问者在众多内容的页面上只能做大概的浏览，阅读一些关键的词语或者标题。如果标题鲜明独特，访问者才可能有兴趣浏览整篇内容。标题要出新，不是说故意将标题弄得很花哨，这样只能增加访问者不必要的负担，因为他得多分心思琢磨标题的含义是什么，而通常访问者是没有耐心去这样做的。这时，一则醒目而吸引人的标题是至关重要且必不可少的。

通常，标题的撰写可以采取以下几种形式来抓住受众的眼球：

（1）悬念式。网络广告的标题可以用设问等形式制造悬念，激起受众的兴趣和好奇心，从而去点击广告，希望从相关链接中寻找答案。如清华同方的电脑广告，其标题"瘦，这是我要的瘦身？"配以一仪态万方的窈窕淑女图片，让受众顿起兴趣，欲一探究竟，到底是什么的吸引力竟比该美女还大，最后谜底揭开，原来是瘦身电脑！

（2）号召式。在标题中运用号召的语气可以使广告产生鼓动效果，从而提供广告的点击率。如迪斯尼冰上世界首次来华演出的冰舞表演《美女与野兽》推出的免费情侣套票，广告标题为"数量有限，快来抢啊！昙花一现，免费看演出机不可失！"相信看到的人一定会该出手时就出手的。

（3）诱导式。诱导式的标题通常会明确指出产品为消费者提供的明显利益点，目标消费者在被这些利益点吸引后会主动点击广告。这种方式增强了广告信息传递的个人化，让每个接受广告信息的受众都感觉到这个产品是为其度身订做的，从而实现了传受双方之间的互动。如必胜客在搜狐上做的二月促销广告标题"想拿60000元好礼吗？就来必胜客"，看了真是让人禁不住怦然心动。

（二）主旨明确，语言精练

与其他传统媒体广告的受众相比，网络广告的受众更加缺乏耐心，而且同时还要考虑上网的费用。如果诉求的重点不突出，语言拖沓，即使广告传达的信息是有价值的，也很难继续抓住受众的注意力。因此网络广告文案的撰写要注意主旨明确，"立片言以居要"，用精练简洁的语言传递完整全面的广告信息。至于更详细的产品信息可以通过吸引受众的点击后链接到企业的主页上来实现。如白加黑的网络广告，文案只有短短的三句话："白加黑表现就是这么好！白天服白片不瞌睡，晚上服黑片睡得香！"精练而准确到位地把白加黑的疗效特点以及与其他感冒药的最大不同展现在受众面前（图 8 - 2）。

图 8-2　某品牌女鞋网络广告

（三）让语言富有号召力

各种娱乐性、综合性网站上发布的图标广告、旗帜广告以及其他广告形式，可采用设置悬念或诱导性、号召性语言与形式，引发访问者的点击与参与。很多广告主运用网络广告并不满足于仅仅提升品牌的知名度、传播品牌形象，还希望能够吸引受众进行更深接触，因而将广告与企业主页相链接，这就要求提高点击率。以此为目的的广告，在文案写作中就应注意设置悬念，不把信息说尽；或者设置参与性内容，引起访问者兴趣，拉近他们与品牌的距离（图 8 -3）。

图 8 -3　某品牌牛仔裤网络广告

（四）注意画面与语言（包括文字语言和声音语言）的巧妙配合

和电视广告类似，网络广告也讲究图文的相互配合，而且由于动画形式比静态图形更吸引人，在网络广告中大量与商品有关的信息可以通过动态影像来诉诸于受众,在这种情况下,文案无须再画蛇添足地将信息重复,而应该服务于动态影像,有重点地进行阐释和补充,实现图文结合的完美效果。

动画技术的运用为网络广告增强了不少吸引力。因而,在网络广告的文案写作上,应充分利用动画技术所产生的视觉效果,利用字体大小、位移的快慢变化,来增加信息传播的趣味性和表现力。

(五)注意语言风格的适应性

由于网络可以根据不同兴趣爱好,把受众高度细分化,因而在针对目标受众诉求时,注意运用他们所熟悉的语气、词汇,会增强认同感。网络广告还可以借助热点信息来作为网络广告文案的宣传素材(图8-4)。

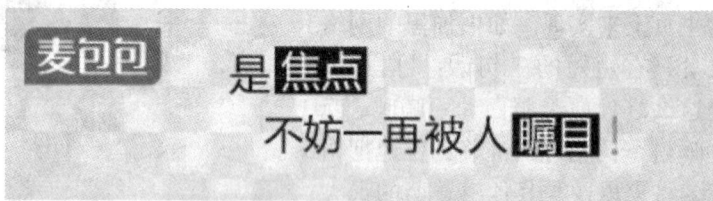

图8-4 "麦包包"网络广告

目前,网络的绝大多数访问者都是年轻人,网络甚至在年轻人的推动下形成了独特的网络语言体系。在进行网络广告文案创作的时候就不能不考虑到这一点。

(六)注意语言措辞,加强语言的亲和力

好的网络广告要能吸引访问者的眼球,就要注意文案的措辞,比如,"总有人在这里等你,不变的真情,不变的诺言",搜狐校友录的旗帜广告上的文案表达,就比"欢迎登陆校友录"更能吸引人。总之,要充分发挥想象力,最大限度地激发访问者的好奇心和注意力。

网络广告文案的语言不但要生动有趣,而且,还应让访问者在打开页面浏览的时候,觉得轻松愉悦。因此,在进行网络广告文案的创作时,要感觉就像是和自己的一位老朋友聊天那样,自然亲切,而不能只是自己陶醉在其中。网络广告的浏览者众多,如果能在文案设计上让他感觉文案内容是为他专门编写的,就会让受众产生很强的认同感,吸引力也会大许多。比如,在具体写法上,可以将浏览者设定为第二人称,像"你一定很想知道你梦中的那个他(她)在哪里吧",语气亲切随和,富有感染力,无形中就拉近了与浏览者之间的距离。

（七）语言形式灵活多样

虽然网络无国界，但受众还是会受到语言的限制，因而，要根据企业的传播目标选择站点，决定运用何种语言。不同国籍的受众，其文化背景也不尽相同，对广告文案的表现形式也会有不同的认知，所以应根据受众的文化背景、不同嗜好等来及时调整语言形式。网络媒体有国际性和地方性之分，网络广告文案的语言也要根据其投放的站点不同而进行灵活的选择。如果选择国际性的网站投放广告，则可以采用英语这一国际通用语言，或者根据目标消费者选择针对性强的语言，有时可并用两种语言。如果目标受众是国内人士，则通常只需用中文即可（图 8 - 5）。

图 8 - 5　某化妆品网络广告

第二节　直邮广告文案及其写作

直邮广告，是直复营销的一种手段。直复营销是指一种组织与目标消费者之间进行直接沟通促进反应或交易的营销方式。这种反应可以通过咨询、购买甚至是表决的形式出现。直复营销的手段包括：直接销售、直接邮件、电子营销、直接行动广告、目录概览式销售、电视直销等等。直复营销可以为实现销售、识别潜在顾客、为其提供信息进行沟通、培育品牌忠诚提供强有力的工具。

一、直邮广告的定义

直邮广告，就是通过邮政、快递系统或 E - mail，以信函的方式直接发送给目标消费者的广告。它必须以数据库为基础，将依附有收件人地址的广告通过邮局或网络系统传递到特定对象。其内容或劝其来电、咨询，或介绍产品，或解答疑问等，希望由此能促进销售。在国外也称为目录销售，最早的中文名字叫"直接邮送广告"，包括：商业信函广告、明信片、传单、折页、小册子、产品目录、企业介绍、赠品等。

直邮广告包括两层含义：

一是直接。相对于报纸、杂志、电视、广播这些大众媒体向广大的消费者群体间接诉求而言，直邮广告面对的是具有专用地址、姓名及其他人口统计资料的特定的个体，是一种直复营销的手段。

二是邮寄。直邮广告从出现开始是通过邮局网络将信息以直接邮递的方式传递出去，但是邮寄却不是唯一的形式，它还可以借助网络、传真、电话等直销网络体系。随着互联网的普及，可通过 E – mail 的方式传递根据消费者需求设计的邮件，不仅成本低廉，而且反馈速度快。但目前直接邮递仍是直邮广告的主体。

二、直邮广告的优势与不足

在市场正从大众消费向分众营销转型，产品和市场不断被细分与定义的情况下，直邮广告作为一种针对性极强的小众媒体，成为营销组合中不可或缺的要素之一，具有诸多的优势。

（一）成本低廉

直邮广告的对象一般是经过认真筛选的，目标明确。经过精心策划创意的广告针对性强，比其他大众媒体上的广告减少了许多盲目性。相比大众媒体动辄十万、百万的媒介发布费，直邮广告的费用要低得多。

（二）目标对象明确

直接邮递广告并不是漫无目标地胡乱投递，而是有着非常明确的接收对象。今天的计算机能力使得销售者能够建立巨大的顾客信息文件，使直接邮递广告可以利用庞大的数据库和资料来源，把对非目标消费者的浪费减少到最低程度。这种精准的针对性，增加了直效营销的冲击力。

（三）信息针对性强

直邮广告以特定个人为诉求对象，邮发的对象由广告主自行掌握控制，因此可以针对受众特点采用极富个性化的方式来传递企业信息。尤其是在目标消费者人数不多而又比较明确的情况下采用直邮广告，用丰富充实的广告内容、美轮美奂的广告设计、富有人情味的沟通方式，对目标受众"精耕细作"，一定可以起到事半功倍的效果。

（四）到达率高

由于是通过邮局发送，直邮广告的误差率很低，一般来说都能送到目标消费者手中。至于读者收到信函之后，是否会仔细阅读，则取决于产品或服务的特色，以及文案写作的技巧。

（五）促销性强

直邮广告努力创造消费者回函、电话等反馈的机会。兜售产品或服务，一般都是为了配合促销活动，因此相对于其他形式的广告来说，更容易促使目标消费者采取行动。不仅如此，直邮广告还可以推销一种思想或观念。

（六）信息量大

直邮广告可以详细地介绍有关产品或服务的信息，还可以附带一些相关资料，这是一般的四大媒体广告所难以做到的。除了信函以外，同时邮寄的一般还有传单、小册子、目录、订购单等，也可以附带录像带、计算机软盘或光盘。直邮广告主要通过邮政系统送达目标受众，其篇幅长短、纸质、印刷方式、诉求内容、形态都可由广告主自由掌握，因此可以采用内容翔实完整的长文案，进行深入诉求、说服。

（七）效果容易测定

它使广告主能够对消费者将看到的广告信息质量有一个总体的把握，受外来因素的干扰较小。通过反馈，可以快速地证明广告信息是否产生销售的效果。企业常常通过直邮的方法，用少量的预算和少量的样本家庭测试两种或多种不同的诉求信函，搞清哪种版本的直邮信函引起的反应最多，以选定最终的版本。

直邮广告活动效率高，信息反馈快，目标受众有无回函及其他行动较易掌握。直邮广告一般包括如何进行反馈的描述，其回应机制一般可以让企业迅速了解到其诉求的效果，广告中版式的设计、文案的写作、先后的次序可以根据消费者的反应逐渐进行调整，以求达到广告效果最大化。

（八）创意灵活

除了邮政服务中不可违反的规定（例如大小、重量等）以外，创意者可以针对目标消费者的喜好，开发出一系列令人兴奋的包装，并使信息的设计和格调更加个性化。同时，还可以根据反馈的效果不断地进行修改和尝试，确定哪些具体的创意因素能产生最大的反应。

（九）可建立品牌忠诚度

直邮广告可通过反馈信息得知哪部分人消费能力强，并掌握这些顾客的基本资料，根据80/20原则找到那关键的20%的消费者。同时可以了解到这部分消费者的需求，并随时进行调整、沟通，通过企业与个人之间的有效互动，提供有针对性的、个性化的信息服务，牢牢抓住这部分消费者，与之建立持久而牢固的关系。

相对其他广告形式，直邮广告在一些方面也具有它的劣势：

（1）依赖名录。

直邮广告的前提是必须有一个翔实的名录数据库，里面记载着目标消费者的姓名、性别、年龄、职业、受教育程度、收入水平、家庭婚姻状况、居住地址及其他联系方式的信息，有时还需要包括消费习惯、心理、业余爱好等消息。基于保护个人隐私的原则，这类资料的取得极为不易，企业很难获得可以利用的现成的资料库。

（2）千人成本高。

千人成本指的是广告到达1000人所需要花费的广告成本，它是衡量广告媒体效果的重要指标。直邮广告尽管从总体数额来讲费用低廉，但如果按千人成本来说其花费远远高于其他大众媒介。

（3）偏见影响效果。

近年来一些粗制滥造的保健品传单扰乱了人们的正常生活秩序，造成了恶劣影响，直邮广告往往使消费者产生戒备心理。有些消费者认为他们的个人资料在没有得到本人许可的情况下公开，侵犯了个人隐私，并将此理移情到直邮广告上，将之视为垃圾邮件。

三、选择直邮广告的前提

直邮广告是一种辅助性的媒体广告形式。因为制作和邮寄的费用比较高，相对大众媒介来说，直邮广告的千人成本比较昂贵。但是以销售效果的比例来说，它比其他形式的广告有效得多。

一般来说，选择直邮广告时，需要考虑以下几个问题：

（一）是否有足够的产品或服务的信息

直邮广告类似于报刊的长文案广告，它的立足点就是产品或服务有独特的利益点和充足的支持理由可以介绍，足以使目标消费者能够耐心地读完全文。因此，必须提供潜在消费者做购买决策时所关心的各种信息，包括产品特征、价格、规格尺寸、形状、颜色、订购方法以及可供购买、比较或评估商品的地点等等。离开了这一点，直邮广告就会像石沉海底，杳无音信。

（二）是否有详细的消费者名录

直邮广告总是写给具体的某一个人。因此，直接邮寄成功的关键是细分市场的能力，表现为是否拥有和储存大量的目标消费者信息。企业可以通过购买或自己搜集（通过会员卡、有奖征答）等方式来得到。通常进入对象名单的人是那些已经购买过用直接邮件进行营销的产品的人。依赖于直销的广告商还会不断地搜寻那些可以增加他们顾客明细表的数据，以尽可能避免邮件的浪费。

（三）是否已经准备好奖项或赠品

除了产品和服务本身对目标消费者具有利益之外，不要忽略奖项或赠品的作用。这是消费者除了信息以外，能够得到的额外收获，对于他们来说具有一定的诱惑力。赠品的设计要注意精致，最好是人们在商店里买不到的。如果能让消费者感到物超所值，则会更有效果。

（四）是否确立了信函的主导地位

由于直邮广告常常是信函、传单、小册子一齐寄出，而且小册子的制作成本比信函要贵上几倍，常常容易使人忽略信函的重要性。测试表明，信函要比小册子有效得多。"一种解释是，手册是在向潜在的消费者进行'广告'，而信函却被人们当做来自签名者的信息，虽然两者可能出自同一位文案撰稿人的手笔。"

四、直邮广告的写作要点

报刊广告的写作方式，同样适用于直邮广告。同时，还要特别注意：

（一）克服读者的反感情绪

很多人对垃圾广告有反感，克服这种反感的办法就是，立即提供直接利益点或问题的解决方案。利用这个方法可以使他们仔细阅读你所提供的信息，或至少足够充分地读过，并且清楚地了解你所提供的利益。同时，直邮广告没有机会展示产品或与同类产品做实质的比较，所以广告必须提出有力的支持理由，而不是试图用花言巧语来掩饰贫乏的内容。

（二）引起收信人的注意

如果直接邮寄广告不能使人拆开信函，或其中的讯息是被忽略而丢弃，广告就变成了废纸。引起收信人的注意，并且让他产生购买兴趣，这是广告表现最主要的任务。

引起注意的方法不仅仅在于信封的设计的精致，更在于信封的写法。利用悬疑、利诱、催促等方式来引起读者的好奇心，是一种有效的方法。同时，如果信封上说明信函中将会有奖项、赠品、特价、折扣等能让消费者感到会有好处的话，拆阅的可能性就更大。例如：

"内附给挑食的孩子一帖进食的良方。"

"孩子童年只有一次，火速掌握孩子最后、全新的学习契机。"

（三）要考虑到收信人的特征

给企业管理人员的信就不能用俗艳的色彩和怪异的字体。同时，使用邮票比起"邮资总付"的方式更有人情味。

目前，还出现了一打开就飞出立体造型的、附加气味的、附加音乐的等花样繁多的信封设计形式。

（四）一定要写好信函

信函是直邮广告中最重要的要素，是直邮广告对受众的第一声问候，写好信函至关重要，写好信函要注意以下格式：

（1）信封。

信封犹如脸面，它诱使受众拆开信封阅读直邮广告，同时也是品牌形象的直观显示，一个设计精美，精雕细琢的信封与粗制滥造、质量低劣的信封造成的传播效果有天壤之别。直邮广告的外包装信封样式在设计时要注意与品牌形象、广告风格一致，需要高雅时高雅，该活泼时活泼。在条件许可情况下，在信封上使用收件人姓名及称谓。

（2）信头和信脚。

信函必须使用信头和信脚，充满人情味的问候语能增强亲和力，缩短人与人之间的心理距离，让收件人愿意沟通。

（3）正文。

正文用第二人称进行写作，称呼"您"或"你"而不是"他"、"购买者"或"顾客"，这样显得更为友好亲切。信函正文篇幅不能太长，力求简洁明快，切忌重复啰唆。

延续读者的阅读兴趣。信函的第一句话决定一切，要能引起人们的好奇心，激发人们继续阅读。接下来，应该不断地抛出诱饵。要用短句、短词、短小的段落，相互之间要紧凑简明。只说真正关键的东西，不要重复附带材料(如传单、手册)中的细节，否则就会变得杂乱无章。信函要体现出普通人写信一样的人情味，避免使用平淡的商人语言。

（五）激发读者的行动意愿

直邮广告是促销色彩浓厚的广告形式，也是对广告文案写作人员挑战较大的广告形式。出色的直邮广告能够强烈地激发收件人做信函希望他们做的事情，让他觉得不这么做是一个损失。

尤其是在信函的结尾应该再次强调产品或服务的特色，并以赠品、有奖等方式配合，而不是以大家司空见惯的、形式化的句子作结尾。

案例：如何针对新老顾客做不同的诉求

克劳德·霍普金斯曾设计了这样的方法，对新老顾客进行差异化的诉求：①

当一位妇女写信来要产品目录时，就到档案里查一下她是新顾客还是老顾客。如果她是新顾客，销售经理会给她写这样一封信："很高兴您能来找我们，欢迎新顾客加入我们的行列。我还想以现实的方式让您获得更为广泛的欢迎。附上我的名片，这样您向我们订货时，订单就会直接转给我。我想在给您送去您订购的货物的同时送去我的敬意，还有为您准备的一点小礼物。我不会告诉您那是什么，但我肯定它能让您高兴。"

给老顾客他这样写道："我很高兴又从您那里收到索取目录的信。我们生意上的所有利益都是像您这样年复一年和我们在一起的老顾客带给我们的。获得新顾客需要付出代价，可是始终和我们在一起的老朋友却没有增加我们的开支。所以我想送您一个小礼物，感谢您与我们长期的合作。当您寄来订单时，请附上我的这张名片，这样我的同事就会把您的订单转给我。那时我会送去小礼物以表达我们的感激。"

结果怎么样呢？所有来索取产品目录的新顾客、老顾客都收到了那张名片。它并没有提到小礼物是什么，因为好奇心比描述更有诉求能力。

霍普金斯还强调，提供这样的服务必须小心谨慎，礼物是不能让人失望，应该是每个目标消费者都喜欢的某种东西。

第三节　软文广告文案及其写作

"软文"是业界的术语，用以称谓大众媒体中以貌似新闻报道的表现形式发布的广告信息。"软文"最早起源于西方，始自"有偿新闻"，是企业或相关组织为了提升自己的形象和知名度，更好地与公众沟通而通过报纸等媒体发布的付费文章。因为此类广告文案在形式上极具隐蔽性，内容上有更大可信性，信息量上更具丰富性，因此较受广告主的青睐。随着公共关系和广告行业的发展，"软文"在公关人员和广告人员手中应用得越来越娴熟，成为企业营销的利器。

---

① ［美］克劳德·霍普金斯著：《我的广告生涯和科学的广告》，邱凯生译，新华出版社1998年版，第138、139页。

一、软文概述

软文，是以新闻报道的形式发布，来介绍企业或产品的信息的一种广告，也称为软性文章、软广告、软文广告、广告软文等。它是相对于传统意义上容易识别的"硬"广告而言的，主要用于市场前期投入和市场细分，也就是在市场导入期和成长期，避开与同类产品在硬广告上的白刃战。软性文章形式上像新闻、科普知识、专题采访、社会热点等，通过这种隐蔽的形式吸引消费者，而区别于普通的广告。

在软文广告产生之初，它是免费的。当时一些媒体单位为了推动广告版面的销售，采取向购买了一定广告版面的客户赠送广告的举措。这种作为赠品的广告，不同于一般意义上的平面广告，而是具有新闻风格，也就是今天"软文广告"的前身。随着这种广告形式的发展和完善以及人们对它的逐步认可，如今的软文广告身价日高，有些报纸已经开始以版面大小来核算软文广告的费用。可以说，软文广告是唯一经历了从免费到有偿转变的广告形式。软文广告不一般的出身决定了它是广告家族的另类，走着一条独特的传达路线，需要我们以另一种眼光看待。

现在的软文广告原则上应该由每个公司总部的企划中心统一编辑，如果在全国各地设立了分公司或者市场部，那么二级机构需编写软性文章的必须经营销中心批准后方能刊发。并且每个市场部、企划部每月至少编辑若干篇高质量软性文章，每月上传公司总部。对优秀的软性文章进行表彰。各市场部可在中心下发的软性文章中结合当地情况进行适当的增删。

在高速迈进的信息时代，人们每天都会被成千上万的信息包围而感到茫然和无所适从，这时最有价值的不是信息，而是注意力。不能抓住受众的眼球，无法引起别人的注意，广告效果就很难达成，而在媒体上发布硬广告的费用居高不下，效果却越来越差。如何突破传统的形式，突破消费者心理的坚固防线，顺理成章被提上议事的日程。

通常情况下，广告所要达成的目的依次是：吸引注意，留下记忆，激发兴趣，产生传播效果，促成购买。"吸引注意"是广告的第一目标，这一目标不能达成，后续目标就无从谈起。而越来越多的广告早已让人心生厌倦，甚至是抱怨，这当然不是广告人想看到的。目标受众面对呼啸而来的"硬"广告"不动如山"时，广告手法上就需要进一步地创新了，将广告变"软"，软文便是重要的手段之一。

"润物细无声"是软文区别于传统硬性广告的显著亮点，其最大的优点在于其相对的"隐蔽性"，它不是王婆卖瓜式的自我吹嘘和炫耀，而是尽量掩饰广告主的商业目的，其信息往往呈现出很强的知识性、趣味性。其实质是广告，表面上看起来像新闻，受众很容易把它当做新闻来看待，在毫无反感的情况下轻松接受。软文通常是以报纸、杂志、小册子等作为载体，多字少图，但是可以使用各类文体大篇幅地表达，体现的是说得多、说得清的宣传策略。

软文广告价格相对便宜。就费用而言，媒体对软文的收费比硬广告要低很多，并且软文创意和制作的成本很低，使它成为一种花较少的钱又可以带来明显收益的广告方式。

说到底，软文是新闻的衍生，是以产品和企业为诉求中心的新闻形式来表达的广告。因此，新闻性是软文操作的第一原则。究其原因，首先是因为广告泛滥导致传统"硬"广告效果的明显下降；其次是就传播的力度和广度而言，新闻具有无可比拟的优势。一般说来，人们都喜欢看新闻，而且对新闻的"真实性"的判断能力较差，很容易受其影响。宁信其有，不信其无。广告策划者正是要了解受众的这种心态，在广告创意方面策略性地乔装"新闻的真实性"。软文能够引起受众的共鸣，可信度高，因此受到众多广告主的青睐。

一言以蔽之，软文就是要看起来是媒体发布的通讯、消息或其他栏目的有机构成部分，以增强软文的权威性和真实性，最终实现广告的实效传播目的。成功的软文无不具有极强的新闻性。如脑白金曾经的软文：《人类可以长生不老?》、《两颗生物原子弹》、《'98全球最关注的人》等，都以具有极强新闻性的标题，再结合热点事件来进行产品的功效诉求，取得了很好的市场反响。

软性文章的不足之处就是它更像新闻报道，而不像广告，因而往往缺少广告图片所能够带来的视觉冲击力，不过也可以通过加大篇幅、突出标题等创造性的手段进行弥补。

二、软文内容的构成

软文在其形式上要像报纸的有机构成部分，如新闻、科普知识、专题采访、社会热点等，而不能一眼就被看出是广告，这就需要软文在内容构成上区别于一般的硬性广告。

如同新闻，软文需要一个吸引注意力的标题。突出而且创新的标题是吸引受众阅读的关键。标题必须新颖别致，但不要带任何伤风败俗和恐吓性，以免引起受众的反感，吸引注意的目的是引发受众的阅读，而不是哗众取宠，进而才能影响受众，推动其购买。

软文需要预设特定的主题。主题必须单一，重点突出。一次只能表达一个主题，不可杂乱无章。可以从不同的身份、角度和时间来写作。

软性文章通常要冠以栏目名称，如热点透视、市场追踪、古今文化、科普专栏、夕阳红专题、漫话古文幽默等等。

增加作者署名或者文章末尾标明：摘自《××报》，可以是其他市场部刊登广告的报媒，如：《燕赵晚报》上注明：摘自《北京日报》等。比如说在《北京晚报》有自己公司产品的报道，突出摘自《北京晚报》的报道等。

软性文章中尽量不要含有活动预告、销售地址等信息。防止消费者一看就知道是广告，失去其原有的隐蔽性。活动预告可以用热线、传单、条幅等形式预告，特殊需要打硬通栏广告。市场部咨询电话要打上"服务热线：×××"，可以灵活穿插在软性文章中间或末尾。

三、软文刊发的一些细节

软文刊发时的一些细节问题也需要注意。软文刊发时若适当配发漫画、图表、活动照片等，这样更能引起读者注意。标题规格必须醒目突出，贴近消费者的心理。标题成功就等于成功了一大半。同时还要注意尽量不刊登在广告版。如果选择媒体为日报，软性文章要避免刊登在周一、周六和周日，以提高关注度和关注面。最后还要注意，若两篇软性文章同时刊发或超过1000字的软性广告，文章则应采用通栏形式来扩大品牌影响力；字体也要适中，防止中老年人看不清楚。

要避免标题不醒目或醒目却不吸引人；避免过分注意价格，而忽视广告效果。一种情况是报纸种类选择时，受价格影响较大；二是想在有限的版面内挤进更多的内容，造成字太小，标题小，重点不突出，难以给消费者留下深刻的印象；软性广告和硬广告混编，既没有发挥出"润物细无声"的特点，又没有发挥出硬广告"山雨欲来风满楼"的冲击力，一头扎进广告堆中，就失去其隐蔽性的特点。

抓住消费者的攀比和从众心理，通过宣传异地知名的消费力高的城市中该产品的消费热烈情景，来诱导本市场消费者使用这个产品。

另外，公司企划中心部门要多搜集其他产品的软性文章，细心揣摩，博采众长，提高撰写水平。

软文要遵循新闻的排版风格，通常需要注意以下几个方面：

设计字体和字号：标题(包括引题和副题、小标题)的字体、正文的字体和字号均应和发布媒体惯用的新闻字体字号一致。对字体字号的装饰(如底纹、阴影、立体等)也要和新闻的设计风格保持一致。

分栏：对较长的软文稿件(一般800字以上)，在设计时就要进行分栏处理。分栏时，要参考发布媒体的分栏方式，严格把握每栏的栏宽长度。一般大报的每版以五栏划分，每栏约6厘米宽，小报的每版以四栏划分，每栏约5.5厘米宽。

边框：每种报纸的新闻稿件边框线都有其固定的风格，如《华商报》的新闻边框线为3毫米的灰色(彩版为绿色或蓝色)，而《西安晚报》则为粗线条边框。北京、上海、广州等各地报纸媒体也都不尽相同，甚至没有边框，这些都是软文广告编排设计时要参考的细节。

行距、字距：一般来说，新闻正文的行距一般以1毫米为佳，1厘米的距离内只能排三行字。字距一般小于1毫米，1厘米内可以排3.5个字。软文编排设计时严格把握行距和字距的疏密，再配合字体字号的一致，足可以和新闻稿别无两样。软文创作无论采用何种形式，都有一个万变不离其宗的宗旨：它们的目的都是为了传播品牌，提升企业知名度，促进产品销量，因此，我们在软文创作过程当中也应当以此为依据，掌握好必要的技巧，一则好的软文就能应势应时而发。

四、软文写作的要点

软文的"软化"可以理解为一个向新闻无限逼近的过程，最理想的结果就是"软化"成一个真正的新闻。因此，软文的写作就不同于普通广告的创作，应该尽可能符合新闻标准，按新闻稿件来操作。写作中具体可以遵循以下一些原则：

(一)题材的新颖性

报道新鲜事是新闻写作的首要任务，善于从商家自身提炼有价值的新闻线索，使稿件具有原创性是软文向新闻靠拢的第一个要求。一般情况下可以从产品特性、领军人物、公关事件、概念提炼等角度去发掘新闻素材。如下面的例子：

天皇药业是浙江天台的一家民营企业，主打产品为铁皮枫斗晶，该产品提取自名贵稀有中药铁皮石斛。由于多年的开采，野生的铁皮石斛几乎已经绝迹。公司的董事长陈立钻当年还是村里的赤脚医生，他以山里人特有的韧

劲，上山八年，硬是将野生的铁皮石斛人工栽培成功。产品出来了，但市场
却一片沉寂，甚至发生过三进超市三次被退货的事。当时的天皇药业实力非
常有限，根本不可能拿出太多的钱来打广告，唯一的出路就是软性的炒作。
于是，一系列经过精心策划的软文出炉了：如从产品入手提炼的《铁皮石斛
何以被列为中华九大仙草之首》；从领军人物入手提炼的《盗得仙草还人
间——记天台山奇人陈立钻》；从厂家两个公关事件：一是向100位中科院
院士赠送铁皮枫斗晶；二是向著名数学家陈景润赠药入手提炼的《仙草护国
宝》和《陈景润又站起来了》。此外，该公司打造了两个概念：一是"仙草"，
二是"珍稀"。所有的软文创作都围绕这两个概念展开，从《铁皮石斛何以被
列为中华九大仙草之首》到《盗得仙草还人间》，仙草概念一直贯穿其中。概
念的提炼使铁皮枫斗晶从一开始就在产品定性上与普通保健品区别开来，将
自己定位为高档产品。因为善于成功地提炼新闻素材，该集团推出的每一篇
软文都切中了市场的要害，引起了社会的广泛关注，甚至免费获得媒体的争
相报道。立钻产品也终于得到了市场的广泛认可，2003年，铁皮枫斗晶的销
售额已经达到2.8千万元，成为浙江省保健品行业的龙头产品之一，陈立钻
本人也于当年被评为全国劳动模范。

（二）标题的新颖性

正如前文所述，软文的标题非常重要。好标题是成功的一半。面对今天
习惯快速阅读的人们，所拟写的标题必须新奇，有创意。用词要有震撼
力——具有能在瞬间使读者产生心灵震撼的词或短语，如《8000万人骨里插
刀》、《女人熟了，小心虫蛀》、《1000万女性神魂颠倒》、《女人脸皮在变厚》
等软文标题，都起到了很好的先声夺人的作用；还可以用反问句式、疑问句
式以提起阅读兴趣，如《新鲜也能公证吗?》、《男人流行画眉毛?》。再者，与
热点问题挂钩也是一个不错的方式，如《三星总裁开口就讲十六大》。

软文标题必须具有穿透力，必须能吸引人的兴趣，使读者有兴趣看了你
这个标题之后还想看你的内容。那么，怎样去吸引读者的眼球呢? 有以下几
点要素：

震撼力——顾名思义，也就是说具有能在瞬间使读者产生心灵震撼的词
或短语。像这样的例子有很多，如红花化瘀祛斑胶囊中有一文《怪! 怕老的
女人抢购疯》，题目开头用了个"怪"字，在刹那间无意中就引起了消费者目
光的注意，类似的例子还有很多。

诱惑力——我们在创作标题的时候，可抓住消费者的好奇心，采用一种

反问的语气，直接提出问题，制造悬念。"脑白金"的《人类可以长生不老?》之所以能在市场启动中担当了这么重要的角色，主要就是其标题大大利用了这一点。

　　神秘感——据对人类的心理测试中可以看出，人们往往对一些披上神秘色彩的事物容易产生兴趣，特别是一些被忽视或被遗忘的，更甚至是一些闻所未闻的消息产生冲动。脑白金之所以成功，风靡全中国，靠的就是《两颗生物原子弹》、《格林登太空》等这类趣闻，但有一点要引起大家注意，这种所谓的神秘感的软文策略在开拓市场初期，甚至在相当长的一段时间里，可以起到倍增的效果，但随着产品的普及，神秘感也在慢慢地消退。

　　(三)软文写作也要真实

　　新闻以真实性为灵魂，所以具有很强的公信力，这也是老百姓都爱看新闻而不爱看广告的原因。而软文实质是广告，为了能达到新闻的效果，必须在真实性上下工夫。介绍产品时除了要本着实事求是，不夸大其词的原则外，一些形式上的技巧也可以增强软文与新闻的相似性，使软文看起来更像新闻，打消受众的防卫心理。比如，软文可以用通讯报道方式，记录场面中涌现出来的热闹气氛、感人事例、消费者心声等，可信度高且容易感染人。在表述时，要善于运用新闻惯用的一些词汇，来增强正文的"真实性"。如：

　　(1)时间、地点词汇："近日"、"昨天"、"正当××的时候"、"×月×日"和"在我市"、"××商场"、"家住××街的××"等等，这些时间以及地点的概念可以引导读者产生与该时间、该地点的相关联想，加深印象，淡化广告信息。

　　(2)新闻源由词汇：比如"据调查"、"据了解"、"笔者还了解到"、"在采访中了解到"、"据××说"、"笔者亲眼看到"等等，这些词汇让读者更能感到信息的真实与有据可查。当然，前提是信息本身首先必须是真实的。

　　(3)身份词汇：用"笔者"、"我"等身份词汇，会让读者与作者"合而为一"，读者的视角、观点也会"跟着作者的感觉走"。

　　(4)用数字说明：数字化是定性、定量分析最有效的手段，给人以很具体、很可信的感觉。数字的提取是多方面的，不但可结合产品本身来诉求，比如：治××病24小时验证疗效，轻症1盒见效，重症一治到底。还可从产品以外来做文章，比如：《一天不大便等于抽三包烟》、《女人四十，是花还是豆腐渣》、《40岁以上："心"问题典型化!》等等。

　　(5)为达成新闻的真实性、可信性，可以适当地运用"两面诉求"。新闻的立场是客观而中立的，记者通常是从旁观者的角度理智清醒地报道事件，既看到事件积极的一面，又可以看到事件消极的部分。不偏听偏信，注意事件报道的平衡性。所以软文就不能仅仅停留在"夸耀"的层次，如果文中充斥着"第一"、"最佳"之类的字眼，极易招致媒体和读者的反感。因此要尽量以第三者的视角去结构软文；文中不要有明显的结论，最好是给出材料，让受众自己得出结论。

此外，新闻记者应有透过现象看本质的本事，要把单个的事件放在比较广阔的背景中去分析解剖，深度和广度是新闻稿件的一个突出特点。因此在写作软文时也要有高屋建瓴的本领，把商家利益放在更宏观的角度去表现。新闻占用的是公共传播空间，啰唆拖沓的语言无疑是浪费受众的时间和生命，因此简洁是新闻表述的语言风格。主题突出，不说废话对软文写作同样重要，因为这不仅是对新闻稿的模仿，同样是软文的广告实质本身特性所决定的。软文是广告宣传，是宣传都需要广告主付费，软文字字是金！行文简练尤其重要。

软文题目写作的精髓在于将句子的语气、语调强化，而语意保持不变，尽量少用长句，多用短句，提出中心词。如：有这么一个题目，经过变化可以达到不同的效果。

"中国营养学界对此感到非常惊讶！"
"是什么让中国营养学界如此惊讶？"
"惊讶！来自中国营养学界的专家。"

（四）正文写作时语言要精练，口语化，尽量少用专业词汇
软文正文写作以短句为好，用语应该尽量生活化，不使用复杂结构的语句。

用讲故事的方法写新闻已经成为新闻写作的一个新趋势。让读者爱读、爱看是文章发挥宣传效力的前提。谁都喜欢看有趣的文章。软文也是写给别人看的，所以一定要让读者能够看下去。通过讲一个完整的故事带出产品，使产品的"光环效应"和"神秘性"给消费者心理造成强暗示，使销售成为必然。例如"1.2亿买不走的秘方"、"传奇的植物胰岛素"、"印第安人的秘密"等。讲故事不是目的，故事背后的产品线索是文章的关键。听故事是人类最古老的知识接受方式，所以故事的知识性、趣味性、合理性是软文成功的关键。讲故事的手法运用得好还可以把旧闻新闻化，如古井贡酒推出的"许世友将军与古井贡酒"，使《许世友将军》剧组人员主动提供与古井贡酒公司联

手制作该片的机会，成为一条社会关注的新闻，吸引了受众的眼球。《酒界泰斗周恒刚为古井贡酒解密》一文刊出后，河南网及《糖酒快讯》等行业媒体就纷纷转载《大河报》上的这篇文章，使该软文从"旧闻"变为"新闻"，无形中为古井贡品牌免费进行了传播，扩大了影响面。

术　语

网络广告　直邮广告　软文

思考题

1. 尝试给网络广告、直邮广告、软文下定义，它们与文中的定义有什么不同？

2. 你自己的定义好在哪里？

3. 从身边的生活中找寻几则网络广告、直邮广告、广告软文，分析这些文案的优缺点在哪里？

4. 另外，在找寻一些你认为经典的广告文案，分析其中的写作技巧，他们所能够做到的，你也能想到或做到吗？为什么能，为什么不能？遇到类似的广告，其文案应当如何处理？你能够做得更好吗？

5. 试从伦理道德或广告法规的角度评价软文广告，你认为软文带有欺骗性吗？软文符合情理吗？给出你的理由。

6. 写一份简历、一封信或一纸情书，推销你自己，你认为你能打动他/她(们)吗？实际效果如何？

第九章
广告文案
语言与修辞

教学目标

1. 理解广告文案语言概念及其作用。

2. 了解广告文案语言的基本类型。

3. 明确广告文案语言的基本要求。

4. 了解广告文案语言修辞中常见的毛病。

5. 掌握广告文案语言的修辞技巧。

第一节　广告文案语言

现代人离不开广告。优秀的广告离不开有冲击力的视觉形象,同时更需要有吸引力、有说服力的语言。广告也是一门语言艺术,简明生动,易懂易记,有创意,有幽默感的广告文案,能充分反映商品的个性和企业的品质,才能够给消费者留下美好深刻的印象,从而更好地达到促销目的。好的广告语言是优美的诗,是拨动心弦的歌。有魅力的广告语言是企业的无形资产,也可以创造商业奇迹。

一、语言在广告文案中的功能

语言在广告文案中的重要性显而易见,也为国内外广告学家所公认。广告由于其独特的性质特点,已经成为一种特殊类型的文体,它极其重视语言的运用。广告语言在广告诸因素中,具有应用性、应变性,也富有生命力、表现力。美国广告专家 H.戴平史鲜明地指出:“文案是广告的核心。”语言在广告文案中的功能主要体现在以下几个方面:

（一）广告语言的认知功能

语言是认知的符号。广告语言可以很好地在广告文案中突出商品特色、描绘商品形象、强调商品质量等诸多方面因素,带给受众的利益和欲望满足。例如,宝洁公司的多品牌营销策略,通过不同广告语的表现形式,在消费者心中留下深刻的认知印象。以洗发水为例,“海飞丝”个性在于去头屑,广告语为:“头屑去无踪,秀发更出众”;“潘婷”个性在于对头发的营养保健,广告语为:“从发根渗透至发梢,补充养分,使头发健康、亮泽”;“飘柔”的个性则是使头发光滑柔顺,广告语为:“含丝质润发素,洗发护发一次完成,令头发飘逸柔顺。”三种不同个性的洗发水,三个极具特色的广告语也给消费者留下了深刻的认知印象。

（二）广告语言的沟通功能

广告语言的沟通功能首先体现在产品、品牌与消费者的沟通方面。优秀的广告文案总是通过个性化广告语言的传播,在读者和顾客中引起思想上的共识和感情上的共鸣,使消费者在情感共鸣中达成与产品、品牌之间有效的沟通,进而实现销售目的。20世纪80年代“百事可乐”为了提高产品销售量及提高自身市场的占有量,展开了一场针对饮料老大“可口可乐”的广告攻势。作为饮料行业中比“可口可乐”年轻的“百事可乐”公司,根据自身的实际情况和历史年轻的特点，提炼出了一句魅力十足的广告语："百事可乐，新一代的选择。"凭借这句充满青春魅力的广告语，"百事可乐"受到了众多年轻人的青睐，其产品的市场销售量日益攀升，出人意料地从"可口可乐"公司抢到了宝贵的市场份额。

其次，广告语言的传播还承担着不同文化之间的沟通与融合功能。广告存在于一定的社会之中，将语言运用于广告的人以及接受广告语言的人又都是社会的人。因此，一个民族社会的哲学观点、思维模式、文化心理、道德观念、风俗习惯、社会制度乃至政治信仰等都不可避免地会对广告语言产生作用和影响。任何一个社会的广告语言都无不带有该社会的文化痕迹。飞亚达手表广告"不在乎天长地久，只在乎曾经拥有"诉诸人的情感，短短一句话包含了爱情真挚、坚定、永恒和爱情所赋予人们的幸福、快乐和忧伤，同时对现代社会人们的无奈情绪予以抚慰。在心心相通之中，广告语言为这些品牌创造了经久不衰的知名度和大批的品牌忠诚者。

（三）广告语言的营销功能

在竞争日益激烈的现代商品市场中，商品广告数量繁多，花样日新月异。为了在广告活动中取得更大的效果，就必须制订各种营销策略，通过广告语言的独特表现形式来更好地配合广告策划的实施。因此，就要在广告上花样翻新，用独具个性的广告语言为新产品摇旗呐喊。例如，1996年美国20世纪福克斯出品的电影《独立日》引起极大的轰动，直追1993年《侏罗纪公元》所创下的票房最高记录。成功并非偶然，《独立日》本身场面制作庞大，引人入胜，但还有一部分应该归功与福克斯的文案人员创作出的一些惊世骇俗的广告语言。其广告标题"不管你在做什么，就是别向天看"及"我们是否在宇宙中独一无二的问题已有了答案"大大激发了消费者的兴趣。据调查，电影《独立日》广告效果的50%到70%来自这些广告标题。

（四）广告语言的审美功能

广告语言的审美功能，就是在广告动之以情、喻之以事和晓之以理的诉求过程中，给广大消费公众以审美的愉悦，从而满足其审美的情趣和要求。广告的审美效应，主要取决于广告语言的艺术技巧。优秀的广告不仅能快速、准确地传递商品信息，同时还应该有丰富的精神内涵。在受众接受广告信息的同时，从广告语言中得到审美享受，获得精神上的愉悦。

优秀的广告语言，或妙语联珠、宜人耳目；或一语惊人，振聋发聩；或精练含蓄，发人深思；或诙谐幽默、生动感人。"美国需要你"这五个字是美国的征兵广告语，字字重逾千斤，铿锵有力，它直指人心，唤起公民对国家的责任感，同时又有一种受到重视的自豪感。

二、广告文案语言的基本类型

(一)书面语言

书面语言，是用文字书写的视觉化的语言。在漫长的发展过程中，它逐渐形成了自身的典型特征：紧凑凝练、简洁生动、逻辑严密、优美典雅。

运用书面语言，能使广告文案用最少的文字表现最深广的内容，创造严密的逻辑文理、简明凝练的用词造句特色，营建较高层次的文化氛围，展现理性的风采。因此，书面语言在印刷媒体广告中被大量运用，它总是不自觉地建构着象征、思辨的世界。没有一定文化素养的受众就不能理解和阐释文案，它需要相当程度的身心投入，会给希望在轻松愉快的感觉中获取信息的受众一种心理承重感。在写作过程中，创作者要避免语言过于书面化而导致的文案文本呆板、滞重、生涩；针对文化素养较高的受众，创作者往往使用书面语言，力求建构一个与他们在观点、信念上共通的世界；此外，运用书面语言创作广告，还有必要针对受众的接受心理找到语言的艰深和平易之间的平衡点。

广告语：晚报不晚报
标题：新一轮的打击还没过，站已经坐过了
正文：
车是公共的，选择是私人的
空气是公共的，呼吸是私人的
机会是公共的，报纸是私人的
新闻是公共的，眼光是私人的
分享是每一个人的权利
回家的路上
我在公共场所享受私人的乐趣

(二)口头语言

口头语言是人们用说话的方式讲述出来的语言形式。它具有平易、简洁、明了、生活化，可以营造一种亲切的、生活化氛围的语言特点。口头语言更适合一般受众的接受心态和接受情景。人们在轻松的、生活化的氛围中倾听家长里短式的日常语言，会有一种轻松的、毫无距离的感觉。比如，在以声音为唯一传播载体的广播广告和视听并进的电视广告中，口头语言诉求更能散发其亲切、生活化基础上的亲近感。

蓝天六必治牙膏广告文案：

牙好，胃口就好，吃嘛嘛香！

雅倩佳雪洁面产品电视广告文案：

青春佳雪净白洗脸，彻底洗掉污垢和黑头。哇——好晰好白哦。快来洗脸吧！

新鲜佳雪新鲜人。

日本资生堂化妆品公司的电视广告片"创造美丽的红，资生堂"广告，运用独到的旁白：

长崎的女孩子在搓指甲，但是，她们的指甲已经这么粉红，这么漂亮了，为什么她们还要让指甲更红呢？长崎的小女孩都用凤仙花的花瓣搓指甲。即使会挨妈妈的骂，她们还会偷偷地搓。是为了指甲更漂亮吗？不，只因为她们是女孩子，这就是她们搓指甲的原因……

资生堂文案提出了一个新的消费观念，或者说是一个新的生活观念，小女孩搓指甲仅仅因为她们是女孩，这与一般化妆品广告极力劝导消费者的作风迥然不同，但就是在这种观念的倡导下，于潜移默化间打动了少女的心。因为我们是女孩，所以我们搓指甲，无论是用凤仙花的花瓣还是用指甲油，这是一个多么可爱的理由。

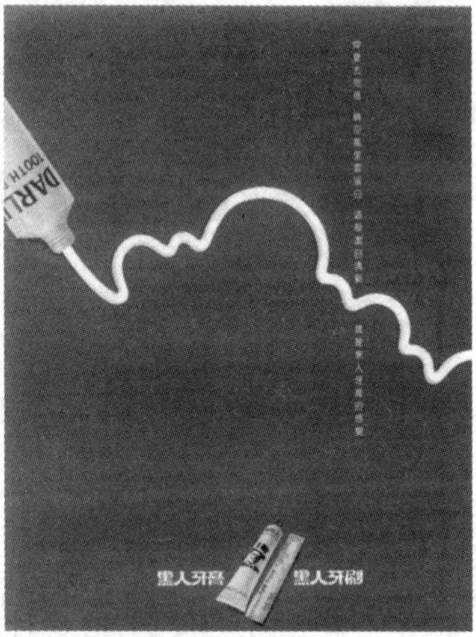

图9-1 黑人牙膏平面广告

（三）文学语言

文学语言是语言中最讲求音韵、节奏、意境的语言。它注重对语言自身的锤炼，富于美感和感染力。运用文学语言所建构的形象、意境、意象，都具有其他的语言所不能企及的魅力，散发出特有的形象性和感染力。在广告文案中恰当运用文学语言，可以增加文案的可读性、趣味性、形象性和感染力。

文学语言有散文、韵文之分。散文语言一般用于广告文案的广告正文部分，而韵文语言一般用于广告标题或广告口号等部分。

黑人牙膏平面广告：云篇
广告文案：仲夏去兜风　晴空万里云留白
　　　　　这般洁白清新　就是黑人牙膏的感觉
（台湾麦肯广告股份有限公司）

用散文语言写作的广告文案，犹如一段优美的散文，可为受众营造出一个个充满人情和人生感悟的情感世界，让受众感怀、流连其间。如以下太阳神集团广告（企业形象广告）获1994年《广州日报》的优秀广告奖企业类银牌奖的散文体广告。

广告标题：孩子，妈妈能给你的真的不多……
广告正文：12岁，我就离家读寄读中学了。那时正是春荒季节。每次返校前，妈妈总能变戏法似的弄出一小袋米来，再让我捎上一罐咸菜，这便是那时山里孩子一星期最奢侈的伙食了。送我上路时，妈妈那爱怜的眼神里总是盛满了愧疚与无奈。岁月荏苒。今天，我才读懂了妈妈的眼神，她仿佛喃喃地对我说："孩子，妈妈能给你的真的不多，但那可是我能给予的全部啊。"火柴很小，散发的光亮也很微弱。但它真的是在竭尽所能燃烧着，就像妈妈。
（背景画面：全黑底包围中，一根火柴头在黑暗中燃烧着，散发出微弱但绚丽无比的光焰。）

诗歌体、对联体：韵感强，用词典雅凝练，意境深远，是运用韵文语言写作的最具代表性的形式。如MCI电讯服务广告文案：

那晚不经意，/看到茶中明月的倒影，/蓦然发觉，/是中秋的明月。/千里之外，/昔日的时光，/吸饮着茶中的明月，/那一晚，我回到了家。

诗歌体形式本身具有音韵美、形式美、语言美、意境美四大特征，因此适合表现产品的文化韵味和附加价值，可塑造产品的美好形象，形成受众基于审美意义上的消费产生。文案借一位游子在中秋之日的蓦然感悟，勾起一杯浓茶之思，流泻一时思乡之情。让人在平和、宁静、诗意的氛围中捕捉情感的痕迹。最后一句笔锋一转"那一晚，我回到了家"，体现了电信服务的优越性，是情感维系的纽带。以诗动人，以情感人，又如某茶馆的对联广告文案：

　　为人忙　为己忙　忙里偷闲　喝壶香茶消消汗
　　劳心苦　劳力苦　苦中求乐　吃碗凉粉清清心

三、广告文案语言的基本要求

语言文字是广告的主体部分。一则好的广告需要有好的语言来支撑，好的广告语言能充分地传递广告信息。因此广告语言的质量决定着广告的质量，甚至影响着企业和品牌的发展。随着社会的发展，人们文化品位的提升和受众审美期待的提高，越来越多的文学技巧运用于广告制作，使得广告不仅仅是推销商品，广告本身也成为大众文化的重要组成部分。因此，成功的广告语言应该具备以下几个基本特征：

（一）广告文案语言应准确科学

准确科学，指广告语言所反映的商品信息要真实、准确，不能杜撰。所谓准确，也就是说广告所传达的信息必须以事实为依据，真实而客观、确切地反映实际情况，要向企业和消费者提供经得起检验的信息，从而真正起到指导消费、促进购买的作用。所谓科学，是指广告语言所反映的产品性能、生产流程、使用方法等要有科学依据，必须是科学的表述。广告语言的准确科学主要体现在实话实说上。

对商品实事求是的介绍，才能赢得消费者的信任。实实在在地在广告中传递真实的商品或劳务信息，往往会起到出其不意的良好效果。例如，当年联邦德国金龟汽车公司有一则广告："1970年型的金龟车一直是丑陋的。"金龟车外形虽一直维持不变，但性能却不断改进，因而在市场上仍受到消费者的喜爱。这则广告如实地介绍了产品的短处，给人以诚实负责的良好印象，达到了以短扬长的目的。再如一种涂料的广告："二十七平方米的房屋，只需六点五公斤涂料，用不了五元钱。"真诚朴实的话语让人心动，尽管用的全是普普通通的词语，但对于我国目前尚不富裕的受众来说，却比那些辞藻华丽的广告语更能打动人心。

（二）广告文案语言要以理服人，以情动人

广告中的"理"就是要体现商品中的"真"。广告中的"情"就是要善于寻找和发现公众的心理态势及其共鸣点。情理结合的广告反映出的不再是纯粹的、实在的商品，而是更多地融入了人的思想、情感、意志等，使商品成为了一种"情化"了的商品。广告语言以情动人，让公众心理获得满足感，使消费者由认知到行动层次推进。例如：麦氏咖啡广告取得的成功，也是因为采用以情动人的方法："朋友情谊贵乎至诚相处，相互支持帮助、相互激励。啊，滴滴浓香，意犹未尽！麦氏咖啡，情浓味更浓。"广告利用朋友之间珍贵的友谊，既赢得了顾客的好感，又进一步树立了品牌知名度。只有从消费者的利益出发，处处为他们着想，才能激发消费者的情感要求，满足他们的情感需要，促成他们的购买动机的产生和购买行为的实现。

（三）广告文案语言要做到新颖生动，形象贴切

广告语言和一般文学语言一样，都必须主题鲜明、突出，形象生动，而不应含糊其辞、陈旧枯燥。广告语言要做到用很少的语言，表现出最丰富的形象，让受众在想象过程中获得生动活泼的信息，达到广告的预期目的。要使语言生动形象，首先要抓住产品的特点，并用最简洁的文字表现出来。其次，要做到生动形象，还要注意修辞手法的运用，它能使广告语言富于象征意义和一定程度的意象升华，能更好地帮助受众记忆、联想和回忆。例如"波导手机，手机中的战斗机"以外型的相似做比喻，充分凸显这种手机"快"的优势。又如："格林涂料，面面俱到。"乍一看去，似乎略显夸张，可"面面俱到"不单指这种涂料比一般涂料的效果和优越性，销售者的服务态度、给使用者带来方便等都包含其中。

可见，在广告语言中恰当地运用修辞，做到新颖生动、形象贴切，可以使广告熠熠生辉，容易使读者从修辞语言中想到产品的好处，并留下深刻的印象。

（四）广告文案语言要有个性

有个性才有差别，广告语言相对于其他艺术语言的精妙之处，是在于高度的个性化，而不是人云亦云，千人一面，毫无性格。广告语言的个性化就是指广告既要充分展现产品的优越性和独特性，体现出广告信息的个性化特征，并与受众的个性心理相吻合，使人感到新鲜独特，耳目一新。这样的广告才能尽可能地引起消费者的好奇心。下面的广告语就与众不同，极具个性。"聪明不绝顶"（美加净颐发灵）。既有美加净颐发灵的神奇功效，又诙谐幽默，让人乐于接受。"当之无愧"（某当铺广告）。成语的巧妙使用，字谐

音相关,一箭双雕。"请飞往北极度蜜月吧!当地夜长24小时"(荷兰一家旅行社的广告)。"春宵一刻值千金",对新婚佳偶来说,谁不希望春宵更长。

(五)广告文案语言应当通俗易懂,简洁有力

广告语言的通俗简洁,表现在广告中多运用生活中使用频率较高并富于时代感的言语,少用晦涩、艰深、有歧义的词语。句式简短,语体口语化。采用富有生活气息、读来亲切有味、为群众喜闻乐见的语言形式。此外,还要注意广告语读起来和谐上口,这样才能使消费者容易记住。在商品社会的今天,当市场商品供应很充足时,顾客选择某种商品的理由往往是他熟悉某种商品。因此,广告语的设计要使消费者一看到便能记住,并能脱口而出。例如:

"新鲜佳雪/新鲜人。"(佳雪净白洗面乳)

"农夫山泉/有点甜。"(农夫山泉纯净水)

"生活有你更精彩。"(柏丽斯洗发露)

有些广告还运用语言的对称,求得语言的稳定感,使人们容易记住。例如:

"爱生活,爱拉芳。"(拉芳护理洗发露)

"穿奥康,走四方。"(奥康皮鞋)

此外,经常使用诗句和熟语也容易使产品在人们心目中留下深刻的印象,将诗句和熟语延伸到广告所宣传的产品中。例如:

"何以解忧,唯有杜康。"(杜康酒)

"车到山前必有路,有路就有丰田车。"(丰田汽车)

(六)广告文案语言必须注重规范性

为什么说广告文案创作必须注意语言的规范性?从发挥广告的经济效益来看,语言规范可以确保广告文案传达准确、清晰的信息。从广告的社会效益看,广告语言大多凭借大众媒体进行由点到面的传播。广告语言本身是一种语言的广告,所以一出现错误就会产生极为恶劣的社会影响。

如何文案创作中做到广告语言的规范性?首先必须注意用字正确,消灭错别字。某些广告语,例如大维制衣广告词:百衣(依)百顺;某石材厂广告语言采用"石(实)力雄厚";红梅味精:"领鲜(先)一步"等词汇,看似巧用词汇,实则误导大众,特别是对于刚刚接触语言文字的少年儿童产生极坏的影响,我们对此应保持高度的警惕。

其次应该注意在文案创作中的遣词准确,避免用词不当,特别注意慎用缩略词等现象。如下列广告文案语言:

今天是除夕，灯火阑珊，春意融融。（"双鹿"冰箱广告）

高雅，高贵，高观，舒适极了！（"三色牌"沙发展销广告）

高性能，高品质，优服务。（华宝空调广告）

传统酿造玫、加、高，天津出产最地道。（"玫、加、高"让人难以理解，原来是对玫瑰露酒、五加白酒和高粱酒的简缩。）

最后，在文案创作中应注重造句合理，防止出现病句，避免出现词类误用、成分残缺、搭配不当、句式杂糅、语序紊乱、标点错误等现象。

广告中不时地出现不规范的简化字、繁体字、已经弃用的旧体字的现象，很不顺眼。广播、影视广告中也时常有不标准的读音，南腔北调，很不顺耳。还有滥用外来语及使用一些低俗的词语，着实不雅。因此，广大广告文案作者应该为祖国语言的规范化和纯洁性作出自己的努力。

第二节　广告文案语言的修辞运用

为了适应特定的语言环境，提高语言的表达效果，人们往往采用修辞的表述方式。修辞格简称辞格，又叫修辞方式，指的是人们在组织、调整、修饰语言，提高语言表达效果过程中长期形成的，具有特定结构、特定方法、特定功能，为社会所公认，符合一定类聚系统要求的用语模式。

广告语言讲究准确、简明、形象、生动。因此，就特别重视在广告中运用修辞。在广告语言中，使用辞格的现象尤为普遍。词语修辞、句式修辞、修辞格几乎都在广告语中得到广泛的运用。常用的修辞方式有比喻、排比、双关、对偶、比拟、借代、层递、反复、巧问、回环等形式。下面结合广告文案写作，谈谈其中的语言修辞运用。

一、生动的比喻

比喻，就是打比方，是指用本质不同但又有相似点的另一事物说明或描绘该事物的修辞方法。其特点和优点是将抽象的事物具体化，深奥的事物浅显化，陌生的事物熟悉化，在广告语中运用效果极好。如：

本店出售的酸奶有如初恋的滋味。（日本某酸奶店的广告语）

比喻将原本没有联系的事物联系在一起。通过使用比喻手法，形象地强调产品或企业的某一特征，便于人们加深印象，如：

突破科技，启迪未来

每只鹦鹉螺，无论来自哪个海滩，其螺旋弯曲的精度都必定丝毫不差。这种不可思议的精确生长模式，被数学家称为完美的对数螺旋。

奥迪 A6 的精密控制体系，也同样利用尖端数字控制技术，自车型开发，就将奥迪 A6 纳入一套极其严谨、精确的程序之中……

二、有力的排比

广告中运用排比，可以使广告语言的结构均齐匀称，音节铿锵，富于节奏感、音乐感，还可以增强广告语言的条理性、严密性；同时也可以增加广告语言的气势和感染力。比如台湾阿迪达斯球鞋的广告：

因为，它有独创交叉缝式鞋底沟纹，冲刺、急停时不会滑倒。
因为，它有七层不同材料砌成的鞋底，弹性好，能缓解与地面的撞击。
因为，它有特殊功能的圆形吸盘，可密切配合急停、转身跳投。
因为，它有弯曲自如的鞋头和穿孔透气的鞋面，能避免脚趾摩擦挤压，维持鞋内脚部温度，穿久不会疲劳。

又如：《故事会》杂志的广告

为您提供美，为您提供乐，
为您提供爱，为您提供趣。

前一则运用排比句陈述了这种球鞋的特点，个性鲜明，表达有力。后一则运用排比句说明了《故事会》的宗旨及作用。排比的广告语，能使产品给人留下难忘的印象。

三、巧妙的双关

双关是利用一种语言形式，同时兼顾表里两层语义的修辞方式。它包括谐音双关（即利用同音或近音的条件构成的双关）和凭借词语的多义性构成的语义双关。在广告语中，双关运用得好，不仅能增大语言的信息量，而且还使语言新颖、幽默、生动，增强广告的可接受性，给人回味和想象的余地，从而获得顾客的喜爱。例如：

> 不打不相识。（某打字店）
> 一毛不拔。（某牙刷）
> 有喜事，当然非常可乐！（非常可乐）
> 第一流产品，为足下增光。（"红鸟牌"鞋油）
> 身处炎夏，渴望雪花。（雪花牌电扇）
> 丰华正茂。（丰华圆珠笔）
> 清凉世界何处来？待到菊花开！（菊花牌电风扇）

这里的"足下"意义双关，既指皮鞋，又是对顾客的敬称。"可乐"、"雪花"、"丰华"、"菊花"也都是意义双关，既指产品名称，又指这些事物。巧妙地赋予一词以两义，丰富了语言的表现力，给顾客增添了兴趣。

四、工整的对偶

对偶，是把两个字数相等、结构相同、内容相关或相对的短语、句子或句群，对称地排列在一起的修辞方法。它是广告中比较常用的修辞手法。运用对偶手法，可以使广告语言精练、简洁、易记易诵。如：

> 操天下头等事业，做人间顶上功夫。（某理发店）
> 汲取天地灵感，剪裁都市形象。（某上海时装集团）
> 进店来乌头宰相，出门去白面书生。（某理发店）
> 酿成春夏秋冬酒，醉倒东南西北人。（某酒厂）
> 鸿雁远去皆因大地春暖，旅客常来只为小店情深。（一旅店）
> 韩愈送穷刘伶醉酒，江淹作赋王粲登楼。（广东潮州市韩江酒楼）

以上各例都是对偶，对仗工整，用词讲究，语言耐人寻味。最后一则还用了典故和藏头。韩愈写过《送穷文》，刘伶是竹林七贤中的好酒名士，江淹擅长作赋，王粲有名作《登楼赋》，这些典故用在此处，非常恰当。上下两联首字构成了"韩江"，尾字构成"酒楼"，连起来读，正是这家酒楼的字号——"韩江酒楼"。这则广告语广为传播，使酒楼大大地提高了知名度。

对偶，是汉语中特有的修辞格，可以说是汉民族的土特产。它讲究平仄，格律，还讲究词性相对，读来朗朗上口，寓意也很丰富。有正对、反对等形式。

例如：正对如《三联生活周刊》的推广广告：

加大新闻成本，体现独特立场。
更多信息更实用，更具趣味更好看。
以敏锐姿态反馈新时代新观念新潮流，以鲜明个性评论新热点新人类新生活。

反对如某空调广告：

狂热中追求冷静，冷漠中渴望热情。

五、新颖的比拟

广告中的比拟是将产品或服务等人格化，或是比做另外的事物。它可以使语言形象化，同时引发人们的情感共鸣。例如，三九皮炎平广告的电视广告：

男抓挠：我是不求人。
女抓挠：我是老头乐。
男抓挠：你怎么了？
女抓挠(愁眉苦脸地)：我，没有人找我了！
画面：一支皮炎平软膏横扫过来，女抓挠带着男抓挠赶紧逃跑。
话外音：999 皮炎平软膏，万事不求人。

六、必要的反复

反复是指同一词语或句子在表述中一再出现，以强调、突出某种事情，或抒发某种强烈的思想感情的修辞格。广告语中的反复修辞格，也是为了强化广告内容，一般用来强调某一产品的利益点或特性，加深顾客的印象。如：

永生永生，信誉永存。（永生金笔）

加佳加佳，誉满天下。（加佳牌洗衣粉）

再如 Club Med 度假村的广告：

在 Club Med，到处都是松绑的七情六欲

松绑的心情，松绑的表情，松绑的食欲，松绑的运动细胞，松绑的睡眠，松绑的梦，松绑的每分每秒……

人生难得松绑一回，现在就打电话到各大旅行社或 Club Med 度假村洽询详情。

七、合理的夸张

夸张是指有意采取"言过其实"的说法，用形象的语言把对象加以夸大或缩小，是一种效果强烈的修辞格。广告语中的夸张辞格也很常见。例如：

本公司的维修人员是当今最清闲的人。（美国某电器公司）

车到山前必有路，有路就有丰田车。（丰田汽车）

今年二十，明年十八。（白丽美容香皂）

广告语言要求准确、诚实，为什么又允许夸张，并且夸张的广告语言也能为顾客所接受，并不使他们反感呢？这里的关键因素有两点：一是产品确实质量过得硬，这就是说夸张要以事实为基础。夸张要有一定的根据，不能无中生有，损害广告信息的真实性；二是夸张要有节制，不能形成无限制的浮夸。比如用"跳楼放血大甩卖"，那就只是胡乱夸张，顾客会认为难以接受，甚至感到可笑了。

八、形象的借代

用与本体有密切关系的事物来代替本体出现，就是借代。运用该修辞格，可以使本体的形象突出，特点鲜明。但在实际运用中需注意用以取代本体的事物在语意和形象上必须贴切，必须能够说明问题，不能不顾逻辑地胡乱借代。如：

我们拥有无数个爱迪生。（美国爱迪生电器公司）

给电脑一颗奔腾的"心"。（英特尔处理器）

九、鲜明的对比

对比修辞格的特点是把两个相反或相对的事物放在一起加以比较，突出特点；或者把一个事物的两个方面、两个阶段加以比较，突出变化，前者叫横比，后者叫纵比。这种修辞格，在广告语中也常用，并且效果也很好。例如：

家家冰箱都制冷，选购沙松最省电。（湖北沙松电冰箱厂）

皮张之厚无以复加，利润之薄无以复减。（上海一家皮鞋厂）

重情少图币，薄利多销售。（某百货商店）

不贪一次多获利，只求数年少萧条。（长沙某家店铺）

从前每片只刮 10 人，如今每片能刮 200 人。（美国明丽顿刮脸刀）

以上五例中，前四例都是横比，或拿自家产品同别家产品相比，如例一既没有贬低同类产品，又突出了自家产品的特点。或者是拿产品质料的长处和价钱低廉的对比，如例二。或拿信誉与利润的对比，如例三、四。后一例则是纵比，拿产品过去的质量和现在的质量相比，突出革新和进步。这五例中，无论横比纵比，都很鲜明，意义突出，能给顾客留下深刻印象，为销售产品带来机会和方便，必然会获得更多的经济效益。

十、精巧的回环

回环辞格是把前后语句组织成穿梭一样的循环往复的形式，以表达不同事物间的有机联系。回环是在词语相同的情况下，巧妙地调遣它们不同结构关系、不同含义而形成的回环往复的语言形式，即从甲事物到乙事物，又从乙事物回到甲事物中去。例如：

四方产品，畅销四方。（四方锅炉）

亚洲汽水，汽水亚洲。（亚洲牌汽水）

金鹰浴盆，浴盆精英。（金鹰牌铸铁搪瓷浴盆）

中意冰箱，人人中意。（中意牌冰箱）

以上四例中，"四方"、"亚洲"、"中意"都属于回环，词语循环往复，读起来节奏鲜明，朗朗上口，有利于突出产品名称，加深顾客的印象。

除去以上介绍的十种修辞手法，广告文案的语言修辞还有其他多种手段。此外，由于广告语言一般都精益求精，所以在修辞手段的运用方面，就往往是多种辞格的综合使用。比如"顺风"牌晴雨伞的广告语：

> 一把"顺风"在手，
> 伴你到处行走，
> 晴时为你遮阳，
> 雨时不必担忧。
> 折起一束鲜花，
> 用时只需按钮，
> 祝你一路顺风，
> "顺风"真是良友。

其中的广告文案语言修辞综合运用了借代（借"顺风"代伞），有比喻（折起一束鲜花），有顶真和回环（祝你一路顺风，"顺风"真是良友），有拟人（"顺风"为"良友"），有反复（三次用"顺风"），有对偶（宽对：晴时为你遮阳，雨时不必担忧），再加上押韵，因此该广告语是非常生动的。

广告语言在运用修辞时，需注意三点：一是自然贴切，不勉强凑合，不强拉硬扯；二是要有创造性，运用之妙，存乎一心；三是要符合产品的特点，有利于塑造或突出产品或厂家（企业）的形象。

附录：

《广告语言文字管理暂行规定》

（中华人民共和国国家工商行政管理局令 第84号）

第一条 为促进广告语言文字使用的规范化、标准化，保证广告语言文字表述清晰、准确、完整，避免误导消费者，根据《中华人民共和国广告法》和国家有关法律、法规，制定本规定。

第二条 凡在中华人民共和国境内发布的广告中使用的语言文字，均适用本规定。

本规定中所称的语言文字,是指普通话和规范汉字、国家批准通用的少数民族语言文字,以及在中华人民共和国境内使用的外国语言文字。

第三条　广告使用的语言文字,用语应当清晰、准确,用字应当规范、标准。

第四条　广告使用的语言文字应当符合社会主义精神文明建设的要求,不得含有不良文化内容。

第五条　广告用语用字应当使用普通话和规范汉字。

根据国家规定,广播电台、电视台可以使用方言播音的节目,其广告中可以使用方言;广播电台、电视台使用少数民族语言播音的节目,其广告应当使用少数民族语言文字。

在民族自治地方,广告用语用字参照《民族自治地方语言文字单行条例》执行。

第六条　广告中不得单独使用汉语拼音。广告中如需使用汉语拼音时,应当正确、规范,并与规范汉字同时使用。

第七条　广告中数字、标点符号的用法和计量单位等,应当符合国家标准和有关规定。

第八条　广告中不得单独使用外国语言文字。

广告中如因特殊需要配合使用外国语言文字时,应当采用以普通话和规范汉字为主、外国语言文字为辅的形式,不得在同一广告语句中夹杂使用外国语言文字。广告中的外国语言文字所表达的意思,与中文意思不一致的,以中文意思为准。

第九条　在下列情况下,广告中使用的外国语言文字不适用第八条规定:

(一)商品、服务通用名称,已注册的商标,经国家有关部门认可的国际通用标志、专业技术标准等;

(二)经国家有关部门批准,以外国语言文字为主的媒介中的广告所使用的外国语言文字。

第十条　广告用语用字,不得出现下列情形:

(一)使用错别字;

(二)违反国家法律、法规规定使用繁体字;

(三)使用国家已废止的异体字和简化字;

(四)使用国家已废止的印刷字形;

（五）其他不规范使用的语言文字。

第十一条　广告中成语的使用必须符合国家有关规定，不得引起误导，对社会造成不良影响。

第十二条　广告中出现的注册商标定型字、文物古迹中原有的文字以及经国家有关部门认可的企业字号用字等，不适用本规定第十条规定，但应当与原形一致，不得引起误导。

第十三条　广告中因创意等需要使用的手书体字、美术字、变体字、古文字，应当易于辨认，不得引起误导。

第十四条　违反本规定第四条的，由广告监督管理机关责令停止发布广告，对负有责任的广告主、广告经营者、广告发布者可以处以 3 万元以下罚款。

第十五条　违反本规定其他条款的，由广告监督管理机关责令限期改正，逾期未能改正的，对负有责任的广告主、广告经营者、广告发布者处以 1 万元以下罚款。

第十六条　本规定自 1998 年 3 月 1 日起施行。

术　语

书面语言　口头语言　文学语言

思考题

1. 选择一种商品，尝试用对偶和排比的修辞手法为其各撰写一条广告语。

2. 分别用理性诉求方式和感性诉求方式为你的学校撰写一则招生广告，你将如何做？

3. 针对你自己的一件用品，写一则说明式文案。其中说明它的名称概念、分类归属、结构成分以及形体、色泽、功用、使用方法等等，尽量做得吸引人。

4. 请用描述语式介绍你所熟悉的一种食品，可以尝试从多个角度进行描述。

第十章

广告文案测试

教学目标

1. 理解广告文案测试的重要性。

2. 明确广告文案测试的原则。

3. 了解广告文案测试的内容和程序。

4. 掌握广告测试的方法。

古人云：谋先事则昌，事先谋则亡。

广告的目的在于传达有关信息，从而使消费者认识商品、改变态度，最终产生购买行为。一个广告能否达到其目的，若要等到广告运动真正实施后才知道，就难免让广告主在投入大笔资金时顾虑重重。广告运动一旦失败，广告主损失的不仅是金钱，更重要的是市场时机——机不可失，时不再来！因此，为了保证文案人员创作的广告能够达到预期的效果，在广告创作过程中和广告发布之前，就有必要进行广告文案测试。

第一节 广告文案测试概述

一、广告文案测试的重要性

毫无疑问，广告文案创作需要极大的艺术创造力。有可能出现在进行广告文案测试时，一个循规蹈矩、因循守旧的想法最不易被淘汰，而一个新奇大胆的创意极有可能遭致否决的现象。因此，广告创作人员可能为求得保险，少犯"错误"而束缚自己活跃的思维细胞。有的广告文案人员甚至认为，广告文案测试会限制他们创造力的发挥。

但是，不管怎么说，从保证广告文案的效果方面而言，科学的广告活动离不开文案测试，大型的广告活动尤其如此。如果广告文案的"创意"再好，却不能实现广告目标，即改变消费者的态度与行为，亦是枉然。也就是说，文案测试是促使我们产生更有效的广告构想，保证实现目标的更大可能性。再者，让广告主把几十、上百甚至上千万元的广告费寄托在对某个"创意"的冒险一试上，也不现实。广告文案测试在于降低广告主所冒的风险，它可以做到：

（一）避免大的错误

如果有的广告文案从一开始就是绝对的错误，例如你诉求的重点根本不是消费者的关心所在；或者你的说辞会使消费者产生反感并赶走他们。文案测试虽然只能给出少量的信息，但足以将这种酿成大错的祸根及早扼杀。

（二）对几种方案择优录用

广告文案要宣传产品或服务能提供给消费者的利益，对于同一种利益可以有多种广告说辞，而哪种更好、更有效，这得经过文案测试才知道，仅凭创意者的自我感觉是不行的。

只有优秀的、有创意的广告作品才能在浩瀚的信息海洋中脱颖而出，才能吸引广告受众日渐挑剔的目光和耳朵。因而广告"说什么"和"怎么说"就成为能否吸引受众的注意力,增强受众的记忆力,激发受众的购买动机的决定因素。通过广告文案测试,可以发现广告传播效果是否与广告设计的预期贴合,提高广告作品质量。

(三)初步测试广告达到目标的程度

通过广告文案测试可以对日后广告运动的效果做一个初步的探测,使广告发起者心里有数。如果测试效果不够理想,就要尽早采取行动,加以改变。

(四)节约了广告主的费用支出

表面上广告文案测试要投入资金,但它能在正式制作广告之前将未能预见的缺点加以改正,实际上节约了大笔的制作费用。对于一个大规模的广告运动来说,不做事前测试可能损失很大,这也是谨慎的广告主或广告代理公司要做广告文案测试的原因。

二、广告文案测试的概念和原则

广告文案测试亦称广告事前测试,它是广告文案发稿之前所进行的测试,让被访者充分了解广告的内容,然后给出对广告信息的理解、突出的品牌内容等,通过传达力和说服力来作出评价。文案测试可以采用定性研究的方法,也可以采用定量研究的方法。

为了保证测定结果的科学性、可靠性,对广告文案进行测定要遵循一定的原则:

(1)目标性原则,即必须明确广告效果测定的具体目标,以便根据目标去选定科学的测定方法。

(2)综合性原则,即在测定时要综合考虑各种相关因素的影响,从广告的经济效益、社会效益和心理效益等几个方面作全面的综合测定。

(3)客观性原则,即在测定过程中要运用科学的分析方法去找出各种因素之间的必然性、规律性联系,避免主观性和片面性,避免以过去的经验或偏见来看待现时的复杂的测定工作。

(4)可靠性原则,即对样本的选取,要严格遵循统计原理,测试时要进行反复验证,力求测定的结果真实可靠。

(5)有效性原则,即测定工作要按照其研究程序有计划有步骤地进行,要选择最经济、最有效的途径和方法,避免无效劳动,避免人力财力物力的浪费。

第二节 广告文案测试的内容和程序

一、广告文案测试的内容

广告文案测试的内容是一个十分复杂的指标体系，它和广告效果测定指标体系既有相同之处，也有不同之处。相同之处在于完整的广告效果测评本身就包括广告文案测试；不同之处在于广告效果测评主要是广告发布后的效果测评，为下一个阶段广告的开展提供经验和教训。而广告文案测试主要重在广告发布之前的测试，并不包括广告发布后的市场效果和经济效果指标。因此，借鉴广告效果测评的指标体系，本书把广告文案测试内容分为三个指标体系，包括广告文案的文本效果测试指标、广告文案的心理效果测试指标和广告文案的社会效果测试指标。

（一）广告文案的文本效果测试指标

主要表现为广告主题信息是否清晰；广告标题是否醒目；广告正文是否具有趣味性和可读性等，以上这些指标可以通过广告公司内部检核表的形式加以检测。

（二）广告文案的心理效果测试指标

广告文案所传递的广告信息，必将作用于消费者而引起的一系列心理效应，主要表现在对广告内容的感知反应、记忆巩固、思维活动、情感体验和态度倾向等几个方面指标上。以上这些指标的测定，可以通过科学的实验测试的方法，借助于高科技的仪器予以测定。

（1）感知程度的测定指标：该指标主要用于测定广告的知名度，即消费者对广告主及其商品、商标、品牌等的认识程度。

（2）记忆效率的测定指标：该指标主要是指对广告文案的记忆度，即消费者对广告印象的深刻程度，是否能够记住广告内容（品牌特性、商标等）。

（3）思维状态的测定指标：测定消费者对广告观念的理解程度与信任程度。通过对理解度和信任度的测定，不仅可查明消费者能够回忆起多少广告信息，更重要的是可查明消费者对商品、品牌、创意等内容的理解与联想能力，确认消费者对广告内容的信任程度。

（4）情感激发程度的测定指标：好感度是测定情感激发程度的主要指标，又称为广告说服力。主要是指人们对广告所引起的兴趣如何，对广告的商品有无好感。好感的程度包括消费者对广告商品的忠实度、偏爱度以及品牌印象等。

（5）态度倾向的测定指标：广告是一种信息传播的手段，旨在影响消费者对某种产品、某个品牌、某生产厂家的态度倾向。对于态度倾向的测定，主要包括购买动机和行动率这两项指标。

（三）广告文案的社会效果测试指标

广告文案的社会效果主要表现在广告文案对消费者产生的社会影响上。广告文案社会效果的测定，要从法律规范、伦理道德、文化艺术等方面进行综合的考察、评估。以上这些内容可以通过对专家和消费者的访谈、调查，甚至采用模拟发行检测的方法予以测试。

（1）法律规范指标：利用广告法规来管理广告是世界各国对广告进行制约的普遍方法。这一标准具有权威性、概括性、规范性、强制性的特点，适用于衡量广告中具有共性的一般问题。大多数广告法规属于特定的国家范畴，但也有例外，即属于国际公约性质的，如国际商会通过的《国际商业广告从业准则》等。

（2）伦理道德指标：在一定时期、一定的社会意识形态下，具有特定的伦理道德标准，它表明人们较为普遍的价值取向。这一标准受到民族特性、宗教信仰、风俗习惯、教育水平等社会文化因素的影响。我国发布的广告，无论是广告的内容还是广告的表现形式，都应符合现实社会伦理道德的要求。

（3）文化艺术指标：广告的文案以及设计创作必须符合一定的文化艺术标准。各国的文化传统、风俗习惯有着自己的特殊性和历史的延续性，形成了各国在文化艺术上的不同观念和风俗。例如，在我国，广告的形式必须服从内容的要求，不能搞形式主义，华而不实；广告的画面、语言、文字、音乐、人物形象不能有低级庸俗、不健康的内容和情调；广告创作与表现，必须继承民族文化，尊重民族习惯，讲求民族风格等等。

二、广告文案测定的程序

为了确保广告文案测定结果的质量，使整个测定评估工作有节奏、高效率地进行，必须加强组织工作，合理安排测定程序。广告文案测定的程序如下。

（一）确定研究问题

从事广告文案测定的第一步是要确定研究的问题，即根据广告活动的策略、目标，确定广告文案测定的目的。如果产品处于市场导入期，那么广告文案测试的重点应该集中在广告文案是否能够有效地表现产品的功能特性，使受众增强对广告信息的认知与记忆；如果产品处于市场成熟期，那么广告文案测试的重点应该集中在广告文案是否能够有效地表现产品的创新信息和品牌个性，使受众增强对广告信息的偏好和购买习惯等等。

（二）制订测定计划

为了保证广告效果测定有步骤、有系统地进行，达到测定的预期目的，必须制订一套科学的广告效果测定实施计划与方案。广告效果测定的计划，一般应包括测定的目的与要求、测定的步骤与方法、测定的项目与指标、测定的时间与地点、测定的范围与对象、测定人员的安排与分工、测定费用与预算等。

（三）实施测定计划

在实施测定计划阶段，应一边收集整理第二手资料，一边开展第一手资料的测定、调查工作。按照计划，到指定的具体地点，寻找具体调查对象，开展有目的的访问、调查工作；同时，要注意方式方法，利用事前准备好的表格、提纲等，开展有针对性的测定调查。

测定人员对出现的问题，要善于随机应变，具体问题具体分析。分析问题既要保持客观的态度，又要紧密围绕目标，不能背离既定目标与要求，保证测定计划的顺利完成。

（四）整理资料，分析结果

这一阶段的工作主要包括：①编辑整理，对从各方面收集来的资料进行必要的整理加工、校核，消除资料中虚假和不适用的部分。②分类编号，若用电子计算机来控制和处理资料，分类编号应符合程序的统一标准。③统计汇总，运用统计原理与方法，对资料进行汇总、分析、检验，推算出要测定的各项指标与数据。④分析研究，运用整理出来的资料与数据，找出它们之间的内在联系，得出问题的结论。

（五）提出研究报告

研究报告是广告文案测试分析、检验、评估过程的书面总结，也是正确测定广告效果、提高广告活动管理水平必不可少的步骤。研究报告的基本内容包括：①前言，一般有该次测定的目的、所研究的问题及其范围、测定的组织及人员情况等。②报告主体，应包括测定的时间、地点、内容及所导致结果的详细情况；测定、研究问题所运用的方法；各种指标的数量关系；计划与实际的比较；经验的总结与问题的分析；解决问题的措施与今后的展望，以及其他一些建议、意见等。③附件，包括样本分配、推算过程、图表及附录等。

案例：广告文案测试焦点座谈会程序

一、实训项目

××牙膏广告文案测试焦点座谈会。

二、实训目的

通过实训要求学生掌握广告文案测试的焦点座谈会方法，并且培养学生焦点座谈会的策划、主持、组织、实施能力。

三、实训指导

（1）广告文案

××牙膏是中华预防医学会唯一验证和推荐的牙膏品牌。科学证明××品牌牙膏能有效地防止蛀牙。××品牌牙膏的含氟成分经验证，能有效地防止蛀牙，使牙齿更坚固。××品牌牙膏的独特清新香型，能够防止口腔异味，带给你宜人的清爽感受。经常使用××品牌牙膏，能彻底清洁你的牙齿，使你充满自信地展现健康的笑容。

（2）测试目的

了解消费者对××牙膏广告文案的认知、理解、态度等心理反映；了解消费者对××牙膏广告文案的接受程度及各种建议。

（3）测试地点

单面镜消费者焦点座谈会会议室

（4）测试对象

第一组：25～34 岁（白领）

第二组：35～44 岁（白领）

第三组：25～34 岁（蓝领）

第四组：35～44 岁（蓝领）

（5）在教师指导下，要求学生完成主持、记录、录音、录像、接待等事务。

（6）在教师指导下，要求学生完成数据、资料整理。

（7）在教师指导下，要求学生完成测试报告。

（8）牙膏广告文案调查提纲

（递给测试者广告文案和铅笔）

这张纸上有一个牙膏产品的广告文案，请花一点时间读懂这个广告文案，然后我会问一些问题。在读这个广告文案时，请在你认为你喜欢的地方画圈，在你不喜欢的地方用线划掉。

Q1.当你看完了这个牙膏产品的广告文案后，下列哪句话最能形容你对此牙膏的购买兴趣？（请交给测试者购买兴趣卡片，访问员同时读出其内容，并根据测试者回答内容在相应的号码上画勾）

(1)我肯定会买

(2)我可能会买

(3)我可能买可能不买

(4)我可能不买

(5)我肯定不买

Q2.你为什么会说……，（读出 Q1 的回答，一一记录他们所说，追问到无结果为止）

Q3.在此牙膏广告文案中，你具体喜欢的有哪些方面？（探测具体的喜欢之处，一一记录他们所说，追问到无结果为止）

Q4.在此牙膏广告文案中，你具体不喜欢的有哪些方面？（探测具体的不喜欢之处，一一记录他们所说，追问到无结果为止）

Q5.请问你在这个广告文案中感觉有哪些地方不明白或难以理解？

Q6.请问在广告文案中有哪些方面难以令人相信？

四、实训组织

(1)由学生报名、教师录用的方法选择 4 位主持人、4 位记录员、4 位接待员并承担各自职责；

(2)全班学生除上述人员外分成 4 组、约请 4 组被访对象；

(3)4 组学生在监听室直视、直听座谈会情况；

(4)每组进行座谈会录音、录像、记录的汇总讨论。

五、实训考核

(1)对座谈会主持人由教师及监听学生发表讲评意见；

(2)对座谈会记录由教师进行评分；

(3)对座谈会接待人员由教师及监听学生发表讲评意见；

(4)每位学生需完成座谈会报告。选择优秀者在全班交流讲评；

(5)每位学生需填写实训报告。实训报告应包括：

①实训项目；②实训目的；③实训本人承担任务及完成情况；④实训过程；⑤实训小结；⑥实训评语(由教师填写)。

第三节　广告文案测试的方法

　　完稿并不是文案写作过程的结束。完稿之后，还要对文案进行发布前的测试。广告文案测试是广告文案写作和其他写作过程的一个重要的区别。随着现代市场调查和统计科学的飞速发展，广告文案测试的方法也层出不穷。按照广告文案测试的内容进行分类，广告文案测试可以分为文本自身效果测试、文案心理效果测试以及文案社会效果测试；按照测试的方法进行分类，广告文案测试可以分为定性测试和定量测试；按照测试场合分类，广告文案测试可以分为实验室测试和实地访问测试；按照测试的时间分类，广告文案测试可以分为事前测试和测试调查。以下将向大家介绍几种典型的广告文案测试的方法。

一、广告公司内部的自我检核

　　在一个规范化的广告公司，广告文案文本创作的完成，并不意味着文案写作过程的结束，还需要一个逐项的自我检测过程。在逐项检测过程中，检测的主体除了文案人员之外，还需要美工设计、文案主任、创意总监、项目主管等一起进行。

　　广告公司通过使用广告公司内部的文案检核表，根据文案写作与广告信息、广告主题、广告表现概念、目标受众、所发布的媒体，以及所发布的时段、版面等各个方面之间的有效配合，进行文案的自我检测。广告公司内部的自我检核，虽然由广告公司内部进行，但在意义上代表受众方向，因此广告公司内部的文案检核表必须体现出较高的水准。台湾的樊志育先生曾拟订过两则广告公司内部文案检核表，具有一定的代表意义。[①]本书辑录如下：

　　（一）广告文案之总检点

　　是否充分了解商品及其哲学？

　　是否明白竞争商品正在做的是什么广告？

　　是否彻底了解广告商品的分配状况及其销售方法等市场营销情况？

　　在战术方面使用热烈的调子或是用柔和的手法？

　　是否充分了解广告主题？

　　是否考虑了消费者的利益问题？

---

　　①　樊志育著：《最新实用广告》，中国友谊出版公司 1995 年版，第 87~88 页。

是否考虑了广告目的？

标题是否有吸引受众的注意的力量？

标题是否有引入正文的力量？

引人注意的文句是否使受众能够在顷刻之间了解？

引人注意的文句与画面之间有无矛盾？

字数是否过多？

句逗点正确吗？

另起一行不难念吗？

第一行有引起受众关心的力量吗？

是否有加副标题的必要？

是否使用直接的现代时态？

是否使用受众的语汇？

是否简洁、自然、亲切？

从头到尾流畅吗？

有未删除的冗赘的文字吗？

(二)撰写有效的文案检测表

让读者容易看懂——运用简短的句子、使用亲切易懂的字句。

不要浪费文字，说你必须说的——不要填塞文字，也不要太空洞。如果的确需要1000字，就写1000字，只要没有任何文字是多余无用的。

固守现在时态和主动时态——这样比较有活力。避免使用过去时态和被动时态——这些形式趋于迟缓、拖拉。例外情形应深思熟虑，以达特殊效果。

对于人称代词或名词不必犹豫。记住，你正试着告诉某个人某些信息，你应当像对朋友说话那样，使用"你"或者"你的"。

不要陈词滥调。明快而令人惊讶的文句或片语，会使读者精神大振，继续读下去。

标点符号将阻碍文案的流畅，过多的逗点是主要的致命伤。不要让读者找到任何借口放弃阅读。

尽可能地运用简略语，这些字较快速、自然而个人化。

不要自夸或吹嘘。每个人都厌恶无聊的人。说明让你引以为傲的产品特质及能带给消费者的利益，这对读者较有效。要以读者的立场来撰文，而不是以自己的主观意见，避免使用"我们"或"我们的"。

表达单一的概念，不要想试着表达太多。如果你贪得无厌，你将一无所得。

多写几种文案。

如果可能的话，自己尝试一下商品。

（三）佛莱齐公式

在广告公司内部评估过程中，一个重要的环节是对印刷广告文案作可读性测试。此类测试旨在确定广告文案易于阅读与易于了解的程度如何，有几种公式可用。其中，由佛莱齐（Rudolph Flesch）所发展的"佛莱齐公式"（Flesch formula）是较有代表性的可读性测试公式。"佛莱齐公式"的计算基于广告文案的以下几个方面的数据[①]：

文案中所有语句的平均长度；

广告文案中所用词汇的音节的平均长度；

广告文案中使用的涉及人称的文字占文案中所有文字的百分比；

在100字长的广告文案中涉及人称的语句占语句总数的百分比。

"佛莱齐公式"指出，最容易读的广告文案为每句有14个字、每100个字有140个音节、10个涉及人称的文字、总计有43％的涉及人称的语句的文案。

在广告公司内部的自我检核中，通过以上对广告的检核表及可读性测试都花费不多，易于应用，一般都能发现一些文案中显著的错误。然而这些广告文案测试方法对于深入评估广告文案对消费者的效果，则很少有所作为。一般需要更加精确和科学的方法进行测试。

二、仪器测试法

随着科学技术的发展，对人类生理变化进行测试的仪器也在不断地创新和完善。在广告文案测试过程中，如果要更加深入地了解消费者对广告文案和广告作品整体接受和理解信息，可以借助于专业仪器测试广告文案的效果。较常使用的机器调查法有视向测试仪、瞬间显露器、皮肤电流反射器及节目分析器等。

（1）视向测试仪。视向测试仪是记录看广告的人所看广告文案各部分的时间长短及其顺序的装置。用视向测试仪可以对报纸、杂志广告、各种商品设计或包装、海报、各种展示品、橱窗广告、电视广告等进行广告文案效果

---

① 菲利普·沃德·柏顿：《广告文案写作》，1974年版，第366页。转引自舒尔茨等著：《广告运动策略新论》（下），中国友谊出版公司1991年版，第171页。

测试。当人们看广告时，最先被广告的一部分所吸引，然后逐渐将视线移向其他部分。通过视向测试仪测试的结果，对广告布局、插图以及文案的布置会有很大的帮助。

(2)瞬间显露器。瞬间显露器是按照事先设定的1/2秒、1/10秒等的短时间照明，调查广告各要素注目程度的装置。

测试开始时，在极短的时间内呈现刺激物(广告)，然后逐渐延长呈现时间，让参加调查者把能够确认出来的东西画在白纸上。一般来说，开始的时候，什么都看不出，显露时间逐渐加长之后，就能辨认出广告的内容。按辨认出广告内容的先后顺序，可以测出广告文案的各个部位的注目程度。

例如：在广告文案的大标题的设计过程中，设计者对于字体、颜色、位置的选择，很可能基于艺术的考虑，作最美的安排。但是广告大标题的目的和功能应该是抢眼比悦目更重要，当抢眼与悦目不可兼得的时候，艺术效果应该对广告效果作出让步。这种情况，就可以利用瞬间显露器对各种大标题设计的显眼程度进行调查。不断调整消费者观察广告的时间长度，来调查消费者的记忆量，凭借测得的数据改进广告文案的大标题的设计，以达到最佳的广告设计效果。

(3)皮肤电流反射器。它是掌握消费者观看广告文案时情绪变化的一种仪器。情绪是人类对外界刺激内心的本能反应，是一种无意识的反应，自己可以感觉出来。但是这种感受别人却不易觉察到。在广告文案测试中，为了弄清广告对于消费者心理反应的影响以及变化过程，可以利用皮肤电流反射器。

(4)节目分析器。节目分析器由计算及记录装置等部分组成。节目分析器的使用方法是：邀请10~15名参加测试者到一个会议室内，每个人的椅子上均装有开关，开关两端有红色及绿色灯，向参加测试者作如下的说明："从现在起要看一个节目，当你看到有趣的部分，请开绿灯，认为无聊的时候，请开红灯，不属于两者时，请不要开灯。"利用这种测试方法，可以马上统计出参加测试者的反应，并且记录下来。由此可以知道节目及广告哪一部分很成功，哪一部分有缺点，这样就可以通过采集到的数据针对有缺点的部分加以改善。

使用节目分析器应注意，参加测试者必须事先作充分的练习，如果练习不够充分，会减少他们的回答量。另外，由于参加测试者看到感兴趣的内容与按下按钮之间有一定的时间差，因此，分析节目分析器所得出的记录者必须由经验丰富的分析人员担任。

三、受众访问检测法

受众访问检测法，是受众测试的一种方式，它由面对面的访问形式和间接的文本邮寄访问形式展开。面对面的现场访问，可以在各种年龄、各种层次、各种场合进行，主要看目标受众的情况而定。在测试中，就文案检测表中的一些问题，对受众进行访问，让受众对文案的效果作出评定，这个评定可以是五级评定标准，也可以是其他更细致的标准。

文本邮寄访问形式是指将广告文案以邮寄的方式，邮寄到认定的目标受众的单位或家中去，并请他们提出相应的意见。这种方法常常是将广告文案和标准的评定条例一起邮寄给目标受众。过一段时间，广告人员通过通信或电话问讯的方法了解到受众的评判和修正意见。这种文本邮寄访问方式效果明显，但执行难度较大。

四、模拟发行检测法

模拟发行检测法，是指在报纸、杂志等平面广告文案的测试中，事先印刷包含被测试文案的特制报纸或杂志，将它分发给报纸或杂志的固定订户，过一段时间之后，通过问卷调查、电话调查或以标准化测试条例测试订户对文案的反应。这种测试方法的测试成本较高。随着现代市场调查方法的细化，现在也有一些调查机构把模拟发行检测法细分为两种：市场实验法、实际刊播调查法。

市场实验法是广告制作人员制作了两则不同表现手法的广告，分别投放到两个规模结构非常类似的城市中去，然后比较两个城市该产品的销售变化情况，以评定这两则广告的优劣。

实际刊播调查法是指为了调查两则不同的报纸广告的优劣，通过向支付报社一定的手续费，报社会提供一项分割印刷的服务，从而达到广告文案调查的目的。分割印刷的原理是这样的：圆筒形轮转机的大小，可容纳两大张报纸，每转动圆筒一次能同时印出两份同一版面的报纸。因此，能把一种商品 A、B 两种不同的广告同时分别刊载在前后两份报纸上。圆筒这一边印出来的报纸和另一边印出来的报纸，交互落进传送机上，当分发给读者时，能分配得十分平均，也就是完全随机地把这两种广告分配到所有订户和读者。例如：如果第一户所得到的是刊载 A 广告的报纸，那么第二户得到的便是刊载 B 广告的报纸，第三户又是 A，第四户又是 B，如此类推。广告内容通常是同一内容，只是在表现手法上加以变化，再在文案里分别加上不同的识别符号。例如：要求读者寄回一份表格，而收信人的姓氏，一张是"张"，另一张是"王"，用来比较寄回来的反应数，以调查消费者的反应，判断不同广告表现的优劣。

需要指出的是，无论哪一种检测方法，都有其优缺点。广告公司内部文案检核表的测试方法对于深入评估广告文案对消费者的效果，则很少有所作为。仪器测试法是将广告表现以外其他事物控制在一定状态，主要调查广告文案本身的效果；而实地访问调查则尽量不加入人为操作，顺其自然，主要调查广告最终传播到消费者那里的效果。广告公司和广告主还要根据各自的经济实力和广告运动的目标、规模，采取合适的广告文案检测方法。

附录：事前测试之危险①

虽然前面已对广告事前测试所用之各式各样技术与方法作了相当概略的描述，但对任何形式事前测试有何危险的经验法则仍应予指出：

1. 事前测试只在许多被测广告中判断出最好者：任何事前测试程序都给测试者一个在所测试的广告中找出最好者，但不是一切可能处理方法中的最好者。如果被测的广告事实上都相当不好，则只能在最不好之中选出其中最好者，而不是可能的最好处理方法。

2. 事前测试应该是既实际又实用的：在事前测试中请消费者作许多评估常常是很诱人的事，例如，消费者不能告诉你一个广告能否使某品牌的销售转向，也不能告诉你广告会不会产生计划者所寻求的知名或了解的水 平。受访者只能告诉你某广告对他们产生些什么，以及他们怎样反应。

3. 设法阻止受测者的偏见：在广告事前测试中困难的任务之一是阻止受测样本变成"广告专家"。这只是意指受测者不尽消费者评价广告的本分，而开始建议怎样改进。此种情况发生时，所给的意见常是毫无价值。虽然"广告专家"是一项难以克服的问题，但仍应致力于把受测者的意见与评论予以限制，使其恰如其分作为广告消费者，而非广告指导者。

4. 不能够测试广告运动：一切广告事前测试都是在一特定情况下对个别广告的测试。消费者不能告诉你在历经多次暴露会发生什么效果，也不能告诉你当同一策略同时有其他市场活动配合时，何以不同的执行可能影响他们。切记，所测试的是个别广告，而不是一个广告运动。

5. 认知在事前测试中的固有问题：在任何广告事前测试情况中通常会

---

① 舒尔茨等著：《广告运动策略新论》（下），中国友谊出版公司1991年版，第176～177页。

发生一些共同的现象。例如：

①否定的广告诉求，传统上在事前测试中分数不佳，然而有时却在市场上颇为成功。

②有娱乐性、幽默或轻松的广告，通常在广告事前测试中都有最高的分数。广告的娱乐价值，通常在事前测试中都远比在正常媒体通路上要受更多欢迎。

③在一切事前测试中，有关产品或劳务"强销"的一些事实，通常都得最低分。然而，有充分的证据显示"强销"的广告，在对所想达到的视听众的传播上可能最有效果。

五、如何选择好的文案测试系统：PACT 文案测试原则

如上所述，广告事前测试中最大问题之一就是通常全部消费者或受测者都认为自己是广告专家，因此，以判断广告或评估广告而论，他们常作其力所不逮之事。此外，如果他们知道某广告作为事前测试时，他们似乎假定某广告必有不对的地方，因此他们就急于帮助发现一些错误或加以改变。对大多数人而论，广告是非常切身的东西，因而我们都易于仅凭己见，对广告应如何改进给以意见或建议。基于这些原因，在任何广告事前测试的情况中都不免常涉及受测者之偏见。然而有些措施可有助于克服此一偏见，常见的方法有[①]：

(1)不应把受测者预先置于所欲之状态。受测者不应受影响而步入所欲之方向，或去支持一先入之见。大多数消费者会迅速得知该测试是为了广告，因而作研究者无论如何不要想试图去影响该测试。不要在所给的任何答案上去引导或指导受测者。

(2)应该询问直接问题而非意见。举一个例，"你认为此广告如何？"这么个问题，通常都导致回答意见。更直接的问题如，"此类型的广告会使你想买某产品吗？"会更为明确并有助于避免意见。在广告事前测试中应该问简短、直接、针对要点的问题。

(3)应问受测者逻辑上能回答的问题：有时假定受测者有其不具备的知识。因此，如果问一个人，"你认为电动剃须刀中的交流电会有哪些优点？"则其答案可能会有极大不同。大多数人不知如何回答。当遭遇此类问题时，他们可能编造一个答案或加以猜想而不表现出无知。

---

① 舒尔茨等著：《广告运动策略新论》(下)，中国友谊出版公司1991年版，第178页。

(4)不应向受测者问代其他人答复的问题：即使最有知识的父母，实际上也不能回答其子女对一个广告或产品会怎样感觉或反应。因此，把受测者置于去猜想别人会怎样感觉或反应的地位，只是制造麻烦。受测者只知其自己的感受。当他们被要求描述其他人时，是要他们去猜想。当这种情形发生时，受测者常相信在其他范围中猜测也可被接受。

(5)问题应进行探索。受测者第一个答案可能代表其真实感受，但那也不过是一个答案而已。如"你为什么那么说?"以及"你那样说的意思是?"这类问题，可用来一路问下去，努力求得真意，而不只是表面的回答。受测者在知道会有后续的问题时，他们常会答得更深一些，给你一些事实而不只是"肤浅的"回答。

以上这些当然不是目前阻止受测者成为"广告专家"或阻止受测者有偏见的全部方法。然而这些方法能克服在事前测试中极普遍的问题。

1982 年，包括麦肯、奥美广告公司等美国 21 家大型广告公司发表了一篇题为 PACT(positioning advertising copy testing，即广告文案测试定位)的公开声明。这一声明表达了他们对于建立好的文案测试系统所应具备的基本原则的一致观点。①

原则一：好的文案测试系统应该提供与广告目标相关的尺度。

原则二：好的文案测试系统应该在测试开始前就如何使用测试结果形成统一认识。

原则三：好的文案测试系统应该具备多种评估尺度，因为单一的尺度往往不足以评估广告的表现。

原则四：好的文案测试系统应该建立在人类传播反应模型——接受、理解、反应、刺激——的基础之上。

原则五：好的文案测试系统能让人考虑广告刺激的披露次数。

原则六：好的文案测试系统应该体现出所测试文案越接近完稿，测试结果越准确，受试的不同实施方案在接近完稿的程度上应该一致。

原则七：好的文案测试系统应该具备控制手段，以免揭示环境造成的效应偏差。

原则八：好的文案测试系统应该考虑样本的基本定义。

---

① ［美］斯科特·C·铂维思:《创意的竞赛》，张树庭、张宁译，中国财政经济出版社 2004 年版，第 19～24 页。

原则九：好的文案测试系统应该具备信度和效度。

[延伸阅读]：如何进行广告文案的定性研究测试

一、准备阶段

1. 定性研究员/主持人对文案有总体的了解

——了解广告公司与客户双方的观点；

——明确研究的主要目标是帮助制作出既符合市场策略又有效的广告。

2. 定性研究员/主持人对设计背景知识有一定的了解

——广告涉及的产品本身特性（通常需要试用并成为有感受的用户）；

——目前产品本身的市场地位；

——目前产品希望达到的市场地位；

——竞争产品/品牌的市场状况；

——如果是医药产品等，国家在广告法中有一定的规定，了解何种内容/信息不能出现在广告设计中。

3. 定性研究员/主持人对文案内容有透彻的了解

——与创作人员交谈，了解他们的意图和想象中的场面；

——让他们向你解说、示范向被访者解说的过程；

——观看或阅读广告数次；

——形成你自己的广告文案想法；

（但是，千万不要让你的想法影响访问的客观性，相信每个被访者都有着不可思议的洞察力。如果在访问过程中被访问者的意见与你的意见不一样，询问理由。凡是你不懂的，都应该向被访者询问，这样你才能清楚地将被访者的意见百分百地传达给客户。）

——如果你需要测试几个广告，先看看他们是否相似。如果十分相似，然后询问创作人员它们有什么区别，以及他(她)为什么在这么细小的地方作修改。

二、一个优秀的定性研究员/主持人应该

——能与广告公司愉快地合作，如果多了解广告公司的背景，将对你很有帮助；

——不要事先担保你的访问一定能得到大量的信息；

——需要看大量的该种产品类广告，既要从情感上去感受，又要用理性去分析；

——能从整体上去把握广告文案设计；

——整体的创意远比局部的细节要重要，但是当客户告诉你，创意已经确定，你需要测试的仅仅是细节时，将注意力放在微小的细节上，看它们是否合乎常理；

——了解并注重体现创意的情节；

——不会因为其中一个问题而一筹莫展，并牺牲整个广告；

——让被访问者后退一步，观看广告的整体。

——能够保持客观，但绝不超凡脱俗；

——听取所有的意见；

——尽可能在现场得出结论，并据此进行探察。

附录：

"远大，改变生命篇"30秒广告片效果测评

（深圳大学传播学院2004级广告学专业远大项目组）

一、简介

本报告研究的主要课题是"远大，改变生命篇"广告片测评，采用控制实验法，让受访者先看广告片，再做问卷。由于要用到电脑，而受访者不可能在某段时间集中在一课室，故分两种方式做调查，一种是入户调查，拿着有广告片的U盘和打印好的问卷，在受访者家的电脑中播放，另一种是通过QQ，将该广告片的链接、问卷的电子版发给认识的深圳市23至50岁的中高收入者(老师、同学的父母)。

意义在于，用统计的方法对该广告片作一个若干维度的扫描，通过受访者对其的感觉、认识、理解程度等，分析广告片诉求能否打动受众，能否刺激其需求，会否考虑购买。

二、文献回顾(略)

三、研究方法

本次调查用了两种研究方法，一种是控制实验法，对年龄在23～50岁的有职业的中高收入人士做调查，测试他们对广告片的感受及对空气净化机的认识。另一种是深度访谈法，请了深圳大学传播学院的何老师对此广告片作深度分析。

(一)广告片测评

调查时间：2008.3.7—3.12

调查地点：深圳市内

受访者：年龄在 23～50 岁的有职业的中高收入人士

调查方法：控制实验法

操作流程：

1. 入户式：

(1)对受访者播放"远大，改变生命篇"30 秒广告片两次。

(2)采取一对一的方式，监督受访者完成问卷。

2. 在线：

(1)通过 QQ，将该广告片的链接"http：//www. tudou. com/programs/view/vDB7DKnFQ2k/"问卷的电子版发给认识的深圳市 23 至 50 岁的中高收入者(老师、同学的父母)。

(2)受访者回传已填好的问卷。

样本容量：30 份

(二)深度访谈

访谈时间：2008－3－19

访谈地点：欧点面包房

访谈对象：何老师

访谈内容：

1."远大，改变生命"广告片的优劣之处

2. 如何解决广告传播上的缺陷

四、调查结果

调查结果显示，见图 10－1、表 10－1：

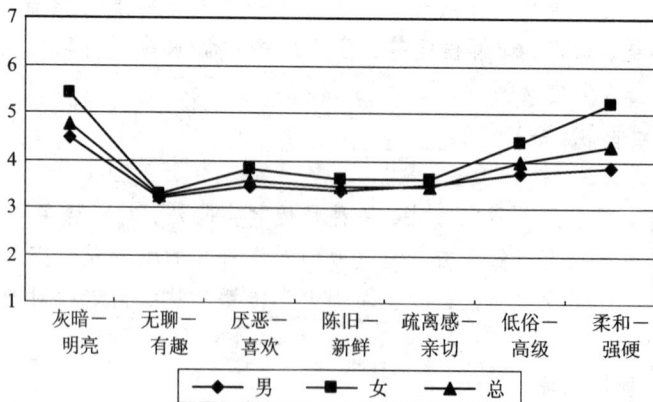

图 10－1　对该广告片的态度

表 10 – 1　消费者对广告的态度

性别		灰暗—明亮	无聊—有趣	厌恶—喜欢	陈旧—新鲜	疏离感—亲切感	低俗—高级	柔和—强硬
男	均值	4.45	3.20	3.45	3.35	3.50	3.75	3.85
女	均值	5.40	3.30	3.80	3.60	3.70	4.40	5.20
总计	均值	4.77	3.23	3.57	3.43	3.57	3.97	4.30

对广告片的测量，采用了语义差异量表（semantic differetial），来测试出人们对该广告片的态度、看法。

语义差异量表的形式由处于两端的两组意义相反的形容词构成，每一对反义形容词中间分为七个等级。每一等级的分数从左到右分别为 7、6、5、4、3、2、1。对广告片分七个维度来测量，是灰暗—明亮，无聊—有趣，厌恶—喜欢，陈旧—新鲜，疏离感—亲切感，低俗—高级，柔和—强硬。

从中看出，黄线代表总的平均值，蓝色代表男性，红色代表女性。总的来说，女性的感受比男性的要强烈，感受程度波动比男性要大。

被测者对该广告片在评价向量、活动向量、潜力向量这三种向量，7 个维度的感受：

评价向量：

低级—高级（3.97）：处于中等　［女性（4.40）：有点高级］

厌恶—喜欢（3.57）：有点厌恶

无聊—有趣（3.23）：有点无聊

陈旧—新颖（3.43）：有点陈旧

在评价向量的维度上，除了在等级上处于中等，其他均为不好的评价，"有点无聊"、"有点陈旧"、"有点厌恶"，表明受访者对广告片不喜欢，对广告的表达方式，觉得"有点无聊"、"有点陈旧"。

值得注意的是，在"低级—高级"一维度上，女受访者认为此广告片"有点高级"。男受访者却认为其"有点低级"。

活动向量：

疏离感（3.57）：有点疏离感

疏离感，是此广告片的不足之一，让消费者感觉到疏离，与产品有距离感，商业感太强，不助于产品、品牌与消费者建立联系。

潜力向量：

明亮(4.77)：有点明亮[女性(5.40)：比较明亮]
强硬(4.30)：有点强硬[女性(5.20)：比较强硬]
纯白色调子，让整个广告片处于明亮度很高的状态。
而直白的理性诉求，让受访者觉得这种诉求偏强硬，表现方式也属于强硬的。
广告片截图(图10-2)：

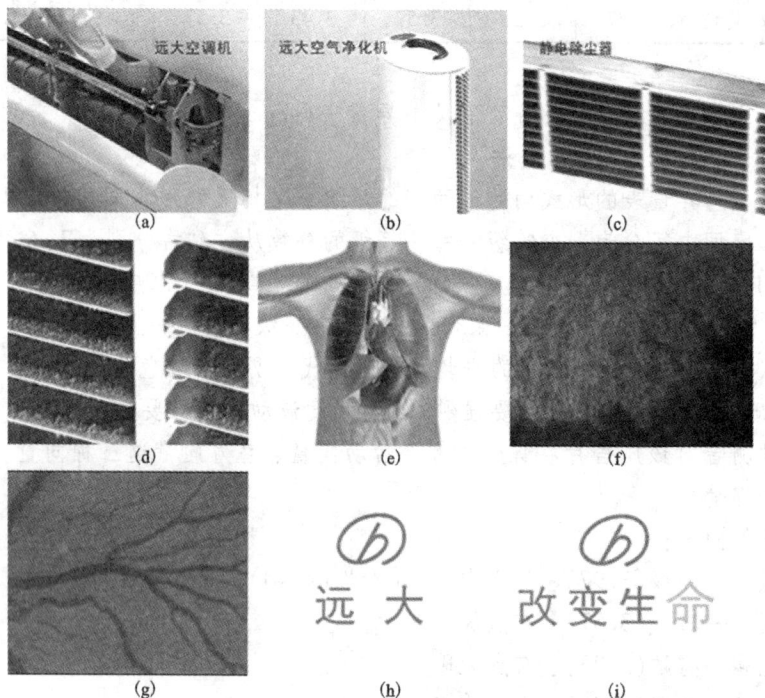

图10-2　远大空调广告片截图

广告片配音：

远大空调机，远大空气净化机，专有静电除尘器，能过滤比细胞还小的灰尘和细菌，保护肺部健康，减少血液污染。远大，改变生命。

(二)专业分析

而在深度访谈中，何老师就广告片本身作了一些分析：

一、空气净化机处于产品生命周期的导入期，消费者对该产品不熟悉，没有相对应的需求。纯理性的诉求在这个时候不适宜，因为消费者没有这种需求，强调产品功能的强大，但消费不需要，广告是白做的。

二、缺乏与消费者的关联。整个广告片的画面中只有产品，没有一个消费者，难以让消费者产生认同（如图 10 - 2）。

三、血液、血管、肺部、人体器官不能给人美好的感觉，有恐怖的成分[如图 10 - 2(e)(f)(g)所示]。

◆ 记忆度与独特卖点(USP)

此广告片更像一个品牌宣传广告片。

"远大空调机，远大空气净化机，专有静电除尘器，能过滤比细胞还小的灰尘和细菌，保护肺部健康，减少血液污染。远大，改变生命。"强调了"远大空调机"和"远大空气净化机"共有的"静电除尘器"，能"过滤比细胞还小的灰尘和细菌"。

但其实，两个产品所共有的功能，不只是"静电除尘器"，还有"活性炭除甲醛"、"二氧化碳测氧"。

理性地分析此广告片，便发现，这是理性诉求的，此广告的作用旨在"告知"，而非说服。"告知"了消费者"静电除尘器"能过滤比细胞还小的灰尘和细菌，保护肺部健康，减少血液污染。

受访者看完这广告片，脑海中留下了什么？

是"远大，改变生命"[如图 10 - 2(h)(i)所示]。毫无疑问，品牌宣传的效果达到了，"远大，改变生命"这个企业理念被消费者记住了，如同很多品牌理念一样，这个理念是抽象的，宏大的。

但对于新产品的"远大空气净化机"来说，这个广告未能将"空气净化机"带入消费者的心中，受尾因效应影响，受访者记得"灰尘"、"血管"、"人体器官"，却不记得"空气净化机"本身。

独特卖点(USP)理论指出：每个商品都有很多特性，但是，消费者能够记住的东西是有限的。因此，广告不能表现商品的所有特性，只有找出消费者最喜欢的特性，商品的效能才能被消费者重视。与其他商品相比，你的商品的特性越独特，就越能从众多的品牌中脱颖而出，使消费者对该品牌产生好感。

如何联系消费者和产品来创造对品牌的信赖？

所有沟通信息真正在品牌和消费者之间建立起有意义的关系，而非让消费者觉得这是以利润为目的的冷漠广告。

广告需对准目标消费者的需要，提供可以带给他们实惠的许诺。

目标消费者的需要是什么？健康？减少血液污染？改变生命？我认为，"改变生命"这个理念很宏大，但距离空气净化机有一定的距离，健康不一定等于需要改变生命，而改变生命又有很多方法，不一定要买空气净化机。更为遗憾的是，广告片中除了"远大空气净化机"这个商品名中有空气外，没有在广告中涉及"空气"两字,与产品关联度不够(图10-3)。

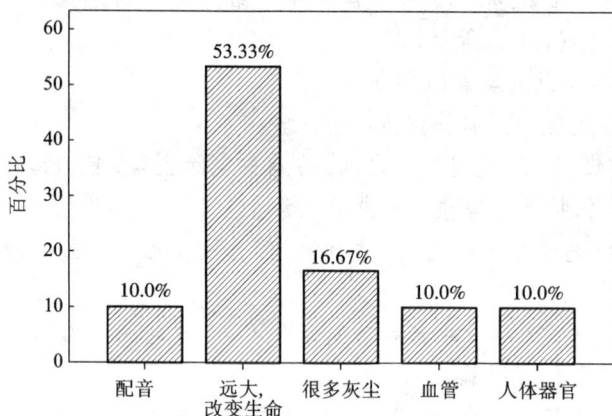

图10-3　广告与产品的关联度

USP理论强调产品具体的特殊功效和利益,所提主张是竞争者无法提出的,具有强劲销售力。作为USP策略追随者的宝洁,长期且有效地坚持贯彻着这个策略。如飘柔的"洗发、护发二合一";海飞丝的"去头屑"、潘婷的"头发护养专家"、沙宣的"专业美发用品"、舒肤佳的"杀菌及长时间抑制细菌再生"、碧浪的"强力去污",他们都对消费者承诺了一个重要的利益点,同时取得了消费者的认可。

目前就深圳市场而言,只有"远大空气净化机"在打广告,其不需就着竞争对手去找USP,可以针对自己的长处,即"静电除尘器",但问题是广告片没有得到消费者认可,即等于是与消费者无关重要的利益点。

一句话,独特卖点没错,但诉求策略需改善。

宝洁的诉求策略是:明确一致的诉求对象、诉求重点、诉求方法。宝洁认为大众家庭产品的广告应贴近消费者,运用消费者熟悉的情景和语言与消费者直接交谈。如舒肤佳香皂主要强调其"杀菌和长时间抑制细菌再生",其广告就是一个小孩在游泳池受到各种不洁环境的影响,然后一家庭主妇形象出现,提出细菌危害家人健康,而舒肤佳则可以杀菌和抑制细菌再生,所以舒肤佳才是最佳的选择。诉求重点使宝洁广告一般为"提出问题—给出解决"式。宝洁的诉求方法偏重理性诉求,广告正是通过这种方式告诉消费者如果购买宝洁产品会获得什么样的利益,以达到劝说消费者购买的目的。

诉求策略"提出问题—给出解决"式相当适用于远大空气净化机,首先,深圳的室内空气质量问题不被消费者完全认知，普遍认为空气质量偏好，其次，这种诉求策略适合于大众家庭产品，贴近消费者，运用消费者熟悉的情景和语言与消费者直接交谈。

◆ 信息认知效果

1. 对广告片中的"远大空气净化机"的使用对象的定义。

这是一道开放式的问题，让受访者自由发挥，去定义该产品的使用对象的特征。

从问题的答案来看，受众对远大"空气净化机"所传达的对象有较准确的描述，但值得注意的是，"有钱没地方花的人"、"有钱人"这种表述，一方面表明广告片的效果达到了，它让受众知道这是高端的消费品，但另一方面表明，它让受众觉得该产品与自己之间有距离，有疏离感。

使用该产品的人如表 10-2 所示。

表 10-2　"远大空气净化机"使用对象

	频率	百分比	有效百分比	累积百分比
	8	26.7	26.7	26.7
爱健康的人	1	3.3	3.3	30.0
办公室	1	3.3	3.3	33.3
病人，富人	1	3.3	3.3	36.7
大众	1	3.3	3.3	40.0
对生活质量要求高	1	3.3	3.3	43.3
对生活重视的人	1	3.3	3.3	46.7
家庭	1	3.3	3.3	50.0
家庭，知识分子	1	3.3	3.3	53.3
家庭、公司	2	6.7	6.7	60.0
老人、小孩、医院	2	6.7	6.7	66.7
所有人	1	3.3	3.3	70.0
特殊人群	1	3.3	3.3	73.3
消费者	1	3.3	3.3	76.7
心血管有毛病的人	1	3.3	3.3	80.0
有家庭的人	1	3.3	3.3	83.3
有钱没地方花的人或者是年龄大点的人，所以比较注意身体	1	3.3	3.3	86.7
有钱人	1	3.3	3.3	90.0
远大	1	3.3	3.3	93.3
中产者	1	3.3	3.3	96.7
注重健康的人	1	3.3	3.3	100.0
合计	30	100.0	100.0	

2. 产品使用地点的认知。

如图 10 - 4 所示，53.3% 的受访者认为，该产品可使用在住宅，这跟我们进一步定义目标受众有相当重要的意义。每人都有自己的家庭，这是作为家庭消费者所能自行决定购买的物品。

办公室、手术室、酒吧、餐厅、学校的电器，属于政府采购或单位采购物品，如何打动政府或单位的心，刺激其空气质量提升的需求，从而对本产品有采购的欲望，这是个问题。

而认为可使用在办公室的占了 46.7% ，这潜在表明了，受访者认为办公室——仅次于住宅外的第二大生活场所——有改善空气质量的需求。

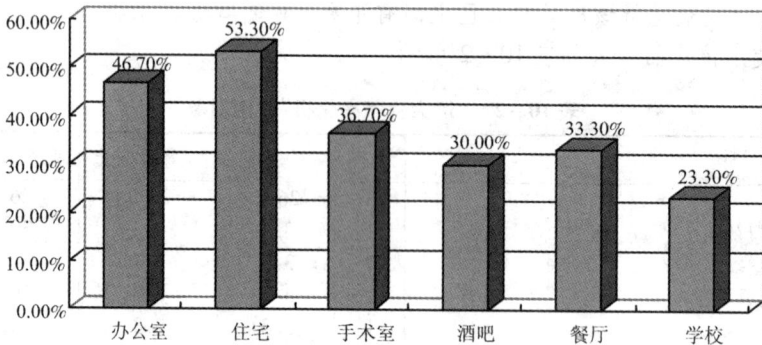

图 10 - 4 办公室改善空气质量的要求

◆ 广告片媒体投放效果

仅有 30% 的受访者看过该广告片(图 10 - 5) ，他们从 CCTV1、凤凰卫视和凤凰卫视资讯台看到，经常看到的仅一人(3.3%) ，偶尔看到的是五人(16.7%) ，看过一、二次的仅 3 人(10%) 。媒体投放计划的合理性应引起重视。

而从媒体投放表可知，远大空气净化机不只投放了 CCTV1、凤凰卫视和凤凰卫视资讯台，还投放了一些地方性的媒体，上海第一财经、湖南卫视、阳光卫视、旅游卫视，投放周期从 2007 年 9 月至 2008 年 3 月，时间跨度为 6 个月。

而结合《空气净化机深圳消费者问卷调查(2008.3)》所得，"在深圳，远大品牌知名度低，只有 11.9% ，不及日立、美的"(如图 10 - 6 所示) 。当然，这也与美的、Panasoinc、日立有着长期的广告投放与相对高市场渗透度有关，这与"远大"以往只针对企业用户、不针对大众市场的推广策略有关。

　　◆ 空气净化机购买行为分析

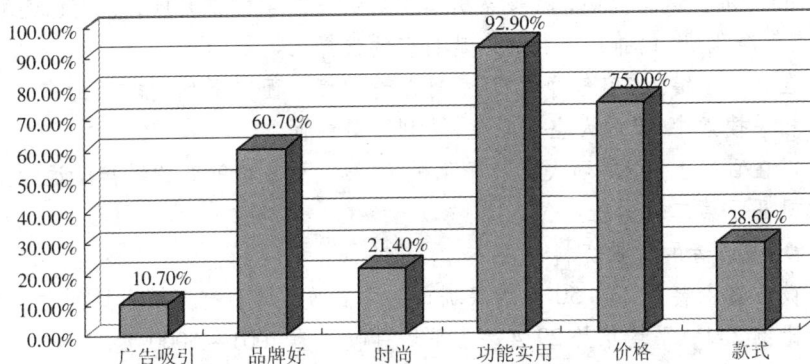

图 10 - 5　购买空气净化机的重要考虑因素

如图 10 - 5 所示,购买空气净化机的重要考虑因素依次是:

第一:功能实用,占 92.9% ;

第二:价格,占 75% ;

第三:品牌好,占 60.7% ;

第四:款式,占 28.6% 。

在设计广告的时候,需要在这前四位的重要考虑因素上做文章。

价格我们不能左右,品牌形象需要建立,功能实用是我们的主打牌,款式作为辅助诉求。

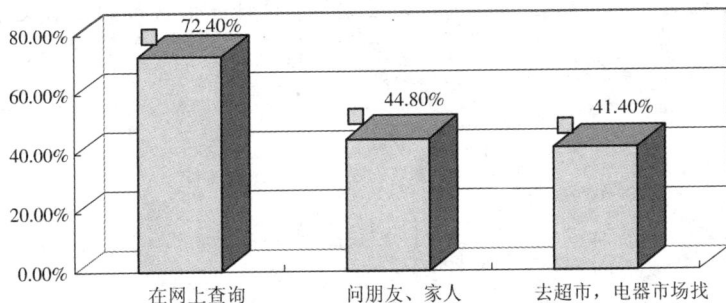

图 10 - 6　空气净化机深圳消费问卷调查(2008.3)

被测者中,假如他对某种新电器感兴趣时,有70.6%的人会选择在网上查询,占了绝大多数,而问朋友、家人占了41.2%,去超市、电器市场找则占了35.3%。这就说明,在搜索引擎中购买关键字的重要性,远大已经购买了"空气净化机"的推广链接,这是明智的选择。

在百度上键入"空气净化机",可以看到第一面完全是"推广"的广告,最底下相关搜索中,"远大空气净化机"列为最前面。

而在百度上键入"远大空气净化机",第一页是赞助商的链接。远大空气净化机买了第二位的推广位。

◆ 被访者的背景资料

被访者主要是23~50岁的深圳市的中高收入者,有深圳户口的占80%,男女比例2:1,平均年龄29.4岁,平均月收入为4001~5000元。

术　语

广告文案测试　自我检核　佛莱齐公式　仪器测试法　视向测试仪

瞬间显露器　皮肤电流反射器　节目分析器　受众访问检测法　模拟发行检测法

思考题

1. 什么是广告文案测试?
2. 简要说明广告文案测试的程序。
3. 广告文案测试的指标体系有哪些?
4. 广告文案测试包括哪些方法?
5. 以小组为单位,结合一份广告文案案例,设计一份实际的广告文案测试方案。

参考文献

[1] [美]丹·海金司. 广告写作艺术. 刘毅志译. 中国友谊出版公司, 1991

[2] [美]汤·狄龙等. 怎样创作广告. 刘毅志编译. 中国友谊出版公司, 1991

[3] [美]大卫·奥格威. 一个广告人的自白. 中国友谊出版公司, 1991

[4] [美]乔治·路易斯. 蔚蓝诡计. 华文出版社, 2010

[5] 杨梨鹤. 广告文案传真. 汕头大学出版社, 2003

[6] [美]布鲁斯·班德格. 广告文案. 科技出版社, 2001

[7] 李世丁、袁乐清. 沟通秘境：广告文案之道. 广东经济出版社, 2001

[8] 张金海. 20世纪广告传播理论研究. 武汉大学出版社, 2002

[9] 胡晓芸. 广告文案写作. 浙江大学出版社, 1998

[10] 高志宏, 徐智明. 广告文案写作：成功广告文案的诞生(第2版). 中国物价出版社, 2002

[11] [美]威廉·阿伦斯. 当代广告学. 丁俊杰等译. 华夏出版社, 2001

[12] [美]里斯·屈特. 定位：头脑争夺战. 王恩冕, 于少蔚译. 中国财政经济出版社, 2002

[13] [日]直条则夫. 广告文稿策略——策划、创意与表现. 俞纯鳞译. 俞振伟译. 复旦大学出版社, 1999

[14] [美]肯罗曼·珍曼斯. 贩卖创意. 庄淑芬译. 内蒙古人民出版社, 1998

[15] 奥美公司. 奥美的观点. 庄淑芬等译. 内蒙古人民出版社, 1998

[16] 杨海军. 中外广告史. 武汉大学出版社, 2006

[17] [英]鲍德瑞. 广告文案写作教程. 许旭东译. 上海人民美术出版社, 2009

[18] 杨先顺, 陈韵博, 谷虹. 广告文案写作原理与技巧(第3版). 暨南大学出版社, 2009

[19] 丁柏铨. 广告文案写作教程. 复旦大学出版社, 2005

[20] 夏晓鸣、钱正、曹晓燕. 广告文案写作. 武汉大学出版社, 2006

[21] 初广志. 广告文案写作. 高等教育出版社, 2005

[22] 刘西平, 黄小琴. 广告文案写作. 暨南大学出版社, 2007

[23] 乐剑峰. 广告文案：中国广告设计行业高端教材. 上海人民美术出版社, 2009

[24] [美]博顿. 广告文案写作：美国广告界奉为圭臬的方案写作全攻略(第7版). 程坪等译. 世界知识出版社, 2006

[25] 李欣频. 广告拜物教. 电子工业出版社, 2008

[26] 陈培爱. 广告文案创作. 厦门大学出版社, 2008

［27］李欣频. 诚品副作用. 电子工业出版社，2007

［28］马连湘、佟文娟. 广告企划文案写作. 清华大学出版社、北京交通大学出版社，2008

［29］王国全编. 新广告文案学：创意写作表现. 中山大学出版社，2004

［30］万秀风，高金康. 广告文案写作. 上海财经大学出版社，2005

后　记

当本书最后定稿时，一种如释重负的感觉油然而生。是的，早在开始接受本书编写任务的时候，我就知道这是一块难啃的骨头。《广告文案写作》已经有了很多教材，为何要多出这么一本，它的特色在哪，它能给读者什么东西，一直是我思考良久的问题。

如今即将付梓之际，仔细梳理本书的编写过程。我始终认为，广告文案写作作为一种应用性文体写作，需要大量的案例引导，尤其是经典广告文案让读者自己去认真揣摩和细细体会，而书本仅仅只是一条通向理解之路的桥梁。因此，本教材希望尽可能搜集更多流派的经典文案，以飨读者。其次，在广告媒体呈现多元化发展的当下，广告文案似乎不再是报刊和广播电视的专利，网络广告、直邮广告、软文广告等多种形式的文案在整合营销传播中起着不可或缺的作用。因此，教材予以专门章节介绍上述广告文案的写作方法和技巧。

本书写作提纲由黄玉波提出，并撰写第一、二、三、四、五、九、十章，我的硕士研究生刘许升撰写第六、七、八章，并负责本书插图的绘制及格式的修订。最后作者通读全稿，并进行审定。

编写教材，不仅仅是脑力的煎熬，更是一种体力的考验。室外阳光明媚，室内伏案疾书，不少大好时光都在陋室中度过，非常感谢家人的理解与支持。

本书编写过程中，得到了深圳大学传播学院各位领导和同事的大力支持，在此表示深深的谢意！还要感谢我的学生，尤其是 2005 级广告系本科班的黄开灿、彭紫琪、朱晓琳、王思璐、董威、郑琳同学为本书的撰写搜集了大量的案例。在和你们一次次智慧与激情的碰撞中，我们收获了教学相长的快乐!

　　本书写作过程中,采纳了国内外广告学者的诸多研究成果,在教材参考书目中一一列出,也还有部分材料作者未能周知,在此一并致以衷心的感谢!更要感谢的是本书责任编辑彭亚非女士,她的来电总让我感到一次又一次的激励与鞭策!

　　由于时间仓促,加之水平有限,书中不当和错误之处在所难免。期待各位专家和读者的不吝赐教!

黄玉波

2011 年 4 月于深大新村

图书在版编目（CIP）数据

广告文案写作／黄玉波编著．—长沙：中南大学出版社，2011.10
（2020.8 重印）
ISBN 978 - 7 - 5487 - 0402 - 7

Ⅰ.广…　Ⅱ.黄…　Ⅲ.广告—写作—高等教育—自学考试—
自学考试资料　Ⅳ.F713.8

中国版本图书馆 CIP 数据核字（2011）第 194308 号

广告文案写作

黄玉波　编著

□责任编辑	彭亚非	
□责任印制	易红卫	
□出版发行	中南大学出版社	
	社址：长沙市麓山南路	邮编：410083
	发行科电话：0731 - 88876770	传真：0731 - 88710482
□印　　装	长沙理工大印刷厂	

□开　　本	730 mm×960 mm 1/16　□印张 18.75　□字数 333 千字
□版　　次	2011 年 9 月第 1 版　□2020 年 8 月第 3 次印刷
□书　　号	ISBN 978 - 7 - 5487 - 0402 - 7
□定　　价	49.00 元